インテリジェンスの基礎理論

小林良樹

学術文庫版はしがき

　この本は、筆者が以前執筆した『インテリジェンスの基礎理論　第二版』（立花書房、二〇一四年）の復刻版です（初版は二〇一一年出版）。『インテリジェンスの基礎理論』は、当時筆者が行っていた大学での講義録を基に、インテリジェンスに関する学術研究の全体像を俯瞰するものとして執筆されました。同書は幸いなことに初学者向けの入門書として一定のご評価を頂きましたが、数年前から実質的に絶版となっていました。こうした中、今般、講談社のご尽力と立花書房のご理解により、復刻版として再出発をさせて頂くこととなりました。こうしたことから、本書の執筆に当たっては、前書出版後の新たな諸情勢（例えば、国家安全保障会議と国家安全保障局の創設、特定秘密保護法の制定、衆参両院の情報監視審査会の創設等）に関する最低限のアップデートを行いつつも、『インテリジェンスの基礎理論　第二版』の内容や文章を可能な限り維持することを試みました。

　前記のとおり、本書は、インテリジェンスに関する学術研究の全体像を俯瞰することを目的としています。その意義に関し、『インテリジェンスの基礎理論　初版』のはしがきにおいて、筆者は以下のように記しました。

経済学や国際政治学においても、現実の経済事情や国際関係を分析したり論じるに当たっては、まず先人の構築した学術的な理論的枠組みを学び、そうした理論的枠組みを通じて現実の事象の分析に当たることが有用である。（中略）理論的枠組みに基づかない議論は、ともすれば個人的な経験談、思い付き、感情論等に過ぎず、普遍的な妥当性を持ちにくい場合も少なくない。そうしたことから、今後、我が国においてインテリジェンスに関する議論の更なる健全な発展を促すためにも、インテリジェンスに関する基礎的な理論の研究と学習は大切なことであると筆者は考える。

こうした考え方は、基本的に現在においても通じるものと考えられます。その上で、筆者は、日本におけるインテリジェンスをめぐる従来の議論は、収集と分析をめぐる論点にやや偏っているのではないかと感じています。収集や分析がいわゆるインテリジェンス・サイクルの中の重要な要素であることは言うまでもありません。しかし、これらは、インテリジェンスに関する学術研究の一部分に過ぎません。こうした担当者レベルの技能に比較的近い論点に加え、インテリジェンス組織全体のガバナンスに関する論点（例えば、リクワイアメントの付与、政策とインテリジェンスの関係性、民主的統制等）も重要な課題であると考えるのが本書の立場です。本書を通じて、こうした問題意識を多少なりとも共有して頂ければ幸いです。

また、インテリジェンスは、昨今注目を集めている経済安全保障、サイバーセキュリティ等にも関連するものです。インテリジェンスの学術研究に関する知見は、こうした隣接の諸問題に対してより適切に対処する上でも有用と考えられます。

なお、筆者は、インテリジェンスに関する学術研究を扱った類書として、二〇二一年に『なぜ、インテリジェンスは必要なのか』（慶應義塾大学出版会）を上梓しています。『なぜ、インテリジェンスは必要なのか』と本書はいずれも『インテリジェンスの基礎理論』をベースとしたものです。相違点として、『なぜ、インテリジェンスは必要なのか』は、主に大学院レベル以上の読者を念頭に、やや高度な内容を扱っています。これに対し、本書は、大学学部レベルの初学者を念頭に、可能な限り基礎的な内容に絞ったものとなっています。

こうしたことから、本書の利用に当たっては、次の点にご留意を頂ければ幸いです。

第一に、本書は、『インテリジェンスの基礎理論　第二版』（特に、第一章から第九章）の復刻版として、同書の内容や文章を可能な限り維持しています。このため、本書の構成は、『なぜ、インテリジェンスは必要なのか』の構成とはやや異なるものとなっています。

第二に、本書は、可能な限り基礎的な内容に絞った内容としています。このため、『インテリジェンスの基礎理論　第二版』の応用編（第一〇章から第一三章）の内容は削除しています。ただし、削除部分の中で基礎的な学習にも有用な内容に関しては、本書の関連箇所において触れています。

第三に、本書は、主な読者が初学者であることを想定し、脚注等は必要最低限なものに絞っています。このため、『インテリジェンスの基礎理論　第二版』の脚注の多くも削除されています。

このように、本書は初学者に対する分かり易さに主眼を置いています。この結果、説明や議論の正確さ、各種論考等の出典の明示はやや犠牲になっています。より緻密な議論、各種論考の出典の詳細等にご興味がある場合には、『なぜ、インテリジェンスは必要なのか』もあわせてご覧頂き適宜補完して頂ければ幸いです。

本書の出版に当たっては、様々な方々のお世話になりました。まず、出版をお認め下さった講談社、筆者に辛抱強くお付き合い下さり様々なアドバイスを下さった同社の園部雅一氏には多大なるご支援を賜りました。佐藤優氏には過分なる解説をお寄せ頂きました。また、本書の基となった『インテリジェンスの基礎理論』の出版元である立花書房には、本書の復刻をご快諾頂きました。同社で『インテリジェンスの基礎理論』の編集担当であった故伊藤健生氏は、当時、何ら研究業績もなく実務経験も乏しかった筆者の無謀な要望を温かく受け容れて下さり、同書の出版を実現して下さいました。当時の同氏のご尽力がなければ、筆者自身のその後の人生も異なったものとなり、本書の誕生もなかったと思います。

その他紙面の都合上この場では言及できない方々を含め、この本の出版は非常に多くの方々に支えられています。この場をお借りして改めて深く感謝を申し上げる次第です。

二〇二四年一〇月

小林良樹

目次

インテリジェンスの基礎理論

第五章　インフォメーションの分析

インテリジェンスの基礎理論

第一章　インテリジェンスとは何か――定義、機能、特徴

一　インテリジェンスの定義

(一) 総論

インテリジェンス (Intelligence) とは何であろうか。管見の限りでは、実はインテリジェンスという言葉には必ずしも普遍的かつ明確な定義が存在しない。

例えば、米国のインテリジェンス組織やインテリジェンス活動の根拠法となっているいわゆる「二〇〇四年インテリジェンス・コミュニティ改編法 (The Intelligence Reform and Terrorism Prevention Act of 2004)」や、米国政府の国家情報長官室 (ＯＤＮＩ) の公式文書「U.S. National Intelligence — An Overview 2013」においても、インテリジェンスの定義は明示されていない。日本においても同様に、法令上、インテリジェンスの定義は明確には定められていない。

学術上の定義としては内外において様々なものが示されている。例えば、日本における代表的な学説としては、「インテリジェンスとは、国家安全保障にとって重要な、ある種のイ

ンフォメーションから、要求・収集・分析というプロセスを経て生産され、政策立案者に提供されるプロダクトである」との定義もある。[1]

本章ではこうしたインテリジェンスの定義をめぐる各種の議論の詳細には敢えては立ち入らない。その上で、本書が依拠するインテリジェンスの定義は以下のとおりとする。（※インテリジェンスの定義に関する議論の詳細については本章の補論を参照）。

インテリジェンスとは、「政策決定者が国家安全保障上の問題に関して判断を行うために政策決定者に提供される、情報から分析・加工された知識のプロダクト、あるいはそうしたプロダクトを生産するプロセス」のことを言う。

次項以下では、こうしたインテリジェンスの定義に依拠した場合のインテリジェンスの機能や特徴に関して概観する。

(二) インテリジェンスの三つの意義

一般に「インテリジェンス」と言う場合には、次の三つの異なった意義が混在して用いられている場合がある。[2] インテリジェンスに関する議論を行う際には、混乱を避けるためにも、以下の異なった意義のうちのどれに関して議論をしているのかを明確にすることが有用と考えられる。

（イ）プロダクトとしてのインテリジェンス（Intelligence as Product）

「プロダクト（成果物）としてのインテリジェンス」とは、前記のインテリジェンスの定義の中では、「政策決定者が国家安全保障上の問題に関して判断を行うために政策決定者に提供される、情報から分析・加工された知識のプロダクト」の部分、特に「知識のプロダクト」の部分を指すものである。

こうした「プロダクトとしてのインテリジェンス」は、実際の実務の場面においては、所要の情勢分析・評価等をまとめた報告書や口頭説明（ブリーフィング）等の形式で示されることも少なくない。例えば、報道等において「オバマ大統領はホワイトハウスにおいて中央情報局（ＣＩＡ）長官より今回のテロ事件の背景等に関するインテリジェンス報告を受けた」と言う場合のインテリジェンスとは、こうした「プロダクトとしてのインテリジェンス」を意味する。

（ロ）プロセスとしてのインテリジェンス（Intelligence as Process）

「プロセスとしてのインテリジェンス」とは、前記のインテリジェンスの定義の中では「そうしたプロダクトを生産するプロセス」の部分を指すものである。つまり、前記の「プロダクトとしてのインテリジェンス」を生産する政府の関係組織の一連の活動過程（プロセス）を意味するものである。こうしたプロセスは「リクワイアメント（要求）、収集、分析、報告、フィードバック」等の各段階から構成される（※第二章参照）。

例えば、「我が国のインテリジェンスは諸外国に比べて立ち遅れている」などと言う場合のインテリジェンスとはこうした「プロセスとしてのインテリジェンス」を意味している場合が多いと考えられる。

なお、本書においてこうした「プロセスとしてのインテリジェンス」を表す際には、インテリジェンス・プロセスあるいはインテリジェンス・サイクルという語を使用する（※第二章参照）。

（ハ）組織としてのインテリジェンス（Intelligence as Organization）

「組織としてのインテリジェンス」とは、前記（ロ）のインテリジェンス・プロセスを構成するそれぞれのインテリジェンス組織のことを指す。一般に、インテリジェンス・プロセスは複数のインテリジェンス組織によって担われている。例えば、米国では、ＣＩＡ、国家安全保障局（ＮＳＡ）、国防情報局（ＤＩＡ）等の一〇個以上の複数のインテリジェンス組織がそうしたプロセスに従事している（※第三章参照）。

なお、一般に、各国においてこうしたインテリジェンス・プロセスに関与しているインテリジェンス組織の集合体のことを**インテリジェンス・コミュニティ（Intelligence Community）**と言う。略して「ＩＣ」と言われる場合も多い（※日米のＩＣに関しては第三章参照）。

前記（ロ）の「我が国のインテリジェンスは諸外国に比べて立ち遅れている」と言う場合のインテリジェンスとは、インテリジェンス・プロセスに関与している個別のインテリジェンス組織の機能、権限等のことを指している場合もあり得る。

なお、本書においてこうした「組織としてのインテリジェンス」を表す際には、インテリジェンス・コミュニティ、インテリジェンス組織等の語を使用する。

二　インテリジェンスの機能

次に、インテリジェンスの機能としてはどのような点があげられるのだろうか。本項では特に重要と思われる機能として以下の二点を概観する。

(一) インテリジェンスとは政策決定プロセスを支援するためのものである

（イ）総論

インテリジェンスは政府の機能の一つである。前記のようなインテリジェンスの定義に基づく場合、インテリジェンスの機能のうち最も重要なものは、**政府の政策決定プロセスを支援する機能**と考えられる。より端的には、**政策決定者の意思決定や判断を支援する機能**とも言い得る。例えば、インテリジェンス理論に関する米国の代表的な学術書（Lowenthal,

2022）は、冒頭部分において「インテリジェンスの唯一の存在目的は、多様な方法によって政策決定者を支援することだ、というのが本書の主題である」と指摘している[3]。

すなわち、政府の政策決定者は、例えば総理大臣や大統領、閣僚等の最高幹部から各省庁の局長・課長等に到（いた）るまで、何らかの政策決定を行うに当たり、当該事項に関する背景事情、リスクやメリット・デメリット等の見通し等に関する時宜を得た分析や評価（＝インテリジェンス）を必要としている。こうしたインテリジェンスがなければ、政策決定者は適切な政策判断ができない場合も少なくない（※こうした「背景事情や将来見通し等」を一般的には「情報」と言う場合が多い。しかし、後述するように、「情報」と「インテリジェンス」は区別されるべきものである）。

例えば、何らかのきっかけによってA国と近隣B国との関係がこじれB国がA国を痛烈に非難するような声明を発表したような場合、A国の総理大臣あるいは大統領等の政策決定者としては、どのような対応を採るべきか政策判断を迫られることになる。政策判断上の選択肢としては、①B国による攻撃に備えて防衛体制を強化する（場合によっては先制攻撃も辞さない）、②外交的手段によって事態の鎮静化を図る、③取り敢えず何もしないで様子を見る、など様々なものが考えられ得る。しかし、A国の政策決定者がこうした政策判断を行うに当たっては、B国の意図や軍事力、各選択肢のもたらすメリット・デメリットの見通しに関する分析や評価等が不可欠である。逆に言えば、こうしたインテリジェンスなくしては前記のうちどの選択肢を採ってよいのか適切な判断を行うのは困難と考えられる。

(ロ) インテリジェンスの失敗 (Intelligence Failure)

このような政策決定プロセスを支援する機能の中で最も重要なことは、「国家を存亡の危機に陥れかねないような深刻な脅威や出来事等の動向を見過ごさないこと」、すなわち、戦略的サプライズ (Strategic Surprise) を避けることと考えられる。[4] なぜなら、こうした事態が発生する可能性を事前に予測できれば、政策決定者は最悪の事態を避ける (すなわち、国家を存亡の危機に陥れないようにする) べく、対応措置を採るための政策判断が可能となるからである。逆に言えば、国家のインテリジェンス機能がこうした事態の予測に失敗すれば、政策決定者としても政策判断を誤ってしまう (すなわち、予め(あらかじ)の対応措置を採れない) 可能性が高く、結果として国家を存亡の危機に陥れてしまう可能性が高くなると考えられる。

例えば、旧日本軍による真珠湾攻撃を当時の米国のインテリジェンス組織が予測し得なかったことは、その機能を十分に果たし得なかった例の一つと言い得る。こうした事例は、**インテリジェンスの失敗** (Intelligence Failure) と言われることもある。二〇一二年一月の米国のフォーリン・ポリシー誌 (Foreign Policy) は、米国におけるインテリジェンスの失敗の例として、前記の真珠湾攻撃に加えて、キューバ・ミサイル危機におけるピッグス湾事件 (一九六一年)、ベトナム戦争におけるテト攻勢 (一九六八年)、第四次中東戦争 (一九七三年)、イラン革命 (一九七八年)、ソ連のアフガニスタン侵攻 (一九七九年)、ソ連崩壊

（一九九一年）、インドの核実験（一九九八年）、九・一一テロ事件（二〇〇一年）、イラクの大量破壊兵器問題（二〇〇四年）等を指摘している。[5]

（八）政策からのリクワイアメント（要求）優先とインテリジェンス・サイクル

前記のとおり、「インテリジェンスとは政策決定を『支援』するものである」との立場は、言い換えると、「政策決定プロセスにおける主役は政策決定者であり、インテリジェンスはあくまでもそれを支援する『裏方』である」との考え方とも言い得る。こうした立場は、「インテリジェンスは政策決定者からのリクワイアメント（要求）の付与に基づいて初めて機能する」という考え方につながる（政策からのリクワイアメント〔要求〕優先の考え方）。さらに、こうした立場は、後述のインテリジェンス・サイクルという考え方の基盤にもなっている（※リクワイアメント、インテリジェンス・サイクルに関しては第二章参照）。

政策からのリクワイアメント優先の考え方は、特に近年の米国におけるインテリジェンスに関する学術研究の中において重視されている。[6]この背景には、ともすると「（主）政策決定――（従）インテリジェンス」という主従関係が逆転し、インテリジェンス組織が政策決定者の意思に反して暴走する可能性が認識されていると考えられる。実際、米国においては、例えばイラン・コントラ事件（一九八六―八七年）のように、インテリジェンス組織が政策決定者の統制を逸脱して暴走した事例（インテリジェンスの暴走）がある（※第三章参照）。

(二) インテリジェンスとは国家安全保障に関するものである

(イ) 総論

一般に、インテリジェンスは国家安全保障（National Security）に関連する政府の機能であるとされる。前記のとおり、本書で扱うインテリジェンスについても、「政策決定者が国家安全保障上の問題に関して判断を行うため（の）……知識（後略）」と定義している。なお、仮に「国家安全保障に関連するものである」との限定を取り払ってしまうとすれば、私企業や一般個人の日常的な活動においても類似の活動は広く行われている。

例えば、一般企業の経営者が「次は新製品A、B、Cのうちのどれを売り出すか」といった経営戦略判断を行う場合には、市場の動向、自社とライバル社の強み・弱みの比較、それぞれの商品を売り出した場合の将来の収益の見通し等の諸点に関する分析・評価を緻密に行った上で判断を行うと考えられる。また、例えば、ある人が所用のために鉄道やバス等の公共交通機関を利用してA町に出掛ける際、可能な経路が複数ある場合には、まずそれぞれの経路で必要とされる費用、所要時間、出発・到着の利便、その他（沿線の風景や乗り心地等）について比較分析・評価した上でどの経路を採るのか判断を行うことも少なくないと考えられる。こうした私企業や一般個人のレベルにおける判断を支援する活動も、（国家安全保障に関係するものではないという点を除けば）実際の機能としては政府のインテリジェンスに類似した機能を果たしていると考えられる。

(ロ) 国家安全保障とは

　では、国家安全保障とは何であろうか。管見の限りでは「国家安全保障」という言葉には必ずしも普遍的かつ明確な学術上の定義が存在しない[7](特定秘密保護法第一条は、安全保障を「国の存立に関わる外部からの侵略等に対して国家及び国民の安全を保障すること」としている)。例えば、伝統的な学術上の定義としては、「国家が、自国の領土、独立、および国民の生命、財産を、外敵による軍事的侵略から、軍事力によって、守る」との見方がある[8]。こうした見方の背景には、東西冷戦時代、特に米国とその同盟国においては、旧ソ連等による軍事的脅威が安全保障の中心的な課題であったことが影響している。しかし、近年、東西冷戦の終了によるこうした直接的な軍事的脅威の相対的な低下を背景として、安全保障概念の中に軍事的な要素のみならず、政治、外交、経済、さらにはエネルギー、環境、健康等の非伝統的な要素を含める考え方も多くなっている。

　こうした安全保障概念の変化に対応し、近年、米国を始めとする欧米先進諸国等においてインテリジェンスが対象とすべき課題も、国家主体による軍事的脅威の分析・評価のみならず、国際テロ、国際組織犯罪、大量破壊兵器の拡散、環境問題等に到るまで多様な広がりを見せるようになっている(※第七章参照)。

三　インテリジェンスの特徴

(一) インテリジェンスという機能は決して新しいものではない

前項で概観した国家のインテリジェンス機能は、決して新しいものではないと考えられる。すなわち、およそ国家（あるいは国家にたとえられるような政治体）が存在する限り、それらの国の政策決定者が国家安全保障上の意思決定を迫られる場面があり得る。そして、そうした政策決定を支援する機能が存在するはずと考えられる。したがって、国家（あるいは国家にたとえられるような政治体）が存在し始めた遥か過去の時代に遡って、インテリジェンス（あるいはインテリジェンスに類似した機能や考え方）は既に存在したと考えられる。

例えば、日本の戦国時代に諸大名がいわゆる「忍びの者」を放ち諸国の政情等を探らせたのは、諸大名によるインテリジェンス活動の一例と考えられる。

中国の春秋時代末期（紀元前五世紀頃）に孫武によって記された兵学書とされる『孫子』にもインテリジェンスを重視する旨の様々な記述がみられる。(9) 例えば、『孫子』の「謀攻篇」には、「彼を知り己を知れば、百戦して殆うからず」と記されている。これは、「敵の実情を知り、また自軍の実態を知れば、何度戦っても危ういことはない」との趣旨と解される。さらに、同書「計篇」には、「兵とは国の大事なり。死生の地、存亡の道、察せざるべからざるなり。故に之を経るに五事を以てし、之を校ぶるに計を以てして、其の情を索む」と記されている。これは「戦争とは国家の一大事である。人の死生を決める分岐点であり、国家の存亡を左右する道であるから深く洞察する必要がある。したがって、五事（五つのポイント）に基づきよく検討し比較分析して敵味方の実情を評価するのである」との趣旨と解される。その上で、同書「計篇」は、「敵味方の実情を比較分析するための五事（五つのポイント）」として、「道」（その国の為政者の政治が民心を十分に掌握するような正しいものであるか否か）、「天」（明暗、寒暑、時節などの自然条件）、「地」（遠近、広狭、地形など戦場の地理）、「将」（軍を統括する将軍の能力）、「法」（軍隊組織を運営するための各種の制度・規則）の諸点を指摘している[10]。

同様に、将来においても、およそ国家（あるいは国家にたとえられるような政治体）が存在する限りインテリジェンスが存在するはずと考えられる。東西冷戦終了後も米国を始めとする欧米先進諸国等のインテリジェンス機能が決して不要になったわけではない。例えば、二〇一〇年六月、米国において、ロシアの対外情報庁（ＳＶＲ）が関係したスパイ事件が摘発されている。

（二）インテリジェンスとはインフォメーション（情報）から分析・加工されたものである：インテリジェンスとインフォメーションの区別

前記のインテリジェンスの定義に示されているように、インテリジェンスとは「情報（インフォメーション）から分析・加工された知識のプロダクト」である。すなわち、インテリジェンスはインフォメーション（情報）とは異なるものであり、両者は明確に区別されるべきものである。

インフォメーションとは、「ある事柄についての知らせ」（『広辞苑』〔第五版〕、岩波書店）あるいは単なる「事実（fact）」（OXFORD Advanced Learner's Dictionary, 2000）である。前記の「A国と近隣B国の関係悪化」の例で言うと、「B国の外務省スポークスマンはA国を非難する談話を発表した」という「事実」や「知らせ」はインフォメーションである。さらに、「最近数日間、B国の軍隊に活発な動きが見られる」、「昨今、B国内では保守派（対外強硬派）が『現政権は弱腰外交だ』との非難を強めている」、「先月のB国の失業率は一五％に達した」、「最近の世論調査によると、B国の現政権への支持率は約三〇％である」、「昨年のB国の対A国貿易依存度は四五％に達した」といった類いの「事実」や「知らせ」があるとすれば、これらもインフォメーションである。

これに対して、インテリジェンスとは、「政策決定者の判断のために、これらのインフォメーションを分析・加工したプロダクト」である。前記の「A国と近隣B国の関係悪化」の例で言えば、「B国の活動の意図や背景事情、今後の見通し等について、インフォメーション（情報）に基づいて分析、評価したプロダクト」がインテリジェンスである。

当該事例に基づいてインフォメーション（情報）とインテリジェンスを並べて比較してみると次のようになる。

【インフォメーション】

●B国の外務省スポークスマンはA国を非難する談話を発表した。

●B国は先月もC国に対して同様の非難声明を出している。

●最近数日間、B国の軍隊に活発な動きが見られる。

●昨今、B国内では保守派（対外強硬派）が「現政権は弱腰外交だ」との非難を強めている。

●先月のB国の失業率は一五％に達した。

●最近の世論調査によると、B国の現政権への支持率は約三〇％である。

●昨年のB国の対A国貿易依存度は四五％に達した。

【インテリジェンス】

【分析】

●過去の例から見ると、B国の現政権が他国を非難する場合、軍事的行動も辞さないほどに深刻な場合には「大統領声明」による非難を行うのが通例である。他方、今回のように「外務省スポークスマン談話」による非難に止まる場合は、必ずしも事態をこれ以上悪化させる意図はなく、国内保守派（対外強硬派）に向けたパフォーマンスにすぎない可能性がある。

●昨今、B国は経済状態が思わしくないこと等から現政権への支持率が低下傾向にある。したがって、現政権としては、一定の勢力を持つ国内保守派（対外強硬派）の意向にも一定の配慮を示す必要に迫られている。
●しかし同時に、現政権幹部は、様々な場において、「経済を立て直して政権への支持率を回復するためにはA国を含む近隣諸国との良好な貿易・経済関係の維持は重要である」との認識を示している。
●最近数日間のB国軍隊の動向は、毎年この時期に恒例となっている年次の軍事演習の域を出ていない。

【評価】
●以上の分析に基づき、「今後直ちに、B国の現政権が意図的にA国との関係をさらに悪化させるような過激な行動に出る可能性は低い」ものと評価し得る。
●しかし、今後、現政権への支持率低下と保守派（対外強硬派）による現政権への非難がさらに継続する場合、現政権としても近隣国に対して従来以上に強硬な姿勢をとらざるを得ない事態に追い込まれる可能性も完全には否定できない。

こうした比較から明らかなように、政策決定者（例えばA国の大統領あるいは総理大臣等）の立場から見ると、インフォメーションの羅列からだけでは、自分がどのような対応策をとるかという政策判断を直ちに行うことは困難である。これに対して、インテリジェンスがあれば、これに基づいて一定の政策判断を行うことはより容易になる。

敢えて料理にたとえるならば、インフォメーションとは、産地から取ってきたままの野菜、魚、肉等の「料理の素材」であり、そのままでは必ずしも食するには適さないものである。これに対して、インテリジェンスとは、これらの素材が調理されて皿に盛り付けられ、「直ぐに食べられるまでに準備された料理」と言い得る。また、天気予報番組に例えると、気温や気圧などの数値や過去の天気図のデータの蓄積等はインフォメーションにすぎない。これらのインフォメーションを分析・加工して「明日の降水確率は○○％」と予想したものがインテリジェンスに当たる。番組の視聴者としては、「明日の外出時に傘を持参するか否か」、「今日洗濯物を屋外に干すか否か」等の判断を行うに当たり、前者だけ提供されても判断は困難であり、後者の提供を受けて初めて判断が可能となる。

一般には、英語のインテリジェンスに対する適当な日本語の訳語が見当たらないことから、インテリジェンス、インフォメーションの両方とも「情報」と訳されている場合が少なくない。しかし、前記のとおり、実際には、インテリジェンスはインフォメーションとは本質的に異なるものである。したがって例えば、インテリジェンスを担当する組織(Intelligence Organization)のことを「情報機関」と呼ぶことは、誤解を招く可能性があり適切ではないと考えられる。なお、こうした混乱を避けるため、インフォメーションを指す場合には単なる「情報」ではなく「素材情報」や「生情報」等の言葉を使い、インテリジェンスとの混同を避ける場合もある。本書では、特に断りがない限り原則として、「情報」

という場合には「素材情報」を意味することとしており、インテリジェンスの訳語として「情報」は用いていない。ただし、例えば米国のCIAを中央情報局と言うように、既に定着した固有名詞等においては「情報」を「インテリジェンス」と同義で利用する場合がある。

なお、インテリジェンスに基づく政策判断は、政策決定者が異なればその判断内容も異なるものとなり得る。なぜなら、政策判断には、情勢評価のみならず、政策決定者自身の価値観等が影響するからである。例えば、前記の「A国と近隣B国の関係悪化」の事例において、示されたインテリジェンスに基づいて政策決定者がどのような政策判断を下すかは一概には言えない（「取り敢えず静観する」かもしれないし「一応念のため最低限の防衛体制をとる」かもしれない）。もとより、政策判断に唯一絶対の「正解」が存在するとは限らない。

（三）インテリジェンスと政策立案・政策決定の峻別の必要性（※詳細は本章の補論参照）

（イ）「インテリジェンスの客観性の維持」と「インテリジェンスの政治化」

前記のとおり、（本書の依拠するインテリジェンスの定義においては）インテリジェンスの最も重要な機能は、政策決定プロセスを「支援」することである。インテリジェンスがこうした政策決定プロセスを支援する機能を果たすためには、インテリジェンスの客観性が維持されることが肝要である。なぜなら、歪曲され客観性を欠くインテリジェンスは、政策決定者の判断を誤らせる可能性が高いからである。政策決定者の判断を誤らせるようなインテリジェンスの歪曲は、**「インテリジェンスの政治化（Politicization of Intelligence）」**の問題として論じられることもある。インテリジェンスの政治化とは、学術的には例えば「政治的な理由により、インテリジェンスの内容が意図的に歪曲されること」と定義される。[11]

インテリジェンスの政治化には様々の類型があり、政策決定者側による政治化とインテリジェンス・コミュニティ側による政治化に大別される。[12]前者は、例えば、政策決定者が、自己の好む政策オプションを支持するようなインテリジェンス分析等を得るために、インテリジェンス・コミュニティ側に圧力をかけ、客観性を欠くインテリジェンス分析や評価等を生産させる場合等である。後者は、インテリジェンス組織（またはインテリジェンスの担当者個人）が、ある特定の政策の実現を意図し、政策決定者に伝えるインテリジェンス分析や評価等の内容を歪曲する場合等がある。また、インテリジェンス組織（またはインテリジェンスの担当者個人）が、政策決定者におもねるため、政策決定者が好む政策オプションを支持するような方向にインテリジェンス分析や評価等の内容を歪曲する場合等もあり得る。

なお、「インテリジェンスとは政策決定プロセスを『支援』するものである」ということは、決して、インテリジェンス組織が政策決定者におもねるためにインテリジェンスの内容を歪曲することを是とするものではない。むしろインテリジェンス組織は、政策決定者が好む政策オプションを支持しないような分析・評価であっても、それが客観的な分析・評価である限り、これを政策部門に対し適切に伝えることが必要である。

米国において過去に実際にインテリジェンスの政治化が問題になった事例としては、イラクの大量破壊兵器問題、朝鮮戦争時の中国の戦略に関する分析評価、ベトナム戦争時の戦況に関する分析評価、米ソ冷戦時におけるソ連の軍事力に関する分析評価等が指摘されている。

(ロ) インテリジェンス部門と政策立案・政策決定部門の分離

インテリジェンスの政治化を防止し、インテリジェンスの客観性を維持するため、インテリジェンス部門は常に政策部門(政策判断者及び政策立案部門)と一線を画するべきとされる。例えば、インテリジェンス理論に関する米国の代表的な学術書(Lowenthal, 2022)は、「インテリジェンスと政策の厳格な峻別は、米国のインテリジェンスの理念のひとつである。この二つは別個の機能である」と指摘している。[13]

実際の組織論としても、例えば、米国の国務省においては、外交政策の企画立案を担当する部局(東アジア・太平洋局等)とは別個の独立した組織としてインテリジェンス分析・評価を担当する部局(情報調査局〔INR〕)が設けられている。

インテリジェンスと政策の分離の一例として、一九九三年から一九九七年の間に内閣情報調査室長(現在の内閣情報官)を務めた大森義夫(おおもりよしお)は自著の中で次のように記している。当時、大森は、一九九六年一月、ブット・パキスタン首相(当時)の訪日前の準備として、パキスタンがアフガニスタン国境に近いカイバル峠にトンネルを通すことを計画していることに関してパキスタン側の意図の分析・評価を行い、首脳会談前に橋本龍太郎(はしもとりゅうたろう)総理大臣（当時）にインテリジェンス分析の報告を行った。その顚末(てんまつ)に関して、大森は次のように記している。[14]

　ついでに申せば、私は橋本・ブット会談でカイバル峠の問題がどう処理されたか、知らない。それは政策決定者あるいは外務省の問題であって、情報（ママ）と政策は別々に分担される機能である、と考える。実際にブット首相が来日した時、私は次の課題に取りかかっていた。

（ハ）インテリジェンス部門と政策部門のそれぞれの任務

【図表1－1】は、前記のような理解に基づき、政策判断者、政策立案部門、インテリジェンス部門の三者の関係を図式的に示したものである。では、実際に国家安全保障に関する危機管理関連の状況等が発生した場合、各部門の任務はどのようになるのであろうか。

　第一に、インテリジェンス部門は、「何が起こったのか」、「なぜそのようなことが起こったのか」、「今後さらにどのようなことが起こると予想されるのか」等に関する情報収集・分析（情勢評価）等を担当する。

　第二に、政策立案部門は、インテリジェンス部門から提供されたインテリジェンス分析等に基づき、「今後どのような政策オプションがあり得るか」、「選択可能な各政策オプション

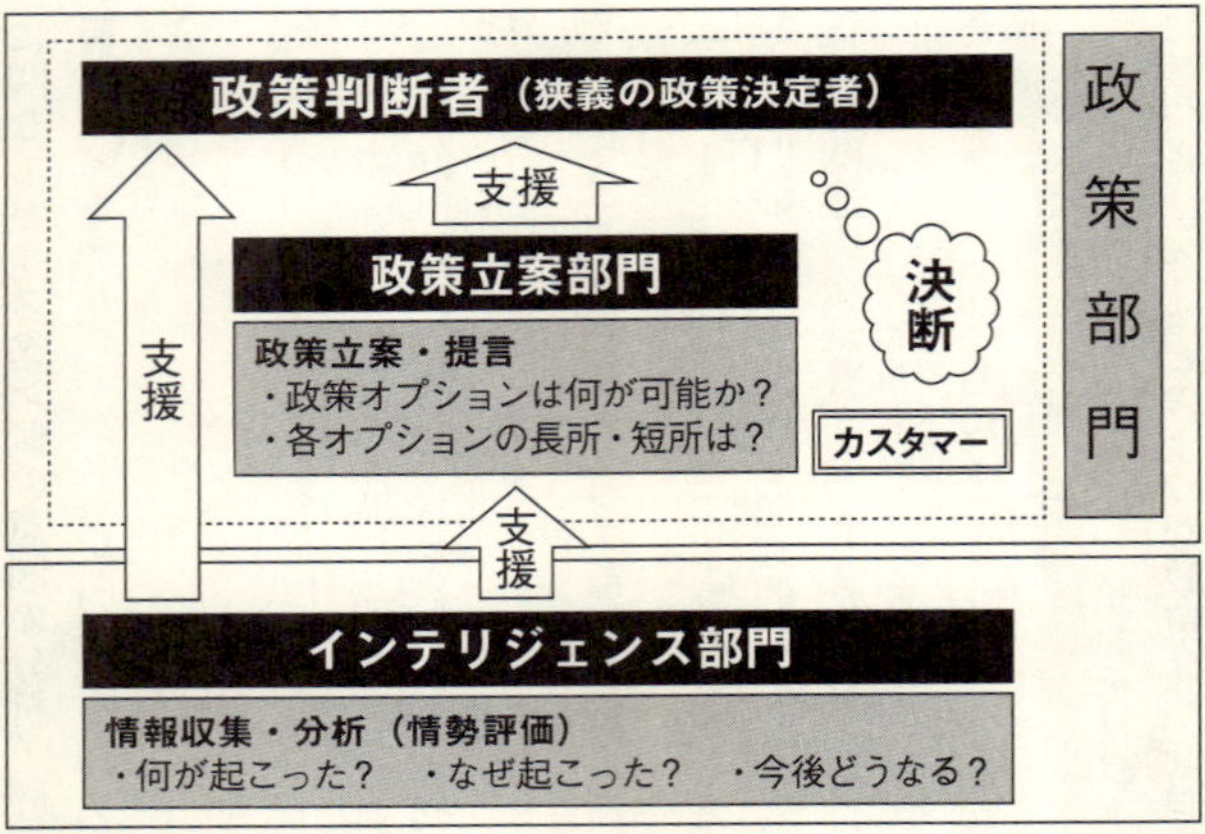

図表１－１　政策判断者、政策立案部門、インテリジェンス部門の関係（出典：筆者作成）

のメリット・デメリットは何か」等に関する政策の立案・提言等を担当する。

第三に、政策判断者は、こうしたインテリジェンス部門から提供される情勢評価と政策立案部門から提供される政策提言に基づき、最終的にどのような政策をとるのかを判断し決定する。

一般に、政策判断者は政治家が、政策立案部門及びインテリジェンス部門は官僚がそれぞれ担っている例が少なくない。いずれにせよ、政策立案部門とインテリジェンス部門はいずれも政策判断者を支援することを任務とする。そして、そのような支援機能を適切に果たすため、インテリジェンス部門は客観性を維持するべく、政策部門（政策判断者及び政策立案部門）との間で一線を画するべきと考えられる。

【政策判断者（狭義の政策決定者）の責任】

◎（インテリジェンス部門が下記の責任を果たしている限りにおいて）**政策判断とその結果に対して全ての責任を負う。**

・「インテリジェンスの任務は『100% の真実解明』ではない」ことを理解する。

【インテリジェンス部門の責任】

◎**「業務遂行の時点において、客観的に最善のインテリジェンス（情勢評価等）を政策部門に提供すること」に対してのみ責任を負う。**

・「100% の真実解明」の責任を負う訳ではない。
・（上記の責任を果たしている限り）政策決定とその結果に対する責任は負わない。
・政策部門に提供したインテリジェンスが必ずしも全て政策決定に反映される訳ではないことを理解する。
・上記の責任を果たしていない場合は「インテリジェンスの失敗」として責任を負う。

※　実際の事例では、責任の所在が不明確であったり、理論とは別次元の事由で責任を問われる場合もあり得る。

図表 1－2　インテリジェンス部門の責任と政策判断者の責任（出典：筆者作成）

（二）インテリジェンス部門と政策判断者のそれぞれの責任

このように「インテリジェンス部門と政策部門は峻別されるべし」との前提に立つ場合、それぞれの部門の担う責任も峻別されるべきと考えられる（※【図表1－2】参照）。

第一に、インテリジェンス部門は、「客観的にみてその時点において提供可能な最善のインテリジェンスを政策部門に対して提供すること」に関してのみ責任を負うと考えられる。換言すると、インテリジェンス部門は、政策部門に対して「一〇〇％の真実の解明」の責任を負うわけではない（それは現実的に不可能である）[15]。したがって、「客観的にみてその時点において提供可能な最善のインテリジェンス」を政策部門に提供したのであれば、政策決定者による決定とその結果に対して（たとえその結果が好ましいものではない場合であっても）インテリジェンス部門が責任を問われるべきではないと考えられる。逆に、もしもインテリジェンス部門が「客観的にみてその時点において提供可能な最善のインテリジェンスを提供すること」を怠ったのであれば、そのことに関してインテリジェンス部門は責任を問われると考えられる。

こうした考え方の前提として、インテリジェンス部門は「自分が政策部門に提供したインテリジェンスが必ずしも全て政策決定に反映されるわけではない」旨を理解し受け入れるべきと考えられる。[16]例えば、東西冷戦期のトルーマン政権下では、米国の対ソ連戦略決定過程においてＣＩＡが提供したインテリジェンスの影響力は限定的であったとみられる。すなわち、大統領を始めとする政策決定者側からみると、ＣＩＡの提供したインテリジェンスは様々な判断材料の一部にすぎず、部分的に採用されたにすぎなかったと考えられる。[17]

第二に、前記の裏返しとして、政策決定者は、自らの政策決定とその結果に対して全ての責任を負うと考えられる。その前提として、政策部門は「インテリジェンス部門の責務は『一〇〇％の真実の解明』ではない」旨を十分に理解するべきと考えられる。[18]

(四) インテリジェンス活動の秘匿性の確保

(イ) 秘匿性の確保の必要性

インテリジェンス活動は、時として「相手側が隠そうとしている事項」を情報収集や分析の対象とすることがある（例えば、他国の軍事能力や外交交渉上の本音など）。自国の政策決定者が国家安全保障上の問題に関して判断を行うためにこうした事項に関するインテリジェンスを必要としているのであれば、インテリジェンス組織がそうした相手方の機密事項をインテリジェンス活動の対象とすることは当然である。

したがって、インテリジェンス能力の詳細は、（そうした活動及び能力の存在も含めて）国家にとって極めて秘匿性の高い事項とされる。なぜなら、インテリジェンス活動の意図（どのような事項に関するインテリジェンスを欲しているのか）、情報源、手法、能力などが相手側に知られてしまった場合、相手側としては防御措置が採り易くなり、それは結果として当方のインテリジェンス活動をより困難なものとするからである。

インテリジェンス活動の秘匿性の確保を実現するため、多くの国においてインテリジェンスに関する事項の多くは国家機密とされ、政府外に公開されることは他の行政活動に比較しても少なくなっている。具体的には、各国においては、機密指定制度、セキュリティクリアランス制度、違反に対する所要の罰則等のカウンターインテリジェンス関連の諸制度が定められている場合も少なくない（※第六章参照）。

また、実務上の慣習として、政府やインテリジェンス組織の内部においても、「そのインテリジェンスを本当に必要としている者にしか伝えない」として、不必要なインテリジェンス共有を避けるべきとされている（いわゆる**ニード・トゥ・ノウ**〔**Need to Know**〕）。さらに、**サード・パーティー・ルール（Third Party Rule）**という実務上の慣習が語られることも少なくない。これは例えば「他国から提供を受けたインテリジェンスを、提供元の承諾なく勝手に別の第三者に提供してはならない」という考え方である。

（ロ）秘匿性の確保と民主的統制のバランスの問題

他方、民主的国家においては、全ての行政活動が（程度の差こそあれ）何らかの民主的統制に服するのが建て前であり、インテリジェンス活動も政府の行う活動の一部である以上はその例外ではない。具体的にどの程度の民主的統制が必要とされるかは、各国の政治、社会情勢や時代背景等によって異なるが、社会における権利意識の高まりとともに、各国において、インテリジェンス活動に関する秘匿性の確保と民主的統制の適切なバランスの在り方が課題となっている（※第八章参照）。

（ハ）ニード・トゥ・ノウとニード・トゥ・シェアのバランスの問題

米国においては、二〇〇一年の九・一一テロ事件の教訓として「関係するインテリジェンス組織間のインテリジェンス共有が不十分であった」旨も指摘されている。こうしたことから、同事件以降、関係組織間におけるインテリジェンスの共有の必要性が強調されるようになっている（いわゆる**ニード・トゥ・シェア〔Need to Share〕**）。こうした新たな考え方と従来からのニード・トゥ・ノウの考え方の適切なバランスの在り方が課題となっている。

二〇一〇年に発生したウィキリークス（WikiLeaks）による米国国務省公電資料のリーク事案は、ニード・トゥ・シェアに基づくインテリジェンス共有の持つ危険性を改めて浮き彫りにした（同事件では、在イラクの米国人兵士が、国防省のネットワークから国務省の公電資料を入手して漏えいさせた）[19]。二〇一三年に発覚したスノーデン（Edward Snowden）によるリーク事案においても同様の課題が指摘されている。このように、ニード・トゥ・ノウとニード・トゥ・シェアのバランスの問題は簡単には正解の出にくい困難な問題である。

（五）その他の特徴点

（イ）インテリジェンスの素材としてのインフォメーション：公開情報と秘密情報

本書では、インテリジェンスとは「政策決定者が国家安全保障上の問題に関して判断を行うために政策決定者に提供される、情報から分析・加工された知識のプロダクト（後略）」と定義している。こうしたインテリジェンスの素材となるのがインフォメーション（情報）である（※第二章参照）。こうしたインテリジェンスの素材としてのインフォメーションには大別して「公開情報（Open Source Information）」と「秘密情報（Secret Information）」の二種類があり得る。

公開情報とは、文字どおり、ラジオ、テレビ、新聞、雑誌、書籍、インターネット、商用データベース等の公開された情報源から誰でも自由に入手可能なインフォメーションである。これに対して、秘密情報とは、公開の情報源から自由に入手することはできないインフォメーションである。

一般にインテリジェンスと言う場合、専ら秘密情報を扱うものとのイメージも少なくない。しかし、前記のようなインテリジェンスの定義に依拠する場合、インテリジェンスの素材を秘密情報に限る必要はないと考えられる。政策決定者の判断の支援に資するものである限り、公開情報も秘密情報も同等の価値を持ち得ると考えられる。むしろ近年は、各国政府における情報公開制度の進展、インターネット技術の発展、商用衛星画像ビジネスの活発化等により、公開情報の流通量は以前に比較して大幅に増加している。したがって、米国を始め各国のインテリジェンス活動における公開情報の活用の比重は従前に比較して大きく高まっていると見られる[20]（※第四章参照）。

なお、論者の中には、インテリジェンスの定義を「敵対勢力あるいはライバルについての秘密情報」や「対象側が隠している本音や実態すなわち機密を当方のニーズに合わせて探り出す合目的的な活動」とするなど、インテリジェンスの素材を秘密情報に限定する見方もある[21]。こうした見方は、本書の立場とは異なるものである（※インテリジェンスの定義をめぐる議論に関しては本章の補論を参照）。

（ロ）短期的インテリジェンスと中・長期的インテリジェンス

インテリジェンスは、どの程度の時間的長さを対象とするかに応じて、短期的インテリジエンスと中・長期的インテリジェンスに分類され得る。[22]

短期的インテリジェンスとは、発生したばかりの事項や現在進行中の事項に関するインテリジェンスのことを指す。事実に関するインフォメーションを取り急ぎ政策決定者に伝達することを主たる目的としている場合もあり、必ずしも詳細な分析は伴わない場合も少なくない。近々に何らかの出来事が発生する可能性（例えば近々のテロ攻撃の可能性等）に関する警報（ウォーニング〔Warning〕）を含む場合もある。

中・長期的インテリジェンスとは、ある事項に関して、それまでの経緯、背景事情等の分析に加え、中・長期的な将来の見通し等についての評価も加えたインテリジェンスのことを指す。短期的インテリジェンスに比較すると、より多くのインフォメーションを活用し、異なった専門性を持つ複数の分析担当者が参画して生産される場合も少なくない。

ただし、実際には、短期的インテリジェンスと中・長期的インテリジェンスの中間のレベルに当たるものもあり得る。その意味で、両者の区別はあくまでも便宜的なものである。

（例）短期的インテリジェンス

- 日本時間の本日午前五時三〇分、A国は中距離ミサイルの発射実験を実施した。
- これは今年に入ってA国による三度目のミサイル発射実験である。
- 数日以内にさらに別のミサイル発射実験が実施される可能性も否定できない。

（例）中・長期的インテリジェンス

● A国のミサイル開発計画の歴史は○○である。特に今年に入ってからは○○のような変化がみられる。

● A国がミサイル開発計画に力を入れている意図としては○○のような理由が考えられる。

● 今後の○年間、A国のミサイル開発計画は○○の方向に進むと予想される。ただし、同計画が実際にA国の狙いどおりに進むか否かは○○の要素にかかっており、見通しは流動的である。

（ハ）インテリジェンスの対象の拡大と多様化

米国を始めとする欧米先進諸国等のインテリジェンス活動の主な対象は、従来（特に東西冷戦時代）は、個別の国家主体（特に旧ソ連及び同盟国）の軍事力であった。この背景として、これら各国の安全保障上の課題の大半は、ソ連を始めとする東側陣営からの軍事攻撃の脅威であった。しかし前記のとおり、東西冷戦終了後は国家安全保障の概念は変容しつつある。これに伴って、「国家安全保障に関する政策決定プロセスを支援する」ことを任務とするインテリジェンス機能の対象も拡大しつつある。

すなわち、インテリジェンスの対象として、国家の軍事的動向に関連する事項のみならず、政治、外交、経済、さらにはエネルギー、環境、健康等の非軍事的な事項を含める必要性が高くなっている（※本章二（二）（ロ）参照）。また、インテリジェンスの対象たる事項の主体としても、従来のような国家主体のみならず、非国家主体（例：テロ組織、国際犯罪組織、ハッカー集団等）の重要性が高まっている（※第七章参照）。

（二）友好国や同盟国を対象としたインテリジェンス活動

本書では、インテリジェンスとは「政策決定者が国家安全保障上の問題に関して判断を行うために政策決定者に提供される、情報から分析・加工された知識のプロダクト（後略）」と定義している。こうした定義に依拠する限り、理論上、インテリジェンス活動の対象は敵国のみならず軍事上の同盟国や友好国の動向も含み得る[23]。

特に前記のように、近年、国家安全保障の概念とインテリジェンスの対象が軍事的事項から非軍事的事項（政治、外交、経済、社会、環境、健康、文化等）にも拡大していることもあり、たとえ同盟国や友好国であってもそれらの国の動向が自国の国家安全保障に影響を及ぼし得る可能性は、以前よりも高まりつつあると考えられる。

実際、これまでに米国で摘発されたいわゆるスパイ事件の中には、台湾、フィリピン、イスラエルなど米国にとっての同盟国や友好国等に関係する事例もみられる（Donald W. Keyser の事案〔二〇〇四年摘発〕、Leandro Aragoncillo の事案〔二〇〇五年摘発〕、Lawrence A. Franklin の事案〔二〇〇六年摘発〕）。さらに、二〇一三年のスノーデンによるリーク事案を受けて、米国が同盟国等の首脳に対する情報収集活動を行っている旨が報じられた（※第三章参照）。これらの事例は、同盟国や友好国等の間でもインテリジェンス活動やカウンターインテリジェンス活動が活発に行われている状況の一端を示している（※カウンターインテリジェンスに関しては第六章参照）。

（ホ）対外インテリジェンスと国内インテリジェンス

◎総論

学術上、インテリジェンスは**対外インテリジェンス**（Foreign Intelligence）と**国内インテリジェンス**（Domestic Intelligence）に区分し得るとされる。対外インテリジェンスとは、自国外の対象（例えば、他国の動向、海外のテロ組織の動向等）に関するインテリジェンスであり、国内インテリジェンスとは自国内の対象（例えば、国内の反政府活動の動向、国内における外国スパイやテロ組織の動向等）に関するインテリジェンスとされる。

ただし、最近はテロ組織、犯罪組織、スパイ組織等の活動は頻繁に国境を越えるものとなっており、双方の区別は困難かつ曖昧になりつつあると考えられる[24]。こうしたことから、近年、米国では従来からの「対外」、「国内」に加えて「国土安全保障（Homeland Security）」という第三の概念を加えるとの考え方もある。こうした立場では、例えば、米国に脅威を与えるテロ組織の動向に関するインテリジェンスは、対外、国内の別にかかわらず、国土安全保障インテリジェンスに分類されるとされる。例えば、米国の二〇〇四年インテリジェンス・コミュニティ改編法は、「国家安全保障にかかわるインテリジェンス」の定義の中で、「インテリジェンスの素材たるインフォメーションが米国国内で収集されたものか海外で収集されたものかは特に問題ではない」旨を指摘している（同法Section 1012）。

本書では、インテリジェンスとは「政策決定者が国家安全保障上の問題に関して判断を行うために政策決定者に提供される、情報から分析・加工された知識のプロダクト（後略）」と定義している。こうした定義に依拠する限り、対外インテリジェンスと国内インテリジェンスの区別は必ずしも本質的なものではなく、便宜的なものにすぎないと考えられる。

◎対外インテリジェンス担当組織と国内インテリジェンス担当組織の区別の必要性

対外インテリジェンスと国内インテリジェンスの区分の問題は、インテリジェンスの定義に関係する本質的なものではなく、むしろ、インテリジェンス組織の在り方に関する議論に関連して論じられる場合が少なくない。より具体的には、「対外インテリジェンス担当組織と国内インテリジェンス担当組織は同一で良いか、あるいは別個の組織で在るべきか」という論点である。例えば、米国を始めとする欧米先進諸国においては、対外インテリジェンスと国内インテリジェンスは別々の組織が担当している例が少なくない。他方、旧ソ連においては、単一の組織（国家保安委員会〔KGB〕）が対外インテリジェンスと国内インテリジェンスの双方を同時に担当していた（現在のロシアでは対外情報庁〔SVR〕と連邦保安庁〔FSB〕という別々の組織が担当している）。また、欧米先進諸国等の中でもオランダ、スペイン等においては、同一の組織が対外と国内の両方のインテリジェンスを担当している。

前記のとおり、インテリジェンスの定義そのものからは、必ずしも「対外インテリジェンス担当組織と国内インテリジェンス担当組織は別個の組織であるべき」との結論には直接には結び付かない。当該問題はむしろ、インテリジェンス組織の運営の効率性（対外インテリジェンスの業務と国内インテリジェンスの業務は、対象、手法等がどの程度重複するのか）やインテリジェンスに対する統制の在り方（単一のインテリジェンス組織が強大な権限を持つことが妥当なのか否か）等の観点から議論されるべきものと考えられる。したがって、必ずしも普遍的な「正解」があるわけではなく、各国の政治制度、社会情勢等の実情に応じて個別に検討されるべきものと考えられる。

（へ）法執行組織とインテリジェンスの関係

◎問題の所在

法執行（law enforcement）組織とは、警察を始め国内における犯罪捜査、逮捕等の権限を有する組織であり、国家の司法過程（Judicial Process）を構成する組織である。一般には、捜査機関と言われる場合もある。法執行組織とインテリジェンスの関係に関してしばしば指摘される論点として「インテリジェンス業務と犯罪捜査は本質的に異なるものであるから、法執行組織や警察がインテリジェンス・コミュニティの主要構成組織であることは適切ではない」という見解がある。さらにその延長として「国内インテリジェンス業務は、法執行組織や警察とは別途の専従組織が担うべきである」との見解もある（インテリジェンス組織と法執行組織の分離[25]）。

こうした議論の背景には、米国及び日本を除く主要な欧米先進諸国等の大半においては法執行組織や警察は必ずしもインテリジェンス・コミュニティの主要構成組織とはされていないという状況があるとも考えられる。特に国内インテリジェンス業務に関しては、主要国においては、法執行組織や警察とは別個の専従組織が設置されている場合が少なくない。例えば、イギリスの保安部（ＳＳ、いわゆるＭＩ５）、ドイツの憲法擁護庁（ＢｆＶ）、フランスの国内安全保障局（ＤＧＳＩ）、カナダ保安情報部（ＣＳＩＳ）、オーストラリア保安情報部（ＡＳＩＯ）はいずれも法執行組織や警察とは別個の国内インテリジェンス専従組織である。これらの国においては、法執行組織や警察はインテリジェンス・コミュニティの主要構成組織とは位置付けられていない場合もある（※第三章参照）。

これに対して、米国においては、国内インテリジェンス業務の専従組織は存在しない。法執行組織である連邦捜査局（ＦＢＩ）が国内インテリジェンス業務を担っている。ＦＢＩは米国のインテリジェンス・コミュニティの主要な構成員の一つと位置付けられている。日本においても、国内インテリジェンス業務の専従組織は存在しない。警察や公安調査庁が国内インテリジェンス業務を担っている。警察庁及び公安調査庁は、日本のインテリジェンス・コミュニティの主要な構成員と位置付けられている（※第三章参照）。

◎インテリジェンスの本質論（定義）の観点からの検討

本書では、インテリジェンスとは「政策決定者が国家安全保障上の問題に関して判断を行うために政策決定者に提供される、情報から分析・加工された知識のプロダクト（後略）」と定義している。したがって、政府内の各種の行政組織がそれぞれの業務を遂行する過程において収集した情報であっても、国家安全保障上の目的に資するものである限りこれを政府内においてインテリジェンス業務に活用することは、少なくとも「インテリジェンスの定義」あるいは「インテリジェンスの本質論」の観点からは特段問題のないことと考えられる。もちろん、行政組織同士の相互協力の一環としての情報共有に関しては、個人情報の保護等の観点から一定の制約があり得る。ただし、そうした制約は「インテリジェンスの本質論」から生じるものではない。

こうしたことから、行政組織の一部である法執行組織や警察がその任務を遂行する過程（捜査過程等）において収集した情報を政府内においてインテリジェンス業務に活用することとは、少なくとも「インテリジェンスの本質論」という観点からは特段問題のないことと考えられる。したがって、「捜査活動や警察業務はインテリジェンスとは本質的に異なるものであるから、法執行組織や警察がインテリジェンス・コミュニティの主要構成組織であるのは適切ではない」との見解は、「インテリジェンスの本質論」という理論的な観点からは必ずしも的を射たものではないと考えられる。

◎インテリジェンスの本質論（定義）とは別の観点からの検討

しかしながら、本件を検討するに当たっては、「インテリジェンスの本質論」という観点とは別の視点もさらに考慮に入れる必要があると考えられる。

第一に「司法過程や警察活動に対する国民からの信頼の維持」という観点が考えられる。すなわち、「法執行組織が犯罪捜査過程において収集した情報をインテリジェンスへ利用すること」や「法執行組織がインテリジェンス業務のために捜査権限を活用すること」は、国民から「法執行組織や警察による捜査情報や捜査権限の他目的利用だ」との誹りを受ける可能性を孕んでいる。言うまでもなく、法執行組織や警察によるこうした活用が直ちに全て違法あるいは不適正とされるわけではない。行政組織同士の相互協力及びその一環としての情報共有は一定の要件の下では適法適正であると考えられる。しかし、その程度が過ぎると、場合によっては国民の眼から見た「警察活動に対する信頼性」や「司法過程に対する信頼性」に悪影響を与える可能性もあり得ると考えられる。[26] こうした観点からは、「司法過程や警察活動に対する国民からの信頼の維持」を図るべく、法執行組織とインテリジェンス組織を敢えて分離するほうが好ましいとの考え方もあり得る。

例えば、カナダにおいては、以前は法執行組織である王立カナダ騎馬警察（ＲＣＭＰ）の公安部門が国内インテリジェンスを担当していた。しかし、一九七〇年代後半のＲＣＭＰによる違法捜査問題等を契機に「法執行組織と国内インテリジェンス組織を分離すべき」との議論が高まった。こうした状況を受けて、一九八四年、ＲＣＭＰの公安部門が分離され、Ｒ

ＣＭＰとは別個の国内インテリジェンス専従組織としてカナダ保安情報部（ＣＳＩＳ）が創設された。[27]

第二に「業務効率」等の観点が考えられる。インテリジェンス・プロセスと司法過程は本質的に異なるものであり、双方のプロセスにおいては情報収集の手法等が異なる部分もあり得る。すなわち、法執行組織による情報収集は「公判における犯罪の立証」を最終的な目的とするものであるのに対し、インテリジェンス組織による情報収集は国家安全保障の観点から対象の活動実態や組織実態の解明やテロ・スパイ活動の防止等を主たる目的とする場合が少なくない。こうしたことから、前記のとおり、「法執行組織がインテリジェンス機能を担うには限界があり、国内インテリジェンスの専門組織を法執行組織とは別個に設立するべき」との見解が日本や米国においても見られる。他方で、法執行組織と国内インテリジェンス組織の対象は実質的に重複する場合も少なくないと見られる（例えば、国内における外国スパイやテロ組織の動向の把握等）。したがって、「わざわざ別々の組織が類似の業務を同時に担うことは非効率的である」との議論もあり得る。

◎結論

以上のとおり、法執行組織や警察が国家のインテリジェンス機能の一翼を担うこと、特に国内インテリジェンスの主要な担い手となることは、少なくともインテリジェンスの本質論に関する学術理論的な見地からは特段問題はないものと考えられる。しかし同時に、本問題を検討するに当たっては、インテリジェンスの本質論の観点とは別に、司法過程や警察活動に対する国民からの信頼の維持や業務効率等の別の視点からの検討も必要と考えられる。

したがって、本問題には必ずしも各国に共通する普遍的な正解があるわけではなく、それぞれの国の独自の政治、社会、歴史状況等を踏まえつつ個別具体的に検討されるべきと考えられる。日本における制度の在り方を検討する際にも、単純に他国の制度の在り方のみを理由として解答を出すことは妥当ではなく、（他国の制度は参考にしつつも）日本自身の独自の政治、社会、歴史状況等を踏まえつつ具体的かつ実質的に検討されるべきと考えられる。[28]

注

（1）北岡元（二〇〇九）『インテリジェンス入門——利益を実現する知識の創造　第二版』、慶應義塾大学出版会、六頁。

（2）Lowenthal, M. M. (2022). *Intelligence: From Secrets to Policy* (9th ed.). CQ Press, an imprint of SAGE, p.10.

（3）Lowenthal. *Intelligence: From Secrets to Policy*, pp.2-5.

（4）Lowenthal. *Intelligence: From Secrets to Policy*, p.2.

（5）Friedman, U., "The Ten Biggest American Intelligence Failures," *Foreign Policy*, January 3, 2012. https://foreignpolicy.com/2012/01/03/the-ten-biggest-american-intelligence-failures/

（6）Lowenthal. *Intelligence: From Secrets to Policy*, pp.74-78.

（7）防衛大学校安全保障学研究会（編著）、武田康裕・神谷万丈（編）（二〇一八）『安全保障学入門　新訂第五版』、亜紀書房、三一一〇頁。

（８）防衛大学校安全保障学研究会（編著）、武田・神谷（編）『安全保障学入門　新訂第五版』、四頁。

（９）湯浅邦弘（二〇一〇）『孫子の兵法入門』、角川学芸出版、一六一二三頁。

（10）湯浅邦弘『孫子の兵法入門』、二〇頁。

（11）Rovner, J. (2011). *Fixing the Facts: National Security and the Politics of Intelligence* (1st ed.). Cornell University Press, p.29.

（12）Lowenthal. *Intelligence: From Secrets to Policy*, pp.199-203.

（13）Lowenthal. *Intelligence: From Secrets to Policy*, p.4.

（14）大森義夫（二〇〇四）『「インテリジェンス」を一匙——情報と情報組織への招待』、選択エージェンシー、五一六頁。

（15）Lowenthal. *Intelligence: From Secrets to Policy*, p.7.

（16）Lowenthal. *Intelligence: From Secrets to Policy*, pp.4-5.

（17）大野直樹（二〇一二）『冷戦下ＣＩＡのインテリジェンス——トルーマン政権の戦略策定過程』、ミネルヴァ書房。

（18）Lowenthal. *Intelligence: From Secrets to Policy*, p.7.

（19）Best Jr., R. A. (2011). *Intelligence Information: Need-to-Know vs. Need-to-Share* (CRS Report: R41848). Congressional Research Service. pp.10-11.

（20）Lowenthal. *Intelligence: From Secrets to Policy*, p.104.

（21）大森義夫『「インテリジェンス」を一匙』、二一一二二頁。

（22）Office of the Director of National Intelligence. (2013). *U.S. National Intelligence: An Overview, 2013*, pp.52-53. https://www.dni.gov/files/documents/USNI%202013%20Overview_web.pdf

(23) Lowenthal. *Intelligence: From Secrets to Policy*, p.6.

(24) Lowenthal. *Intelligence: From Secrets to Policy*, pp.5-6.

(25) 大森義夫（二〇〇五）『日本のインテリジェンス機関』、文藝春秋、三二頁；黒井文太郎、ワールド・インテリジェンス編集部（編）（二〇〇八）『インテリジェンスの極意！』、宝島社、二四一—二四三頁。

(26) 田村正博（二〇二二）『全訂 警察行政法解説 第三版』、東京法令出版、三三三—三八一頁。

(27) "CSIS: A short history of Canada's spy agency," *Ottawa Citizen*, June 1, 2020; "The Canadian Security Intelligence Service (CSIS): past and present," *Canadian Civil Liberties Association*, March 15, 2019.

(28) 小林良樹（二〇一四）「インテリジェンスと警察」、関根謙一他（編）『講座 警察法 第三巻』、立花書房、五二九—五五五頁。

第一章の補論

本章では、インテリジェンスの定義、インテリジェンスの学術研究の体系、政治とインテリジェンスの関係の各テーマに関し、第一章における議論をさらに詳細にした内容を紹介している。本章はやや高度な内容を扱っているので、飛ばしても問題はない。

一　インテリジェンスの定義をめぐる議論(1)

(一) 総論

前記のとおり、本書においては、インテリジェンスの定義を「政策決定者が国家安全保障上の問題に関して判断を行うために政策決定者に提供される、情報から分析・加工された知識のプロダクト、あるいはそうしたプロダクトを生産するプロセス」としている（※第一章参照）。

管見の限りでは、インテリジェンス（Intelligence）という概念に関して、世界中で普遍的に認められている通説的な学術理論上の定義を示すことは困難である。この背景には、各国において「インテリジェンス組織」と称される組織の機能や特徴が極めて多様であるという実態があり、その結果として、実務上の実態から帰納的に導き出される学術理論上の定義も多様化せざるを得ないという状況があると考えられる。

それでも、米国、イギリス等においては、それぞれの国におけるいわゆる「インテリジェンス組織」の活動実態を踏まえて、当該国における概ね（おおむ）の通説ないし有力説が存在する。例えば、米国においては、後述するローエンタール（Mark M. Lowenthal）による定義が有力説とみられる。これに対して、日本においてはこうした通説ないし有力説は確立していない。

以下においては、インテリジェンスの定義をめぐる米英両国及び日本における議論の動向を簡単に紹介する。

（二）法令上の定義

第一に、インテリジェンスの法令上の定義を確認する。管見では、日本はもとより、インテリジェンス研究の先進国である米国においても、法令上、インテリジェンスに関する明確な定義は存在しない。

例えば、米国においてインテリジェンス組織やその活動の根拠法となっている二〇〇四年インテリジェンス・コミュニティ改編法（The Intelligence Reform and Terrorism Prevention Act of 2004）は「国家安全保障にかかわるインテリジェンス」の定義は示しているものの（同法Section 1012）、インテリジェンスそのものの定義は示していない。また、米国政府の国家情報長官室（ＯＤＮＩ）の公式ホームページは、インテリジェンスの定義そのものには直接には触れず、インテリジェンスを「米国国内または国外で収集された情報（インフォメーション）であり、『我が国、その国民、財産または利益に対する脅威』、『大量破壊兵器の開発、拡散または使用』、『米国の国家安全保障または国土安全保障に関わるその他全ての事項』を含むもの」と説明するにとどまっている。[2] 他の米国のインテリジェンス組織の公式ホームページ等においても、インテリジェンスの一般的な定義を正面から明示したものは見当たらない。結局、インテリジェンスに関する学術的研究が比較的進んでいる米国においても、その正確な定義を示すことは困難であるのかもしれない。

日本においては、インテリジェンスの定義に関する衆議院議員からの質問主意書（二〇〇六（平成一八）年三月三日提出の質問第一二二号「インテリジェンスの定義に関する質問主意書」（提出者　鈴木宗男議員））に対する同年三月一四日付内閣総理大臣名の答弁書（内閣衆質一六四第一二二号）において、「インテリジェンスとは、一般に、知能、理知、英知、知性、理解力、情報、知的に加工・集約された情報等を意味するものと承知している」と述べられている。しかし、かかる見解は、やや広範に過ぎて学術研究上の用途としては不十分なものと考えられる。

（三）学術理論研究上の定義

第二に、インテリジェンスの学術理論研究上の定義に関する議論を概観する。前記のとお

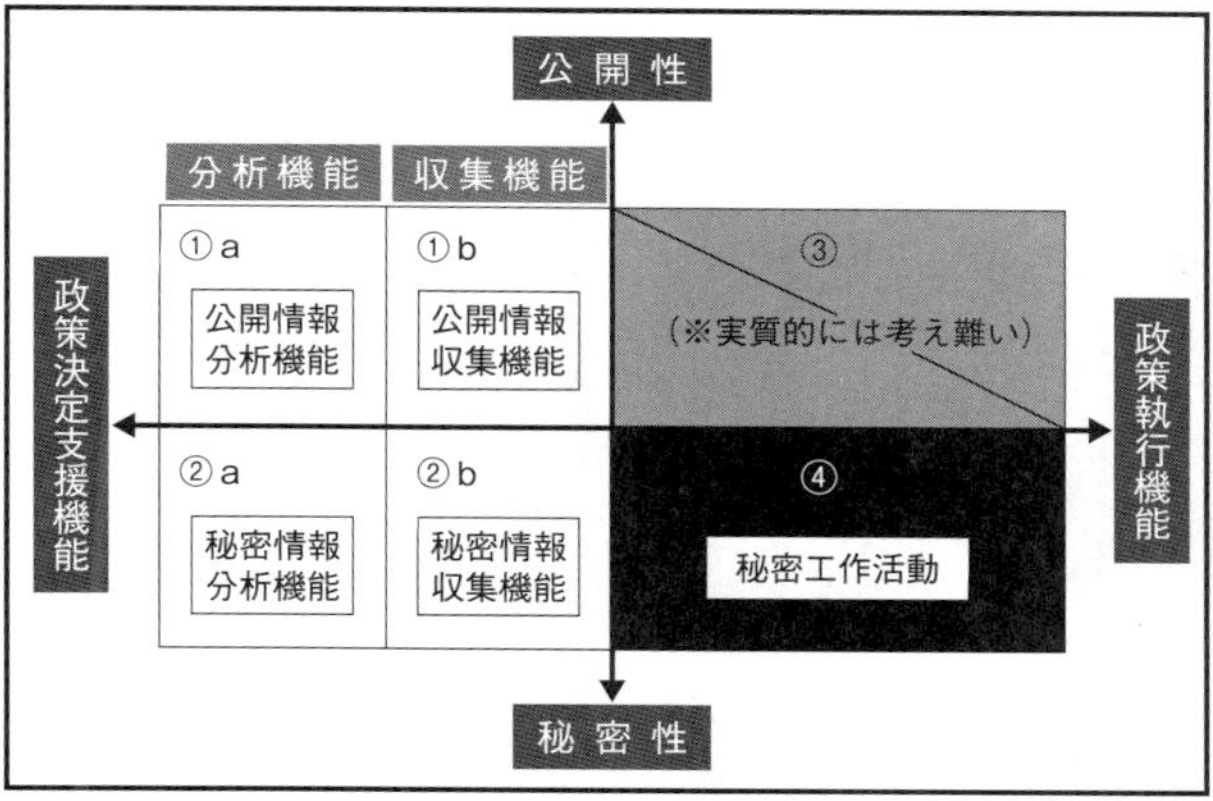

図表 1補－1　インテリジェンスの定義の整理（出典：筆者作成）

り、インテリジェンスの学術理論研究上の定義をめぐっては各国の研究者の間でも様々な見解があり、必ずしも普遍的な定義が定着しているわけではない。各論者の主張を大雑把に整理するならば、

● インテリジェンスの機能をいかに捉えるか（インテリジェンスの機能として、政策決定支援機能と政策執行機能のいずれを重視するか）

● インテリジェンスと秘密性の関係をいかに捉えるか（インテリジェンスの本質的な性質として、素材や活動の秘密性をどの程度重視するか）

という二つの基準に基づき、【図表1補－1】のように整理し得る（※①a＋①b＋②a＋②b＝現在の米国における代表的な定義＝本稿における定義）。

（イ）米英等における代表的な見解

◎政策決定支援機能を重視する立場

インテリジェンスの定義に関する様々な見解のうち、米国における現在の有力説と考えられるローエンタールの見解は、インテリジェンスについて「政策立案者が国家安全保障上の問題に関して判断を行うために政策立案者に提供される、情報から分析・加工された知識のプロダクト、あるいはそうしたプロダクトを生産するプロセス」と定義している。[3] 当該定義は、【図表1補－1】における①a、①b、②a及び②bの範囲を全てカバーする。

こうした現在の米国における代表的な見解は、インテリジェンスの政策決定支援機能、すなわち、政策決定者の意思決定や判断を支援する機能を重視するものである。前記のとおり（※第一章参照）、ローエンタールの教科書は、冒頭部分において「インテリジェンスの唯一の存在目的は、多様な方法によって政策決定者を支援することだ、というのが本書の主題である」と指摘している。[4]

こうした立場は、その論理的帰結として、インテリジェンスの機能として収集機能のみならず分析機能をも重視する。なぜなら、収集されただけで加工・分析されないままの素材情報は、政策決定者の意思決定の役には立たないからである（※第二章参照）。また、インテリジェンスの素材として、秘密情報のみならず公開情報をも重視する。なぜなら、政策決定者の意思決定に資するものであれば、秘密情報と公開情報を区別する必要はないからである。実際、近年、米国のインテリジェンス・コミュニティにおいては、公開情報に基づくインテリジェンス（オシント）の重要性が上昇しているとも指摘されている（※第四章参照）。

◎秘密情報収集機能を重視する立場

これに対して、デイビス（Philip Davies）の研究によると、イギリスにおいては、インテリジェンスの機能として、政策決定支援機能の中でも特に「秘密情報の収集」をより重視する考え方が少なくない。こうした考え方においては、前記の米国的な考え方に比較して、インテリジェンスの範囲は相当狭く捉えられることとなる。[5] すなわち、こうした定義は、【図表1補－1】における②bの範囲のみをカバーする。

こうした考え方においては、インテリジェンスの機能の中で分析機能は収集機能に比べて必ずしも重視されないこととなる。また、インテリジェンスの素材として公開情報は重視されないこととなる。

こうした米英両国におけるインテリジェンスの定義に関する認識の相違は、両国のインテリジェンス文化の相違の反映、すなわち、両国における外交・安全保障政策決定メカニズムの相違の反映と考えられる。さらに、こうした政策決定メカニズムの相違の背景には米英両国の政治的、歴史的、社会的文化の相違が関係していると考えられる。[6]

（ロ）秘密工作活動（Covert Action）の扱いに関する議論

前記のようにインテリジェンスの政策決定支援機能を重視する立場からは、例えば外国における政府転覆活動や謀略活動のようないわゆる「秘密工作活動（Covert Action）」（【図表1補－1】における④の範囲）については、理論的にはインテリジェンスの範疇には含まれないものと解される。なぜなら、こうした活動は「政策決定者によって既に決定された政策を執行する機能」であり、政策決定を支援する機能とは質的に異なるからである（※第六章参照）。

しかし、現実の問題として、例えば米国においては中央情報局（CIA）等のインテリジェンス組織がこうした秘密工作活動を担っていることも事実である。こうした現象は、理論的には、「この種の活動を担い得る組織がほかにないという専ら実務的な事情に基づき、インテリジェンス組織がいわば『副業』的にこれを担っている」と説明されることとなる。

論者の中には、秘密性こそがインテリジェンスの本質であるとの認識に基づき、秘密情報の収集に加えてこうした秘密工作活動をインテリジェンスの中心的な機能に含めるとする見解もある。こうした考え方に基づくインテリジェンスの定義は、【図表1補－1】における②b及び④の範囲をカバーする。このように秘密性を重視する立場においては、その論理的帰結として、インテリジェンスの機能の中で政策決定支援機能は必ずしも絶対視されないこととなる。同時に、インテリジェンスの素材として公開情報はほとんど重視されないこととなる。

（八）日本における議論及び実務の動向

　前記のとおり、管見の限りでは、日本においてはインテリジェンスの定義に関する学術理論上の通説は確立していない。こうした状況の背景には、日本においては、①インテリジェンス組織の活動が米英等に比較して小規模であること（※第三章参照）、②国家安全保障に関する政策決定過程においてインテリジェンスが必ずしも十分には活用されてこなかったとみられること（※この点に関しては、二〇一三年から一四年にかけての国家安全保障会議〔NSC：National Security Council〕及びNSCの事務局である国家安全保障局〔NSS：National Security Secretariat〕の創設を契機に相当程度改善されたとみられる）、③インテリジェンスに関する学術理論研究も十分には進展していないこと、などの諸事情があると考えられる。その意味では、こうした「インテリジェンスの定義の通説がない」という状況自体が日本の政治・社会状況の反映であり、インテリジェンス文化の特徴の一つであると考えられる。いずれにせよ、こうした状況の結果、日本におけるインテリジェンスに関する各種の論議においては、しばしば各論者が異なったインテリジェンスの定義に基づき持論を展開し、結果として議論が嚙(か)み合っていない場合が少なくないとみられる。

　ちなみに、日本における代表的な学説の一つである北岡元(きたおかはじめ)の見解は、「インテリジェンスとは、国家安全保障にとって重要な、ある種のインフォメーションから、要求・収集・分析というプロセスを経て生産され、政策立案者に提供されるプロダクトである」としている[7]。こうした見解は前記の米国における代表的な見解（インテリジェンスの政策決定支援機能を重視する考え方）に近いものである。

これに対し、日本の論者の中には、インテリジェンスの定義として「敵対勢力あるいはライバルについての秘密情報」や「対象側が隠している本音や実態すなわち機密を当方のニーズに合わせて探り出す合目的的な活動」とする見解もある[8]。こうした見解は、インテリジェンスの機能を秘密情報の収集に限定する傾向が強く、前記のイギリスにおける考え方に近いと言い得る。

なお、近年の日本政府における実務上の各種のインテリジェンス機能改革（とりわけ二〇〇八年以降の機構改革）は、米国における代表的なインテリジェンス理論に概ね依拠し、政策決定者の意思決定や判断を支援する機能を重視する方向にあると考えられる。こうしたことから、本書においては、前記のとおり、インテリジェンスの定義を「政策立案者が国家安全保障上の問題に関して判断を行うために政策立案者に提供される、情報から分析・加工された知識のプロダクト、あるいはそうしたプロダクトを生産するプロセス」としている。これは、前記の北岡の見解と同様、ローエンタール等による米国的な見解（インテリジェンスの政策決定支援機能を重視する考え方）に近いものである。

二　インテリジェンスの学術研究の体系⑼

(一) 理論体系の概観

前項で扱ったインテリジェンスの定義は、インテリジェンスに関する学術的な研究の体系の全体像と深く結び付いている。現在、主に米国におけるインテリジェンスの学術研究は、前記のようなインテリジェンスの定義に基づき、「国家安全保障に関する政策決定者の意思決定を支援する」という制度目標を達成するために、具体的にどのような組織・制度を構築するかという課題を追究することを目指していると考えられる。そうした研究の体系は【図表1補－2】のように整理し得る。

すなわち、「政策決定を支援する」との制度目的を達成するための主な理念として、①インテリジェンスの客観性の維持、②政策からのリクワイアメント（要求）優先、③秘匿性の維持、④インテリジェンス組織に対する民主的統制の確保等が認識されている。

加えて、これらの基本的理念から派生する下位の考え方として、客観性の維持からは、政策とインテリジェンスの分離、収集と分析の分離、競争的分析（Competitive Analysis）等が導き出される。政策からのリクワイアメント（要求）優先からは、インテリジェンス・サイクル等が導き出される。秘匿性の保持からは、カウンターインテリジェンスの諸制度、ニード・トゥ・ノウやサード・パーティー・ルールの考え方が導き出される。民主的統制の確

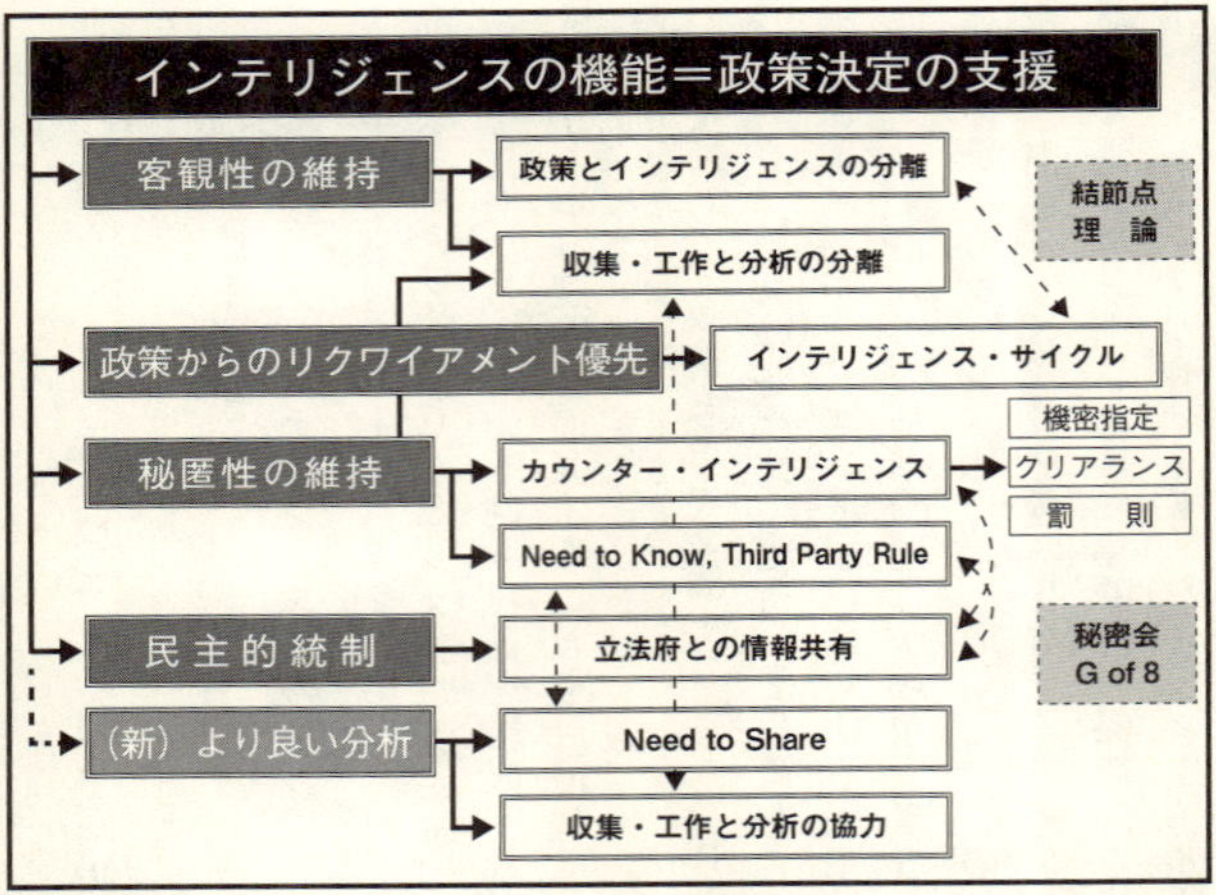

図表１補－２　インテリジェンスの学術研究の体系（出典：筆者作成）

保からは、インテリジェンス・コミュニティと立法府との情報共有等が導き出される。

さらに、二一世紀に入り、九・一一テロ事件及びイラクの大量破壊兵器問題を受けて、従来からの理念に加えて、より良いインテリジェンス分析を生産するための考え方として、ニード・トゥ・シェア（Need to Share）や、収集と分析の協力等が議論されるようになっている。

（二）理論上の課題

言うまでもなく、これらの各種の理念はいずれも、「国家安全保障に関する政策決定者の意思決定を支援する」というインテリジェンスの根本的な制度目標を達成するために導き出されたものである。しかし、本書の随所において指摘しているように、実際の局面においてはそれぞれの理念が相互に矛盾を来す場合も少なくない。米国等におけるインテリジェンスの学術研究の多くは、こうした各種の理念の緊張関係をいかにして調整するか、という点に力点を置きつつ発展してきたとも言い得る。

（イ）相互に緊張関係にある理念、考え方

相互に緊張関係にある理念や考え方の例としては、次のようなものが指摘し得る。

第一は、「政策とインテリジェンスの分離」と「政策からのリクワイアメント（要求）優先」の関係である。イラクの大量破壊兵器問題等をめぐって発生した「インテリジェンスの政治化」の問題の背景には、両者の緊張関係があると考えられる（※本章の次項参照）。

第二は、「インテリジェンス・コミュニティに対する民主的統制」と「インテリジェンス活動の秘匿性の保持」の関係である。近年、九・一一テロ事件以降の米国の各インテリジェンス組織の活動の強化の状況が各種報道等を通じて次第に明らかになりつつある。例えば、無令状の通信傍受、テロ容疑者に対する厳しい尋問、無人航空機（ＵＡＶ）を活用した秘密工作活動等である。これらの活動の中には、その適法性、妥当性に疑問が持たれるものもある。その結果、連邦議会によるインテリジェンス・コミュニティに対する民主的統制の重要性が改めて認識されることとなった。こうした状況は、「インテリジェンス・コミュニティと立法府との情報共有」と「インテリジェンス活動の秘匿性の保持」のバランスの維持の困難さを浮き彫りにしていると考えられる。

第三に、九・一一テロ事件及びイラクの大量破壊兵器問題以降、その反省として、ニード・トゥ・シェアや収集と分析の協力が推進されている。これらはそれぞれ、従来からのニード・トゥ・ノウや収集と分析の分離の考え方との間で緊張関係にあると考えられる。二〇一〇年に発生したウィキリークス（WikiLeaks）による米国国務省公電資料の漏えい事件は、ニード・トゥ・シェアに基づくインテリジェンス共有の持つ危険性を改めて浮き彫りにした（同事件では、在イラクの米国人兵士が、国防省のネットワークから国務省の公電資料を入手して漏えいさせた）[10]。二〇一三年に発覚したスノーデン（Edward Snowden）による漏えい事案においても同様の課題が指摘し得る。

（ロ）課題解決方策の模索

これらの課題に対する解決策としては次のような諸制度が考えられる。

第一に、「政策とインテリジェンスの分離」と「政策からのリクワイアメント（要求）優先」を両立させるための仕組みとされているのは、政策部門とインテリジェンスの結節点（連接点）の制度である。これは、正式な意思疎通のチャンネル（結節点）を通じた両部門の緊密な意思疎通を制度的に保証する一方で、こうした正式なチャンネルを通さない両部門間の恣意的なやり取りを抑制するという制度である（※第二章、三章及び本章次項参照）。

こうした両部門の結節点たる仕組みは、米国においては国家情報長官（ＤＮＩ）及び国家安全保障会議（ＮＳＣ：National Security Council）が、日本においては内閣情報官、内閣情報会議、NSC及びNSSがそれぞれ担っている。

第二に、米国において民主的統制の確保のための「インテリジェンス・コミュニティと立法府との情報共有」と「インテリジェンス活動の秘匿性の保持」を両立させるための仕組みとされているのは、議会における秘密会（closed session）の制度、いわゆる「ギャング・オブ・エイト（Gang of Eight）」及び「ギャング・オブ・フォー（Gang of Four）」等の制度である（※第八章参照）。このうち後者の制度は、インテリジェンス組織が秘密工作活動などに関する極めて機微な事項に関して連邦議会に報告を行う際には、（インテリジェンス問題担当委員会のメンバー全員ではなく）少数の議会指導者のみに対して報告すれば良いとする制度である（合衆国法典第五〇章第三〇九一条及び第三〇九三条）[11]。

第三に、ニード・トゥ・ノウとニード・トゥ・シェアのそれぞれの考え方を両立させることは容易ではない。例えば、カウンターインテリジェンスの施策の一環として、不必要な秘密の指定の解除（declassification）を推進すること、いわゆるサニタイズの技術の向上等が考えられる[12]（※第五章及び第六章参照）。

もっとも、これらの諸制度はいずれも必ずしも完璧なものではない。もとより、こうした各種の理念や考え方の緊張関係の調整に当たっては必ずしも普遍的な解決策があるわけではない。各国の政治、社会情勢、歴史的背景等に応じて臨機応変な解決策を継続して模索する必要があると考えられる。

三　インテリジェンスの政治化

(一) 意義

前記のとおり、(本書の依拠するインテリジェンスの定義においては) インテリジェンスの最も重要な機能は、政策決定プロセスを「支援」することである。インテリジェンスがこうした政策決定プロセスを支援する機能を果たすためには、インテリジェンスの客観性が維持されることが肝要である。なぜなら、歪曲(わいきょく)され客観性を欠くインテリジェンスは、政策決定者の判断を誤らせる可能性が高いからである。政策決定者の判断を誤らせるようなインテリジェンスの歪曲は、「**インテリジェンスの政治化 (Politicization of Intelligence)**」の問題として論じられることもある。インテリジェンスの政治化とは、学術的には例えば「政治的な理由により、インテリジェンスの内容が意図的に歪曲されること」と定義される[13] (ただし、インテリジェンスの政治化に関する法令上の定義は、少なくとも米国を始めとする欧米先進諸国等には存在しない)。

インテリジェンスの政治化には様々の類型があり、大別すると政策部門側による政治化とインテリジェンス・コミュニティ側による政治化に分類される[14]。

(イ) 政治化が政策部門によってなされる場合

政治化が政策部門側によってなされる場合の例としては、政策部門が、自己の好む政策オプションを支持するようなインテリジェンス分析等を得るために、インテリジェンス・コミュニティ側に圧力をかけ、客観性を欠くインテリジェンス分析や評価等を生産させる場合がある。例えば、二〇〇三年のイラク戦争開始前、チェイニー（Dick Cheney）米国副大統領（当時）は数回にわたりＣＩＡを訪問し、イラクの大量破壊兵器問題に関して説明を受けたと言われている。こうした活動はＣＩＡ側に対する圧力になったのではないかとの指摘もある。[15]

ただし、実際には、こうした圧力が直接的かつ明白にかけられる事例は多くはなく、むしろ間接的に圧力がかけられる場合が多いと考えられる。例えば、政策部門側が自己の政策上の嗜好をそれとなくインテリジェンス・コミュニティ側に示唆すること、政策部門が自己の嗜好に合致しないインテリジェンス分析を公に批判することなどである。党派的対立のある政策案件に関し、政策部門が、自己の政策の正当化のために、インテリジェンス分析や評価等の一部のみを選り好みして利用することなども、結果的にインテリジェンス・コミュニティ側に対する不適切な圧力となり得ると考えられる。[16]

（ロ）政治化がインテリジェンス・コミュニティ側によってなされる場合

政治化がインテリジェンス・コミュニティ側によってなされる場合については、さらに次の二つの類型に分類される。

第一は、インテリジェンス組織（またはインテリジェンスの担当者個人）が、ある特定の政策の実現を意図し、政策部門に伝えるインテリジェンス分析や評価等の内容を歪曲する場合である。例えば、戦争中に、インテリジェンス組織（またはインテリジェンスの担当者個人）が「戦争の続行こそが好ましい政策判断である」と勝手に判断し、政策部門の判断を戦争続行の方向に誘導するべく、戦争の現状と見通しに関する分析・評価を歪曲する場合である。特に、インテリジェンス担当部門が政策立案部門を兼ねている（あるいは両部門が近接している）場合には、自分自身が企画・遂行に携わっている政策を支持するような内容にインテリジェンスが傾斜してしまう可能性が高まると考えられる。

第二は、インテリジェンス組織（またはインテリジェンスの担当者個人）が、政策部門におもねるため、政策部門が好む政策オプションを支持するような方向にインテリジェンス分析や評価等の内容を歪曲する場合である。例えば、二〇〇三年のイラク戦争の開戦に当たっては、当時の米国ブッシュ政権が当初から開戦に向けて積極的であったことから、米国のインテリジェンス組織もイラクの大量破壊兵器の開発状況に関する分析・評価に関して、政権の意図に沿うような歪曲を行ったのではないかとの疑惑が持たれた。

なお、「インテリジェンスとは政策決定プロセスを『支援』するものである」ということは、決して、インテリジェンス組織が政策部門におもねるためにインテリジェンスの内容を歪曲することを是とするものではない。むしろインテリジェンス組織は、政策決定者が好む政策オプションを支持しないような分析・評価であっても、それが客観的な分析・評価である限り、これを政策部門に対して適切に伝えることが必要である。

このように、インテリジェンスの政治化はある程度類型化することが可能である。しかし、こうした分類はあくまでも便宜的なものにすぎず、実際には、ある事例が複数の類型の複合型と考えられる場合も少なくない。例えば、前記のイラクの大量破壊兵器問題に関する事例は、政策決定者によるインテリジェンス・コミュニティ側に対する圧力の事例とも考えられるし、インテリジェンス・コミュニティ側による政策決定者に対するおもねりの事例とも考えられる。[17] また、実際の場面において、「何を以て政治化と言うのか」、「政治化の程度が許されない程度にまで達しているのか否か」などの問題について正確に答えることは容易ではない。例えば、二〇〇五年三月、米国のイラクの大量破壊兵器問題調査委員会は、当該事案においてインテリジェンスの歪曲はなかったとの結論を出している。[18]

米国において過去に実際にインテリジェンスの政治化が問題になった事例としては、前記のイラクの大量破壊兵器問題のほかに、朝鮮戦争時の中国の戦略に関する分析評価、ベトナム戦争時の戦況に関する分析評価、米ソ冷戦時におけるソ連の軍事力に関する分析評価等が指摘されている。

（二）政治とインテリジェンスの関係に関する学説

（イ）分離説と接近説

政治とインテリジェンスの関係に関する米国における学説は、大別して分離説と接近説に分類される。前述のとおり、インテリジェンスに関する学術研究の体系の中には、「政策とインテリジェンスの分離」と「政策からのリクワイアメント（要求）優先」という基本的な考え方がある。このうち前者の「政策とインテリジェンスの分離」をより重視する立場が分離説であり、後者の「政策からのリクワイアメント優先」をより重視する立場が接近説である。

第一の分離説は、「インテリジェンスの客観性の維持」（すなわち、インテリジェンスの政治化を回避すること）こそがインテリジェンスの核心的な価値であると捉え、その実現のために「政治とインテリジェンスの分離」の重要性を強調する。こうした立場を徹底すると、インテリジェンス側は政策側との無用の接触を避けるとともに、政策提言等を行ってはならないとされる。[19] 分離説は、元CIA分析担当幹部であるケント（Sherman Kent）による一九四九年出版の古典的著作[20]においても提唱されるなど、伝統的に米国インテリジェンス・コミュニティにおいて通説的な立場を占めている。近年の有力な研究としては、元CIAの分析担当幹部のピラー（Paul Pillar）による研究等がある。[21]

第二の接近説は、インテリジェンスの客観性の維持が必要であることは認めつつも、インテリジェンスが政策決定支援機能を果たすためには政策決定者のニーズに十分に則したインテリジェンスを提供する必要があると捉える。そのため、インテリジェンス・コミュニティは、政策決定者のリクワイアメント（要求）を適切に把握するべく、政治との間で十分な意思疎通を図る必要があると主張する。接近説の根底には、政策決定者のニーズを十分に満たすことができないインテリジェンス組織は政策決定者から疎まれ、結局は政策決定過程から疎外されてしまう（政策決定過程から疎外されてしまってはインテリジェンスの根本的な目的である政策決定支援機能を果たし得ない）との考えがある（例えば、東西冷戦期のトルーマン政権下では、米国の対ソ連戦略決定過程においてＣＩＡが提供したインテリジェンスの影響力は限定的であったとみられる）[22]。接近説の支持者は、元ＣＩＡ長官のゲーツ（Robert Gates）を始め、政治とインテリジェンスの接点に近い立場での実務経験者に比較的多くみられる[23]。

歴史的に見ると、第二次世界大戦後の一九四七年に米国に現在のインテリジェンス・コミュニティが創設されて以来、伝統的に米国インテリジェンス・コミュニティの主流の立場はケント流の分離説であったとみられる。これに対し、一九八〇年代後半から九〇年代頃にかけては接近説が強くなっている。この背景には、東西冷戦の終了にともないインテリジェンス・コミュニティの存在意義に対して政府の内外から厳しい眼が向けられ始めたことがあるとみられる。その後、二〇〇三年に開始されたイラク戦争に伴う大量破壊兵器問題は、インテリジェンスの政治化の問題に対する内外の懸念を高め、分離説の立場から政治とインテリジェンスの関係を見直す契機になった。しかし近年、米国を取り巻く安全保障環境の複雑化等を背景として、再度、接近説が見直されつつあるとみられる。

(ロ) 両説の比較

分離説と接近説にはそれぞれ長所と短所があり、双方は表裏の関係になっている。すなわち、分離説の場合は、客観性の維持には優れている一方、政策決定者からのリクワイアメントを必ずしも十分には把握し得ない可能性がある。これに対し、接近説の場合は、政策決定者のリクワイアメントを比較的容易に把握し得るものの、インテリジェンスの客観性を損なう危険性、特にインテリジェンスの政治化の可能性が比較的高い。

ただし、分離説、接近説とも論者によって様々な相違があり、極端な立場を取る論者は多くはない。大半の論者は、分離と接近のバランスを適切に取るべし、すなわち、政治化を避けるべくインテリジェンスの客観性を維持しつつも、政策決定者のリクワイアメントを汲み取るべく意思疎通を十分に図ることが重要である旨の結論に落ち着いている。この背景には、分離説の根底にある客観性の維持、接近説の根底にある政策からのリクワイアメント優先の双方とも、政策決定者の意思決定を支援するというインテリジェンスの根本的な制度目的に資する重要な理念である以上、そのいずれかを完全に無視することは理論的にも実務的にも困難であるとの事情があるとみられる。

なお、マーリン（Stephen Marrin）の研究等が指摘するように、分離と接近のバランスの適切な在り方には、普遍的な「正解」があるわけではないと考えられる。両者の適切なバランスは、各国ごとに、その国の国家安全保障に係る政策決定プロセスをめぐる政治、歴史的、社会的文化を踏まえて、個別に検討されるべきものと考えられる。[24]

(三) 関連制度

「政策とインテリジェンスの分離」と「政策からのリクワイアメント優先」という一見相矛盾する双方の要素のバランスをどのように上手(うま)く取るかは、健全なインテリジェンス・プロセスの維持にとって重要な課題となる。前記のとおり、両者を両立させるための仕組みとされているのは、政策部門とインテリジェンスの結節点（連接点）の制度である。これは、正式な意思疎通のチャンネル（結節点）を通じた両部門の緊密な意思疎通（リクワイアメントやフィードバックの付与等）を制度的に保証する一方で、こうした正式なチャンネルを通さない両部門間の恣意的なやり取りを抑制するという制度である（※第二章、三章及び本章前項参照）。こうした両部門の結節点たる仕組みは、米国においては国家情報長官及びＮＳＣが、日本においては内閣情報官、内閣情報会議、ＮＳＣ及びＮＳＳがそれぞれ担っている。

米国においては、こうした既存の制度に加え、インテリジェンス・コミュニティの長（国家情報長官）の任期を固定制として一定の身分保障を与える案が取り沙汰される場合もある。[25] こうした制度は、連邦捜査局（ＦＢＩ）長官や連邦準備制度理事会（ＦＲＢ）議長等、高い独立性、政治的中立性が求められるポストに対して既に採用されている。日本においては、公正取引委員会の委員長及び委員、国家公安委員会の委員等のいわゆる行政委員会制度において採用されている（私的独占の禁止及び公正取引の確保に関する法律〔独禁法〕第三一条、警察法第九条第五項）。

注

（1）本項の初出は次のとおり。本書掲載に当たり大幅に修正を行った。小林良樹（二〇一三）「日本のインテリジェンス文化――インテリジェンスの概念定義及び民主的統制制度に関する考察」『情報史研究』第五号、八五―九六頁。

（2）国家情報長官室の公式ホームページ。https://www.dni.gov/index.php/what-we-do/what-is-intelligence

（3）Lowenthal, M. M. (2022). *Intelligence: From Secrets to Policy* (9th ed.). CQ Press, an imprint of SAGE, p.9.

（4）Lowenthal. *Intelligence: From Secrets to Policy*, pp.2-5.

（5）Davies, P. H. J. (2004). Intelligence culture and intelligence failure in Britain and the United States. *Cambridge Review of International Affairs*, *17*(3), pp.503-509; pp.517-518.

（6）Davies, P. H. J. (2002). Ideas of intelligence: Divergent National Concepts and Institutions. *Harvard International Review*, *24*(3), pp.62-66.

（7）北岡元（二〇〇九）『インテリジェンス入門――利益を実現する知識の創造　第二版』、慶應義塾大学出版会、六頁。

（8）大森義夫（二〇〇四）『「インテリジェンス」を一匙』、選択エージェンシー、二一―二二頁。

（9）本項の初出は次のとおり。本書掲載に当たり大幅に修正を行った。小林良樹（二〇一三）「政治とインテリジェンスの関係――我が国の制度の在り方に関する考察」『国際安全保障』第四一巻第二号、八一―九八頁。

（10）Best Jr., R. A.（2011）. *Intelligence Information: Need-to-Know vs. Need-to-Share*（CRS Report: R41848）. Congressional Research Service. pp.10-11.

（11）Erwin, M. C.（2013）. *"Gang of Four" Congressional Intelligence Notifications*（*CRS Report R40698*）. Congressional Research Service.

（12）小林良樹（二〇一三）「インテリジェンス組織構築に何が必要か」『外交』第八〇号、七〇頁。Best Jr. *Intelligence Information: Need-to-Know vs. Need-to-Share.*

（13）Rovner, J.（2011）. *Fixing the Facts: National Security and the Politics of Intelligence*（1st ed.）. Cornell University Press, p.29.

（14）Lowenthal. *Intelligence: From Secrets to Policy*, pp.199-203.

（15）Lowenthal. *Intelligence: From Secrets to Policy*, p.201.

（16）Lowenthal. *Intelligence: From Secrets to Policy*, p.202.

（17）Lowenthal. *Intelligence: From Secrets to Policy*, pp.201-202.

（18）Commission on the Intelligence Capabilities of the United States Regarding Weapons of Mass Destruction.（2005）. Unclassified Version of *The Report of the Commission on the Intelligence Capabilities of the United States Regarding Weapons of Mass Destruction.*

（19）Kent, S.（1949）. *Strategic Intelligence for American World Policy*. Princeton University Press, pp,18-209.

（20）Kent. *Strategic Intelligence for American World Policy.*

（21）Pillar, P. R.（2011）. *Intelligence and U.S. Foreign Policy: Iraq, 9/11, and Misguided Reform.*

Columbia University Press; Pillar, P. R. (2010). The Perils of Politicization. In L. K. Johnson (Ed.), *The Oxford Handbook of National Security Intelligence,* pp.472-484. Oxford University Press.

(22) 大野直樹（二〇一二）『冷戦下ＣＩＡのインテリジェンス――トルーマン政権の戦略策定過程』、ミネルヴァ書房。

(23) Miller, P. D. (2010). Lessons for Intelligence Support to Policymaking during Crises. *Studies in Intelligence, 54*(2), pp.1-8; Wilder, D. C. (2011). An Educated Consumer Is Our Best Customer. *Studies in Intelligence, 55*(2), pp.23-31.

(24) Marrin, S. (2007). At Arm's Length or At the Elbow?: Explaining the Distance between Analysts and Decisionmakers. *International Journal of Intelligence and Counterintelligence, 20*(3), pp.401-414.

(25) Pillar. The Perils of Politicization. In L. K. Johnson (Ed.), *The Oxford Handbook of National Security Intelligence.*

第二章　インテリジェンス・プロセス

一　インテリジェンス・プロセスとインテリジェンス・サイクル

(一) 定義

第一章で述べたとおり、本書が依拠するインテリジェンスの定義に基づくと、インテリジェンスとは「素材情報（インフォメーション）から分析・加工された知識のプロダクト」と考えられる。こうした「成果物としてのインテリジェンス」を生産する政府関係組織の一連の活動過程（プロセス）をインテリジェンス・プロセスと言う。

簡単に言えば、インテリジェンス・プロセスとは、インテリジェンスのプロダクトが徐々に生産されていく過程（プロセス）とも言い得る。これは、工業製品に関して、部品の一つ一つを組み立てて完成品（例えば自動車や家電製品等）を造り出す工程の全体を「製品の生産プロセス」などと言うのと同様である。

インテリジェンス・プロセスは、政策決定者を始点として開始されると考えられる。こうした考え方は、「インテリジェンスとは政策決定プロセスを支援するためのものである」との認識（「政策からのリクワイアメント〔要求〕優先」の考え方）に基づくものである（※第一章参照）。すなわち、インテリジェンスの生産過程が開始されるには、まず政策決定者が何らかのインテリジェンスへの必要性を認識し、インテリジェンス・コミュニティ（IC）に対してインテリジェンスのリクワイアメントを付与する必要があると考えられる（例えば、A国大統領は、B国総理大臣との外交交渉に臨むに当たり事前にB国の外交方針に関するインテリジェンスの必要性を認識し、そうしたインテリジェンス・プロダクトを作成して報告するようA国のインテリジェンス・コミュニティに対して指示する）。次に、IC側はこうした政策決定者からのリクワイアメントの付与に基づいて、素材情報を収集・分析・加工してインテリジェンス・プロダクトを生産する。最後に、生産されたインテリジェンス・プロダクトがIC側によって政策決定者に報告され、一つのインテリジェンス・プロセスは完結する。

加えて、プロダクトの報告の機会に政策決定者からインテリジェンス・コミュニティに対してフィードバックが与えられ、これが新たなリクワイアメント付与となる場合もある（例えば、報告に対して、総理大臣や大統領から、「この点をもう少し詳しく調べて欲しい」等の指示を受けることがあり得る）。こうした場合、インテリジェンス・プロダクトを生産する過程（プロセス）は、政策決定者を始点・終点とした「循環形」であるとも考えられる。したがって、インテリジェンス・プロセスは「インテリジェンス・サイクル（Intelligence Cycle）」と呼ばれることもある（※【図表2－1】参照）。

こうした考え方に立つ場合、政策決定者からのリクワイアメントの付与なくして勝手にインテリジェンス・プロセスが動くことは理論的にはあってはならない。そうした事態は、「インテリジェンスは政策決定を支援する」というインテリジェンスの本来の機能に反するものと考えられる。また、「インテリジェンスの暴走」ともなり得る。

以上を踏まえ、インテリジェンス理論に関する米国の代表的な学術書（Lowenthal, 2022）は、インテリジェンス・プロセスを次のように定義している。[1]

> **インテリジェンス・プロセスとは、「政策決定者が然るべきインテリジェンスへの必要性を認識してから、リクワイアメント（要求）の付与を受けたインテリジェンス・コミュニティ（ＩＣ）がインテリジェンス・プロダクトを生産し、これを政策決定者に伝達するまでの一連の過程」である。**

（二）インテリジェンス・プロセスという概念の有用性

インテリジェンス・プロセスという概念の理解は、インテリジェンス機能の働きを詳細に検討する際に有用である。

例えば、「インテリジェンスが上手く機能していない」、「何らかの修正が必要だ」という場合、インテリジェンス機能の全体をインテリジェンス・プロセスの概念に基づいて段階・機能ごとに分解することにより、プロセスの各段階にどのような問題があるかをより具体的かつ詳細に検討することが可能となる。逆に、こうした概念の理解がないと、各段階の詳細な検討が疎(おろそ)かとなり、例えば、「実際には分析段階に問題があるにもかかわらず収集段階に修正を施した」といった的外れな対応となってしまうこともあり得る。

なお、日本においては、二〇〇八（平成二〇）年二月に当面のインテリジェンス・コミュニティの機能強化の基本方針が取りまとめられた（「官邸における情報機能の強化の方針」）。当該文書では、こうしたインテリジェンス・サイクルの各段階に対して、所要の課題の検討が実施されている。その意味で、当該文書は、学術的な見地に基づいた検討の成果であると評価し得る。

二　インテリジェンス・プロセスの各段階

(一) 総論

前記及び【図表2－1】のとおり、インテリジェンス・プロセスは、最も単純には以下の四段階から構成されると考えられる。

① 政策決定者によるインテリジェンスの必要性の認識
② 政策決定者からインテリジェンス・コミュニティに対するインテリジェンスのリクワイアメントの付与

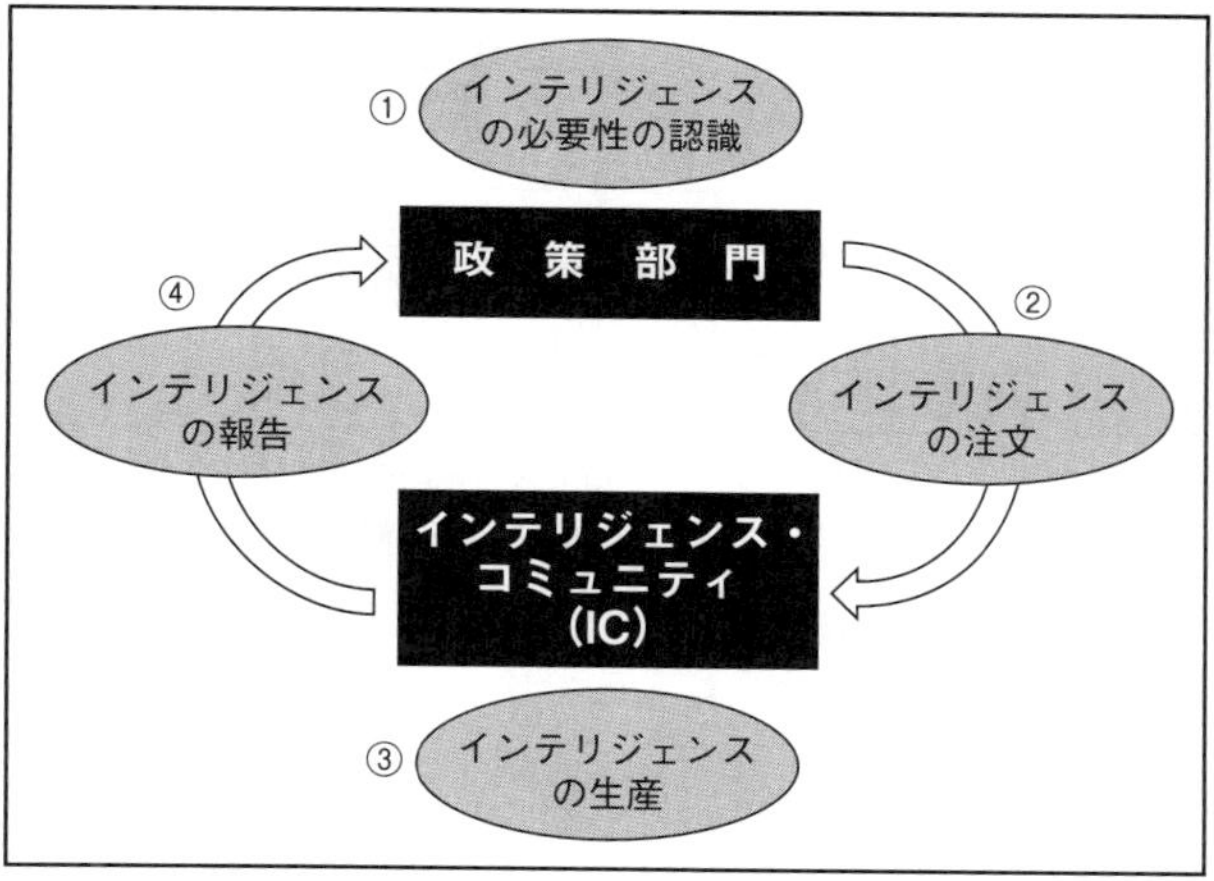

図表２－１　インテリジェンス・サイクル（出典：筆者作成）

③　インテリジェンス・コミュニティによるインテリジェンス・プロダクトの生産

④　インテリジェンス・コミュニティから政策決定者に対するインテリジェンス・プロダクトの報告

講学上あるいは実務上、前記の四段階からさらに細分化した段階付けをする場合もあり得る。例えば、米国政府の国家情報長官室（ＯＤＮＩ）の公式文書「U.S. National Intelligence — An Overview 2013」は、インテリジェンス・プロセスとして次の六段階を指摘している[2]（※【図表２－２】参照）。

一方、インテリジェンス理論に関する米国の代表的な学術書（Lowenthal, 2022）では、これをさらに細分化した次

主　体	内　容
政策部門	① 計画と指示（Planning and Direction）
インテリジェンス・コミュニティ（IC）	② 素材情報の収集（Collection）
	③ 素材情報の加工（Processing and Exploitation）
	④ 分析と生産（Analysis and Production）
	⑤ 報告の伝達（Dissemination）
政策部門	⑥ 評価のフィードバック（Evaluation）

図表２－２　インテリジェンス・プロセス（米国の国家情報長官室の例）
（出典：U.S. National Intelligence-An Overview 2013を基に筆者作成）

の七段階が指摘されている[3]（※【図表２－３】参照）。以下ではこの七段階に関して簡単に紹介する。

（二）第一段階：リクワイアメント（要求）の決定（Identifying Requirements）

（イ）リクワイアメントの重要性

「リクワイアメント（Requirement）」とは、インテリジェンスの消費者たる政策決定者が「どのような政策課題に関するいかなるインテリジェンスが必要であるかを明確化するとともに、それらの各課題の中での優先順位を決定し、それをインテリジェンス・コミュニティに対して明示すること」と言い得る[4]。日本語では「情報要求」と言われる場合もある。

前記のとおり、「インテリジェンスとは政策決定プロセスを支援するためのもの」であり、まず政策決定者が何らかのインテリジェンスへの必要性を認識しインテリジェンス・コミュニティに対してインテリジェンスのリクワイアメントを付与することによって初めてインテリジェンスの生産が開始

主　体	内　容	料理店の作業の例え
政策部門	①：リクワイアメント（要求）の決定（Identifying requirements）	顧客による注文
インテリジェンス・コミュニティ（IC）	②：素材情報の収集（Collection）	素材の仕入れ
	③：素材情報の加工（Processing and Exploitation）	仕込み、下ごしらえ
	④：分析と生産（Analysis and Production）	調理、盛り付け
	⑤：報告の伝達（Dissemination）	料理のサーブ
政策決定者	⑥：消費（Consumption）	消費
	⑦：フィードバック（Feedback）	評価

図表２－３　インテリジェンス・プロセス（ローエンタールの例）
（出典：Lowenthal, *Intelligence: From Secrets to Policy*, pp.73-74を基に筆者作成）

される（「政策からのリクワイアメント優先」の考え方）。政策部門からのリクワイアメントを経ないインテリジェンス活動は、「インテリジェンスの暴走」となる危険性を孕む。したがって、政策決定者自身が「自分は何を必要としているのか」を明確化してこれをインテリジェンス・コミュニティに伝達しなければ、（少なくとも理論的には）インテリジェンス・コミュニティによる有効なインテリジェンス活動は開始し得ない。また、インテリジェンス・コミュニティの持つ資源（人的資源や予算等）も有限であることから、政策決定者自身が、幾つかの課題の中での優先順位を決定することは極めて重要である。その意味では、インテリジェンスの優先順位は国家安全保障政策そのものの優先順位の反映とも言い得る。

このように、政策決定者からのインテリジェンス・コミュニティに対するリクワイアメントの付与は、インテリジェンス・プロセスが適切に始動するための大前提と言い得る。

逆に、政策決定者がこうしたリクワイアメントを明確化しない、あるいはそれをインテリジェンス・コミュニティに伝達しない、という事態は「リクワイアメント・ギャップ(Requirement Gap)」と言われる。時として、政策決定者は、「いちいち具体的に言わなくてもインテリジェンス・コミュニティは私の考えをよく理解しているはずだ」としてインテリジェンス・コミュニティ側の自主的な忖度を期待し、リクワイアメントの決定あるいは伝達を怠ることがあり得る。しかし、前記のとおり、インテリジェンスの客観性を維持するため、インテリジェンスと政策立案・政策決定は峻別される必要がある（※第一章参照）。したがって、インテリジェンス・コミュニティ側に忖度を期待することには理論的には無理がある。

料理店の作業に例えれば、顧客（政策決定者）からの「○○が食べたい」という具体的な料理の注文があって初めて料理人（インテリジェンス・コミュニティ）は調理を始められる。料理店では「シェフのお任せメニュー」というものがあり得るが、インテリジェンス業務においては、政策決定者が自分の必要とするインテリジェンスの選択をインテリジェンス・コミュニティに委ねてしまうことは「インテリジェンスと政策立案・政策決定の峻別」の考え方（※第一章参照）にも反する（すなわち、インテリジェンスの客観性を損ないかねない）ことであり、「インテリジェンスの暴走」にもつながりかねないことと考えられる。

（ロ）リクワイアメントの決定・付与のシステム（政策決定部門とインテリジェンス・コミュニティの結節点）

前記のとおり、インテリジェンス・プロセスは、インテリジェンスの使用者である政策決定者側からインテリジェンス・コミュニティ側に対してリクワイアメントが付与されることによって初めて適切に始動し得るものである（「政策からのリクワイアメント優先」の考え方）。したがって、インテリジェンス・プロセスが適切に機能するためには、政策部門からインテリジェンス・コミュニティに対してリクワイアメントの付与が適切に行われるためのメカニズム、すなわち「政策決定部門とインテリジェンス・コミュニティの結節点（あるいは連接点：Hub）」となる仕組みが必要である。こうした両部門の結節点たる仕組みは、米国においては国家情報長官（ＤＮＩ）及び国家安全保障会議（ＮＳＣ：National Security Council）が、日本においては内閣情報官、内閣情報会議、国家安全保障会議（ＮＳＣ：National Security Council）及びＮＳＣの事務局である内閣官房国家安全保障局（ＮＳＳ：National Security Secretariat）がそれぞれ担っている。

米国においては、大統領府（ホワイトハウス）にあるＮＳＣがインテリジェンスの優先課題を定めた計画（ＮＩＰＦ：National Intelligence Priorities Framework）を策定し、大統領がこれを承認する。さらに、インテリジェンス・コミュニティの統括者である国家情報長官は、ＮＩＰＦを基にコミュニティ内の各組織に対して業務上の優先順位を示したり、コミュニティ内の資源（人材、予算等）の配分を行う。ＮＩＰＦは半年ごとに見直しを行うこととされている（※第三章参照）[5]。また、日常的にも、ＮＳＣの枠組みを通じて、政策部門とインテリジェンス・コミュニティの間の意思疎通が様々なレベルにおいて図られている。

日本においては、内閣官房長官等を構成員とする内閣情報会議が官邸の政策部門の情報関心を踏まえて情報部門全体の中長期の「情報関心」を策定する役割を担っている。内閣情報会議は、原則として年初と年央の年二回の定例会議に加えて適宜必要な場合に開催される[6]。さらに、二〇一三年一二月及び二〇一四年一月にＮＳＣ及びその事務局であるＮＳＳがそれぞれ設置された。これらの制度も、従来の内閣情報会議等の制度とともに、「政策決定部門とインテリジェンス・コミュニティの結節点」の機能を担っている。特に、日常的にＮＳＳとインテリジェンス・コミュニティの間で事務レベルの意思疎通が図られることにより、リクワイアメントの付与の状況は大きく進展したとみられる[7]。

これらの仕組みに加えて、後述の「配布・消費」、「フィードバック」の機会においても適宜、政策決定者からインテリジェンス・コミュニティ側に対してリクワイアメントが伝えられると考えられる。したがって、米国においては国家情報長官が主宰する大統領に対する毎朝の定例インテリジェンス報告（ＰＤＢ：President's Daily Briefing）、日本においては内閣情報官による総理大臣等に対するインテリジェンス報告も、リクワイアメント付与の結節点の機能を果たしている（※第三章参照）。

（八）課題：「政策からのリクワイアメント優先」と「インテリジェンスと政策立案・政策決定の峻別」のバランス

リクワイアメントの直面する課題として、「政策からのリクワイアメント優先」の考え方と「インテリジェンスと政策立案・政策決定の峻別」の考え方とのバランスをどのように取るかという問題がある（※第一章の補論参照）。

インテリジェンス・プロセスが適切に始動するためには、まず政策決定者からインテリジェンス・コミュニティ側に対してリクワイアメントが明確に伝達されなければならない（「政策からのリクワイアメント優先」の考え方）。そのためには、政策決定者とインテリジェンス・コミュニティがある程度緊密な意思疎通を維持することが必要と考えられる。他方で、インテリジェンスの客観性を維持するためには、インテリジェンスと政策決定は一線を画し、両部門は峻別されるべきものと考えられる。両部門の距離が緊密に過ぎると両部門の峻別が侵される可能性があり得る。

こうしたことから、一見相矛盾する双方の要素のバランスをどのように上手く取るかが健全なインテリジェンス・プロセスの維持にとって重要な課題となる。一般的には、原則として「インテリジェンスと政策立案・政策決定の峻別」を維持する一方で、両部門の結節点（連接点）となる仕組みを制度的に設け、そうした仕組みを通じてリクワイアメントの付与やフィードバックの付与（後述）等の必要とされる意思疎通を図る方法がとられている。これは、正式な意思疎通のチャンネル（結節点）を通じた両部門の緊密な意思疎通を制度的に保証する一方で、こうした正式なチャンネルを通さない両部門間の非公式あるいは恣意的な意思疎通を抑制するというものである。

こうした政策決定部門とインテリジェンス部門の結節点としての仕組みは、前記のとおり、米国においては国家情報長官及びNSCが、日本においては内閣情報官、内閣情報会議、NSC及びNSSがそれぞれ担っている。

（三）第二段階：素材情報の収集（Collection）

インテリジェンス・コミュニティは、政策決定者からのリクワイアメントを受けて、政策決定者が必要としているインテリジェンス・プロダクトを生産するため、素材情報（インフォメーション）の収集を行う。

料理店の作業の例えで言えば、調理の素材となる野菜、肉、魚介等の「仕入れ」の段階と言い得る。

素材情報収集の手段は、公開情報（新聞、雑誌、書籍等の各種メディアやインターネット等の公開されたソースから誰でも自由に入手可能なインフォメーション（情報））に基づく場合（いわゆるオシント）、人的情報に基づく場合（いわゆるヒューミント）、技術的情報に基づく場合（いわゆるテキント）など様々である（※第四章参照）。

米国のインテリジェンス・コミュニティは、画像情報衛星を始めとする科学技術を利用した情報収集（テキント）への依存が高いこともあり、インテリジェンス・プロセスの中でも素材情報収集の段階が最も多くの予算を消費する部分となっている[8]。

（四）第三段階：素材情報の加工（Processing and Exploitation）

収集された素材情報（インフォメーション）の中には、分析に供される前に、利用可能とするべく加工を加える必要があるものもある。例えば、技術的に収集された信号情報は翻訳・文章化・暗号解読等の加工を施された後に初めて分析の用に供することが可能になる。また、衛星によって収集された画像情報は色塗り等の加工を施された後に初めて分析の用に供することが可能になる。このように、加工とは分析の前の準備のステップと言い得る。料理店の作業の例えで言えば、仕入れた野菜、肉、魚介等の素材をそのまま直ちに調理に供することはできず、調理の前に水洗いや皮剝き等の「仕込み」や「下ごしらえ」の作業が必要であることと似ている。

米国においては、せっかく収集されても加工されない（したがって分析にも供されない）素材情報が多くなっており、収集と加工のバランスの悪さが問題の一つになっている[9]。

（五）第四段階：分析と生産（Analysis and Production）

分析と生産の段階においては、インテリジェンス・コミュニティの分析担当者が、収集・加工された素材情報（インフォメーション）を基に分析を行い、インテリジェンス・プロダクトの生産を行う。具体的には、異なった情報源からもたらされた様々な素材情報、データ等の比較、評価等が行われ、その結果に基づきインテリジェンス分析資料の作成等が行われる。

料理店の作業の例えで言えば、分析とは、仕入れ、仕込みの済んだ素材を利用して実際に調理を行う段階であり、生産（報告資料の作成等）は作った料理を皿に盛り付ける段階と言い得る。

生産されるインテリジェンス・プロダクトの形態は、分析報告書、口頭ブリーフィング等様々である。

(六) 第五・第六段階：報告の伝達と消費（Dissemination and Consumption）

伝達と消費とは、生産されたインテリジェンス・プロダクトをインテリジェンス・コミュニティから政策決定者側に伝える段階である。

料理店の作業の例えで言えば、完成した料理を実際に顧客にサーブし、顧客がこれを食する段階と言い得る。

(イ) インテリジェンスの配布・消費のチャンネル

米国においては、インテリジェンス・コミュニティから政策決定者へのインテリジェンス・プロダクトの「伝達と消費」のプロセスは幾つかのチャンネルによって制度化されている。

①　大統領に対する毎朝の定例インテリジェンス報告（ＰＤＢ：President's Daily Briefing）

原則として毎朝、大統領に対して実施される国家情報長官が主宰するインテリジェンス報告。国家情報長官の創設前は中央情報長官（ＤＣＩ、〔中央情報局（ＣＩＡ）長官が兼務〕）によって実施されていた。主に短期的インテリジェンスを扱う。

②　国家インテリジェンス評価（ＮＩＥ：National Intelligence Estimate）

国家情報長官室の傘下の国家インテリジェンス評議会（ＮＩＣ：National Intelligence Council）が作成する中・長期的インテリジェンスに関する報告書。大統領、関係する政府高官、連邦議会等に対して報告される。ＮＩＥは、特定の事項に関し、インテリジェンス・コミュニティ全体のリソースを活用し、インテリジェンス・コミュニティ全体が合意した見解として作成される。こうしたプロダクトは、オール・ソース・インテリジェンス（All-Source Intelligence）と言われることもある。

③　連邦議会に対する年次脅威評価報告（Annual Threat Assessment Report）

国家情報長官は、毎年（通常は一月末から二月頃）、米国に対する各種の脅威に関して、インテリジェンス・コミュニティとしての年次脅威評価（Annual Threat Assessment）を連邦議会上下両院のインテリジェンス問題の担当委員会に対して報告することが法令に基づき義務化されている。

こうしたPDB、NIE及び年次脅威評価報告は、個別組織ではなくインテリジェンス・コミュニティ全体の分析・評価として作成される。一方、これら以外にも、インテリジェンス・コミュニティ内の各組織（CIA、国防情報局〔DIA〕等）は、それぞれの担当する分野・課題等に関するインテリジェンス報告書等を適宜作成し、関係する政府高官等に対して報告を行っている。

日本においては、米国のPDBに該当するものとして、内閣情報官が、毎週、総理大臣、内閣官房長官等に対して定例のインテリジェンス報告を行っている他（定例総理報告）、特に重要な情報、緊急を要するインテリジェンスについては、随時、報告を行っている。こうした内閣情報官（同ポストの創設以前は内閣情報調査室長）による総理大臣に対するインテリジェンス報告は、中曽根内閣時代に後藤田官房長官の決定により開始されたと言われる。[10]米国のNIEに該当するオール・ソース・インテリジェンスとして、内閣情報分析官が作成する情報評価書の制度がある。内閣情報分析官は内閣情報調査室に配置され、情報評価書の作成は、合同情報会議から付与されたリクワイアメントに基づいてなされる（当該制度は、二〇〇八年の制度改革の際に導入された）。加えて、米国の場合と同様に、インテリジェンス・コミュニティ内の各組織は、それぞれの担当する分野・課題等に関するインテリジェンス報告書等を適宜作成し、関係する政府高官等に対して報告を行っている。

なお、こうしたインテリジェンス報告の場は、併せて、政策決定者からインテリジェンス・コミュニティに対するフィードバック（第七段階）の場となる場合もあり得る。さらに、前記のとおり、新たなリクワイアメントの付与（第一段階）の場となる場合もあり得る。

(ロ) インテリジェンスの伝達・消費に関わる問題点

インテリジェンスの伝達・消費に当たっては、インテリジェンス・コミュニティ側としてはしばしば次のような問題に直面すると考えられる(11)。

- 膨大な量のインテリジェンスの中で何を報告するか（内容の取捨選択）
- 政策決定者の中で誰に報告するか（多数か、少数か）（報告相手の取捨選択）
- どの程度早く報告するか（直ちにか、明朝か）（報告のタイミングの判断）
- どの程度詳細に報告するか（どの程度の長さか）（報告内容の厚みの判断）
- どのような手段で報告するか（メモ配布か、ブリーフィングか）（報告手段、形式の判断）

これらの諸問題は、政策決定者自身のニーズや嗜好（しこう）に左右されることも少なくない。したがって、インテリジェンス・コミュニティ側としては政策決定者の交代のたびに適宜調整を行う必要がある。

(七) 第七段階：フィードバック (Feedback)

政策決定者はインテリジェンス作成者に対して、「何が役に立ったか、立っていないか」、「どの分野に重点を置くべきか、減少させるべきか」等の点に関するフィードバックを継続的に与えるのが理想的である。

米国においては、実際には、十分なフィードバックはほとんど与えられていないとも指摘されている。そもそもフィードバックを与えるチャンネルが必ずしも十分に制度化されていないとも言い得る。この背景には、政策決定者の多くはフィードバックの必要性を認識していないか、あるいは多忙に過ぎてフィードバックを考える時間がない、などの点が指摘されている(12)。

フィードバックは次のインテリジェンス・サイクルにおけるリクワイアメントにもつながり得る。したがって、こうした「政策決定者によるフィードバックの少なさ」と「政策決定者によるリクワイアメントの明確化の失敗（リクワイアメント・ギャップ）」は表裏一体の関係にあるとも考えられる。

なお、リクワイアメントの段階（第一段階）と同様、フィードバックの段階においても、「インテリジェンスと政策立案・政策決定の峻別」とのバランスをどのように取るかという問題が生じ得る。

三　その他

前記のとおり、インテリジェンス・プロセスは、インテリジェンスの機能を理解し、実際のインテリジェンス・コミュニティの組織編成等を検討するに当たって重要な概念である。

しかしながら、本項で述べたインテリジェンス・プロセスは、実際のインテリジェンス活動の実務に照らして見るとやや単純に過ぎるとの批判もある。

第一に、実際のインテリジェンス活動は必ずしも一直線に進展するものではなく、各段階の間を「行きつ、戻りつ」しながら進展していくものと考えられる。例えば、分析の段階まで来て必要な素材情報が十分に揃って（そろ）いない旨が判明すれば、全体の作業はそのまま継続しつつも一部の作業は素材情報の収集の段階まで逆戻りすることもあり得よう[13]。

第二に、実際のインテリジェンス・プロセスは、政策決定者、インテリジェンス・コミュニティ双方の最高幹部（例えば、米国においては大統領と国家情報長官、日本においては総理大臣と内閣情報官）の間でのみ行われているものではない。日常的には、双方の中堅幹部や事務レベル同士でも同様のやり取りが実施されているものと考えられる。

このように、実際のインテリジェンス・プロセスは単線的・平面的なものではなく、複線的かつ重層的な作業であると言い得る。本書で説明した単純なインテリジェンス・プロセスのモデルを実際の状況により近いモデルに発達させていくことは、インテリジェンスの理論研究上の課題の一つと考えられる。

注

（1）Lowenthal, M. M.（2022）. *Intelligence: From Secrets to Policy*（9th ed.）. CQ Press, an imprint of SAGE, p.73.
（2）Office of the Director of National Intelligence.（2013）. *U.S. National Intelligence: An Overview, 2013*, pp.4-6. https://www.dni.gov/files/documents/USNI%202013%20Overview_web.pdf
（3）Lowenthal. *Intelligence: From Secrets to Policy*, pp.73-74.
（4）Lowenthal. *Intelligence: From Secrets to Policy*, p.73.
（5）Office of the Director of National Intelligence, *U.S. National Intelligence: An Overview, 2013*, p.42.
（6）一九九八（平成一〇）年一〇月二七日付閣議決定「内閣情報会議の設置について」及び二〇〇八（平成二〇）年三月二八日付内閣官房長官決定「内閣情報会議の運営等について」。
（7）政策シンクタンクＰＨＰ総研「国家安全保障会議検証」プロジェクト（二〇一五）「国家安全保障会議——評価と提言」、四一頁。
（8）Lowenthal. *Intelligence: From Secrets to Policy*, pp.79-80.
（9）Lowenthal. *Intelligence: From Secrets to Policy*, p.79.
（10）大森義夫（二〇〇五）『日本のインテリジェンス機関』、文藝春秋、四一頁。
（11）Lowenthal. *Intelligence: From Secrets to Policy*, p.83.
（12）Lowenthal. *Intelligence: From Secrets to Policy*, p.84.

（13）Lowenthal. *Intelligence: From Secrets to Policy*, pp.84-86.

第三章　インテリジェンス・コミュニティ——日米の組織

一　総論

インテリジェンス業務に関与する政府組織の連合体のことを、インテリジェンス・コミュニティ（ＩＣ：Intelligence Community）と言う。国によって、非常に多数の組織がインテリジェンス・コミュニティの構成メンバーとされている国もあれば（例えば、米国の場合は一八組織）、ごく少数の組織のみがコミュニティの構成メンバーとされている国もある。

（一）コミュニティ構成メンバーの二つの形態

各国のインテリジェンス・コミュニティを見ると、その構成メンバーは大別して二つの形態に分類し得る。

第一の形態は、行政府の中の独立した組織が、組織全体としてインテリジェンス業務に専門的に従事している場合である。例えば米国の中央情報局（ＣＩＡ）はインテリジェンス業務に専従する大統領直属の独立した組織である。

第二の形態は、行政府の中の「インテリジェンス業務を主たる任務とはしない組織」が、その業務の遂行過程において副次的にインテリジェンス機能を果たしている場合である。この場合、それぞれの組織の内部に、インテリジェンス業務に専従する部署が設置されている場合がある（そうではない場合もある）。

例えば、米国の国防省、国務省、連邦捜査局（ＦＢＩ）はそれぞれ軍事、外交、法執行を主たる任務とする組織であり、インテリジェンス業務を主たる任務とする組織ではない。しかし、これらの組織はいずれも米国のインテリジェンス・コミュニティの構成組織とされている。このうち、国防省ではその傘下組織である国防情報局（ＤＩＡ）等が、国務省では内部部局の一つである情報調査局（ＩＮＲ）が、それぞれの「親組織」の傘下あるいは内部においてインテリジェンス業務に専門的に従事している。

ただし、こうした形態に含まれる各組織のインテリジェンス機能は、当然のことながら、「親組織」の任務の範囲内に限定される。例えば、ＤＩＡの業務は軍事目的のためのインテリジェンスに、ＩＮＲの業務は外交目的のためのインテリジェンスに、それぞれ機能が限定される。

また、こうした形態の場合、それぞれのインテリジェンス業務の担当部署は、自己が属する組織上の指揮命令系統とインテリジェンス・コミュニティの指揮命令系統の二つの指揮命令系統に同時に属することになり、双方の関係をどのように整理するかが課題となる。

(二) インテリジェンス・コミュニティの在り方を考える意義

前記のとおり、各国においてインテリジェンス・コミュニティに属する各組織には様々な形態がある。したがって、これらの各組織は、必ずしも常に同一の目標の下で単一的な指揮命令系統の下で機能しているわけではない。例えば、米国においては、CＩＡは大統領の直轄下にあるのに対し、ＤＩＡは国防長官の、ＦＢＩは司法長官の、それぞれ指揮命令系統の下にある。

他方で、インテリジェンス機能という面においては、これらの別々の指揮命令系統下にある各組織を一つのグループあるいはコミュニティとして捉えることが可能である。そうすることによって初めて、複数のインテリジェンス組織のグループ（インテリジェンス・コミュニティ）全体に共通する原理原則や仕組みを検討することが可能となる。同時に、前記のとおり、各インテリジェンス組織に対する「親組織」の下での指揮命令系統とインテリジェンス・コミュニティとしての指揮命令系統の調整が課題となる。

二　日本のインテリジェンス・コミュニティ

本項では、日本のインテリジェンス・コミュニティの仕組みを概観する（※【図表３－１】参照）。

(二) 政策決定部門とインテリジェンス・コミュニティの結節点

前記のとおり(※第二章参照)、インテリジェンス・プロセスは、インテリジェンスの使用者である政策決定者からインテリジェンス・コミュニティ側に対してリクワイアメントが付与されることによって初めて適切に始動し得るものである(※政策からのリクワイアメント優先の考え方)。したがって、インテリジェンス・プロセスが適切に機能するためには、政策部門からインテリジェンス・コミュニティに対してリクワイアメントの付与が行われるメカニズム、すなわち「政策決定部門とインテリジェンス・コミュニティの結節点」となる仕組みが必要である。

日本においては従前より、内閣情報会議及び内閣情報官がこうした「政策決定部門とインテリジェンス・コミュニティの結節点」としてインテリジェンス・コミュニティに対してリクワイアメントを付与する機能を担っている[1]。加えて、二〇一三年一二月及び二〇一四年一月に国家安全保障会議(NSC)及び同会議の事務局である内閣官房国家安全保障局(NSS)がそれぞれ設置された。これらの制度も、従来からの内閣情報会議及び内閣情報官とともに、「政策決定部門とインテリジェンス・コミュニティの結節点」の機能を担っている。

(イ) 内閣情報会議と合同情報会議

内閣情報会議は、「国家や国民の安全に関わり、内閣の重要政策に関する事象について、

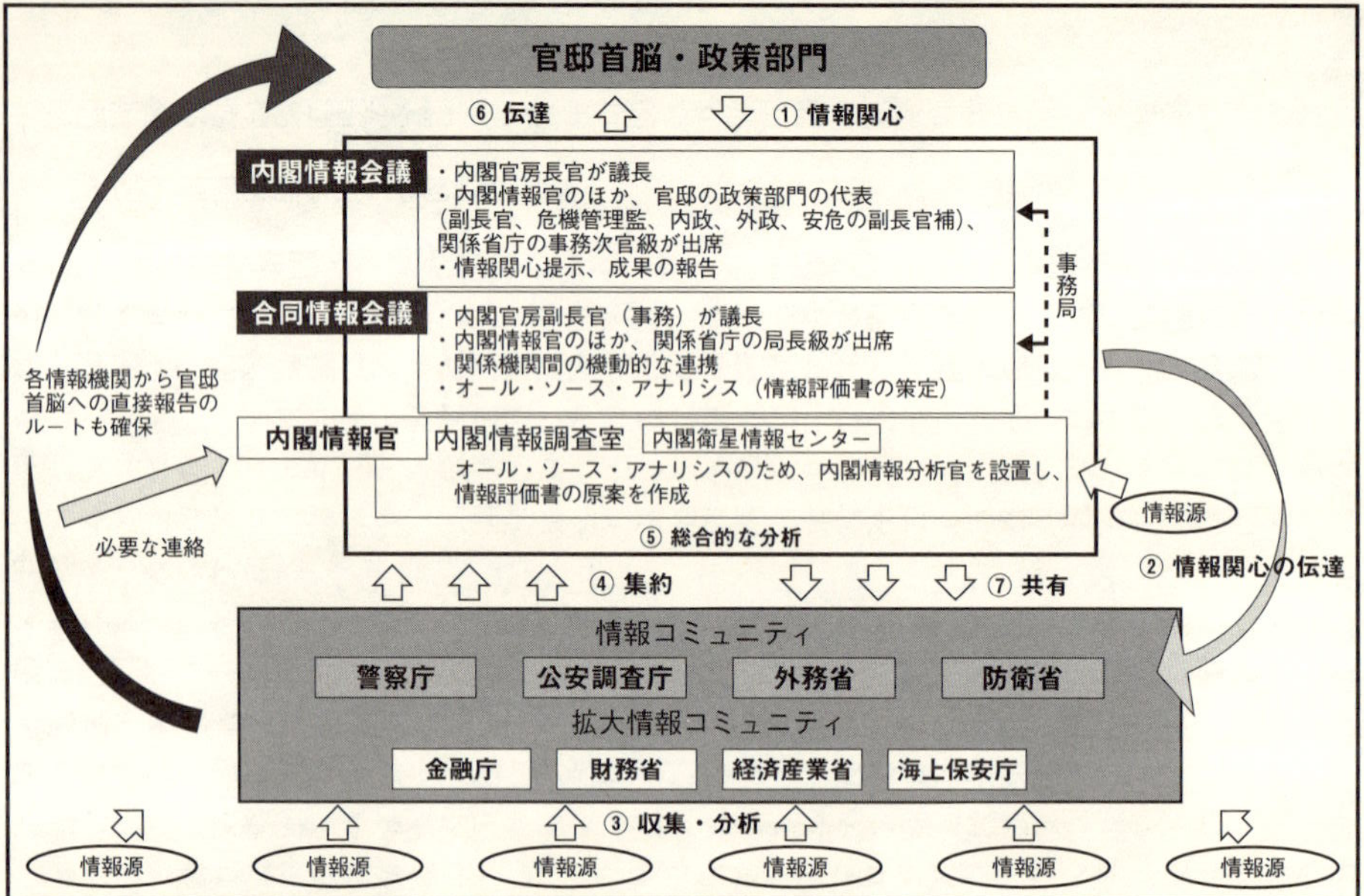

図表 3－1　日本のインテリジェンス・コミュニティ

* 国家安全保障会議及び国家安全保障局は、「官邸首脳・政策部門」に含まれる。

（出典：内閣官房〔2013〕「我が国の情報機能について〔国家安全保障会議の創設に関する有識者会議（第3回会合：平成25年3月29日）配布資料〕」2頁より転載）

官邸と外交・防衛・治安等の情報を担当する省庁が緊密に連携し、情勢を総合的に把握をすること」を目的として内閣に設置されている（設置根拠：一九九八（平成一〇）年一〇月二七日付閣議決定〔二〇〇八（平成二〇）年三月の閣議決定で再編〕）。

内閣情報会議は、内閣官房長官を議長とし、内閣官房副長官（政務・事務）、内閣危機管理監等の内閣官房の政策部門の最高幹部と、内閣情報官のほかインテリジェンス関係省庁（警察庁、金融庁、公安調査庁、外務省、財務省、経済産業省、海上保安庁及び防衛省）の事務次官級が構成員になっている。原則として年二回開催され、内閣の政策の立案に寄与するべく、重要情報を共有するとともに総合的な分析・評価を行っているほか、官邸の政策部門の情報関心を踏まえて情報部門全体の中長期の情報関心（リクワイアメント）を策定する役割を担っている。会議の庶務・事務局は内閣官房内閣情報調査室が担当している。また、内閣情報調査室の責任者である内閣情報官は、政策部門とインテリジェンス・コミュニティの「日常的な結節点」として機能している(2)。

内閣情報会議の下には、合同情報会議が設置されている（設置根拠：一九九八（平成一〇）年一〇月二七日付閣議決定）。同会議は、内閣官房副長官（事務）が長を務め、内閣情報官のほかインテリジェンス・コミュニティの構成組織である関係省庁の局長級等が構成員となっており、関係省庁間のインテリジェンス共有等を行っている。会議の庶務・事務局は内閣情報会議の場合と同様に内閣官房内閣情報調査室が担当している。合同情報会議は、内閣情報会議からリクワイアメントを受け、これに基づいて情報評価書を作成し、内閣情報会議に報告を行うこととされている。

現在の内閣情報会議、合同情報会議及び内閣情報官の機能は、二〇〇八年三月に強化されたものである。背景に、日本においては従来、「政策決定者からインテリジェンス・コミュニティに対して適切にリクワイアメントが付与されるシステムが欠落している」、「インテリジェンス・コミュニティの取りまとめが弱いことから、各組織間の協力が弱く、コミュニティ全体の見解を示すようなインテリジェンス分析が存在しない」等の批判があった。

（ロ）国家安全保障会議と内閣官房国家安全保障局

国家安全保障会議は、日本の安全保障に関する重要事項を審議する機関として内閣に設置されている（国家安全保障会議設置法第一条）。会議の議長は内閣総理大臣が務める（同法第四条第一項）ほか、会議の出席者である議員は審議事項に応じて所定の国務大臣が充てられる（同法第五条）。会議の形態は、審議事項及び出席者に応じて、いわゆる「四大臣会合」、「九大臣会合」、「緊急事態大臣会合」の三種類に分かれる（同法第五条第一項）。このうち中核となるのは「国家安全保障に関する外交政策及び防衛政策の基本方針並びにこれらの政策に関する重要事項」を審議する四大臣会合（出席者は内閣総理大臣、外務大臣、防衛大臣、内閣官房長官）である。なお、国家安全保障会議及びその事務局である国家安全保障局は、国家安全保障に関する中・長期的な政策等を審議・決定する機関である。すなわち、政策部門の組織であり、インテリジェンス組織ではない。

国家安全保障会議には、会議の議員である国務大臣のほか、統合幕僚長その他の関係者が議長（総理大臣）の下で出席し意見を述べることができるとされている（同法第八条第二項）。内閣情報官は、同項の「その他の関係者」に含まれると解されており[3]、実際に同会議に出席することが慣例化している[4]。これは、米国の国家安全保障会議（ＮＳＣ）において、インテリジェンス・コミュニティの統括者である国家情報長官（ＤＮＩ）がインテリジェンス・アドバイザーとして出席しているのと同様の措置と考えられる。

国家安全保障会議の事務は内閣官房の国家安全保障局において処理することとされている（同法第一二条）。同局は国家安全保障会議の事務局として、国家安全保障に関する外交・防衛政策の基本方針・重要事項の企画立案・総合調整を担う。同局は政策立案機関であり、インテリジェンス活動に直接従事するものではない。そうした政策立案に当たって必要なインテリジェンスのリクワイアメントをインテリジェンス・コミュニティに対して付与する組織であり[5]、その意味で、「政策部門とインテリジェンス・コミュニティの結節点」の機能を担っている。

(二) コミュニティの概要

(イ) 概観

日本のインテリジェンス・コミュニティは、主要メンバー五組織、拡大メンバー四組織の計九組織からなる。主要メンバーは内閣官房内閣情報調査室、外務省（国際情報統括官組織）、警察庁（警備局）、防衛省（防衛政策局、情報本部）、公安調査庁である。拡大メンバーは金融庁、財務省、経済産業省、海上保安庁である。拡大メンバーは二〇〇八年三月のコミュニティの機能強化時に新たに追加された。[6]

（ロ）内閣情報官と内閣官房内閣情報調査室

内閣情報調査室は、内閣官房の内部組織であり、実質的に総理大臣官邸直属のインテリジェンス機関と言い得る。同室の起源は一九五二（昭和二七）年四月（第三次吉田内閣）に総理府に設置された内閣総理大臣官房調査室までさかのぼる。

内閣情報調査室は、内閣官房の所掌する事務のうち、「内閣の重要政策に関する情報の収集及び分析その他の調査に関する事務（各行政機関の行う情報の収集及び分析その他の調査であって内閣の重要政策に係るものの連絡調整に関する事務を含む）」を担当している。内閣情報官が同室の責任者として当該事務を掌理している（内閣法第一二条第二項第六号、同法第一九条第一項及び第二項、内閣官房組織令第四条）。同室には、総務部門、国内部門、国際部門及び経済部門のほか、内閣情報集約センター、内閣衛星情報センター、カウンターインテリジェンス・センター等が設置されている。[7]

具体的には、第一に、同室は、総理大臣官邸からのリクワイアメントに基づき、自ら各種情報収集と活動を行っている。第二に、同室は、インテリジェンス・コミュニティ全体の取りまとめの役割を担っている。後者の取りまとめの役割はさらに、①政策部門とインテリジェンス・コミュニティの円滑な連携（意思疎通）を維持するための連絡調整（例えば、内閣情報会議、合同情報会議の運営事務を始め両部門の結節点となる各種の業務）、②インテリジェンス・コミュニティ全体に関連する様々な業務に関する連絡調整（例えば、前記の内閣衛星情報センター及びカウンターインテリジェンス・センター等の運営、情報収集衛星推進委員会及び同衛星運営委員会の運営等）、③インテリジェンス・コミュニティ内のインテリジェンスを集約した総合的な分析・評価（オール・ソース・アナリシス）の実施（例えば、内閣情報分析官による情報評価書の作成）、などを含む。

（八）そのほかの主要な構成メンバー

警察庁の警備局は、警備警察に関する事務（例えば、テロ事件やカウンターインテリジェンス関連の事件の捜査等）を所掌している（警察法第二四条）。

公安調査庁は、法務省の外局として、破壊活動防止法及び団体規制法に基づき、対象とする団体の規制に関する調査等を所掌している（公安調査庁設置法第三条）。

外務省の国際情報統括官組織は、国際情勢に関する情報の収集・分析、外国及び国際機関等に関する調査等を所掌している（外務省組織令第一四条）。米国の国務省のＩＮＲに類似する組織と言い得る。

防衛省の情報本部は、「国際・軍事情勢等、我が国の安全保障に関わる動向分析」を担当している（防衛省設置法第二八条）[8]。米国の国防省傘下のＤＩＡに類似する組織と言い得る。情報本部には画像・地理部と電波部が設置されており、それぞれジオイント（画像情報、地理情報等の地理空間情報に基づくインテリジェンス）業務、シギント（信号情報に基づくインテリジェンス）業務を担当している。

(三) 日本のインテリジェンス・コミュニティの特徴

日本のインテリジェンス・コミュニティの特徴としては、以下の諸点があげられる。

(イ) インテリジェンス・コミュニティの組織及び活動が比較的小規模である

日本のインテリジェンス・コミュニティは、欧米先進諸国等のインテリジェンス・コミュニティに比較して活動の規模が小さい（※【図表３－２】参照）。特に、日本のコミュニティは、米国のＣＩＡのような海外におけるヒューミント（人的情報に基づくインテリジェンス）を担当する組織を有していない。欧米先進諸国等の中で、こうした組織を有していないのは極めて珍しい。また、日本のコミュニティは、イギリスの保安部（ＳＳ：いわゆるＭＩ５）のような国内インテリジェンス（例えば国内のテロ対策やカウンターインテリジェンス）に専従する組織を有していない。公安調査庁や警察がこうした機能を肩代わりしている。欧米先進諸国等においては、イギリスのほか、ドイツ、カナダ、オーストラリア等が警察等の法執行組織とは別に、国内インテリジェンスの専従組織を有している。ただし、米国は日本と同様に国内インテリジェンス専従機関を有していない（※第一章参照）。

また、日本のインテリジェンス組織に付与されている情報収集活動等に関する法的権限は、比較的弱いものとなっている[9]。例えば、テロ対策等を担う警察に認められている通信傍受、仮装身分捜査（いわゆる潜入捜査やおとり捜査に近いもの）等の権限は、ほかの欧米先進国等に比較して弱いものである。加えて、対外ヒューミントを本格的に実施するために必要な法制度の整備も不十分である。

（ロ）インテリジェンス・コミュニティの取りまとめ、統括機能が弱い

日本のインテリジェンス・コミュニティはコミュニティ全体としてのまとまりが悪く、各組織同士の横の連携も悪い旨の指摘が以前よりなされている（いわゆる「縦割り主義」的）[10]。コミュニティの取りまとめを担う内閣情報官の権限は、米国の国家情報長官等に比較して弱い。例えば、コミュニティ内の各組織に対する予算、人事等の法的権限はない。

ただし、こうした状況は、二〇〇八年以降の各種の改革により一定程度改善されつつあるとみられる[11]。

（ハ）インテリジェンス・コミュニティに対する民主的統制の制度が弱い

日本は、ほかの欧米先進国等に比較して、インテリジェンス・コミュニティに対する民主的統制の制度は簡素なものとなっている。特に、インテリジェンス・コミュニティに対する

	日	米国	イギリス	ドイツ	フランス	カナダ	オーストラリア
対外ヒューミント担当組織	×	CIA	SIS	BND	DGSE	×**	ASIS
国内インテリジェンス専従組織	×	×	SS	BfV	DGSI	CSIS	ASIO
立法府におけるインテリジェンス統制専従組織	×*	SSCI HPSCI	ISCP	PKGr	IPD	NSICOP	JCIS

図表３－２　欧米先進諸国等のインテリジェンス・コミュニティの比較
* 日本の衆参両院には情報監視審査会があるが、これらはインテリジェンス・コミュニティに対する統制の専従組織ではない（※第八章参照）。
** カナダのCSISは、実質的に一定の対外活動も行っているが、設立経緯等に鑑み国内インテリジェンス組織に分類している。
（出典：筆者作成）

統制に専従する制度が立法府（国会）に設置されていない（※第八章参照[12]）。

(四) インテリジェンス機能の強化に向けた取組

前記のとおり、日本のインテリジェンス・コミュニティは、ほかの欧米先進諸国等に比較すると、組織、活動が比較的小規模なものにとどまっている。しかし、概ね二〇〇〇年代から、インテリジェンス機能の強化に向けた努力が政府によってなされている。以下では、そうした取組の状況を概観する。

(イ) 背景事情

一九九〇年代末以降、日本を取り巻く安全保障環境は、以前に比較して大きく変化した。例えば、北朝鮮によるミサイル発射実験（一九九八年八月、二〇〇六年七月）及び核実験（二〇〇六年一〇月）、米国における二〇〇一年の九・一一テロ事件以降の国際テロ情勢の変化、イラク戦争時の自衛隊のイラク派遣等である。こうした状況を背景として、概ね二〇〇〇年代初頭から中盤にかけて、日本においても、インテリジェンス機能の強化をめぐる議論が活発化した。こうした問題に関する政党、シンクタンク等による当時の主な提言等は次のとおりである。

- 自由民主党「情報収集等検討チーム」（二〇〇二年）「わが国の情報能力等の強化に関する提言」
- 内閣総理大臣官邸「安全保障と防衛協力に関する懇談会」（二〇〇四年一〇月）「『安全保障と防衛力に関する懇談会』報告書 ― 未来への安全保障・防衛力ビジョン」
- 外務省「対外情報機能強化に関する懇談会」（二〇〇五年九月一三日）「対外情報機能の強化に向けて」
- 政策シンクタンクＰＨＰ総研「『日本のインテリジェンス体制の変革』研究会」（二〇〇六年六月）「日本のインテリジェンス体制：変革へのロードマップ」
- 自由民主党政務調査会「国家の情報機能強化に関する検討チーム」（二〇〇六年六月）「国家の情報機能強化に関する提言」

これらの各種提言等で指摘されている日本のインテリジェンス・コミュニティに対する意見の内容は多岐にわたるが、公約数的なものを抽出すると概ね次のような項目にまとめることが可能である。[13] こうした整理からは、当時の日本のインテリジェンス機能をめぐる課題は、決して局所的なものではなく、様々な課題がインテリジェンス・サイクルの各段階にわたって広範に存在していたことがうかがわれる。

① 政策部門からインテリジェンス・コミュニティに対するリクワイアメントの付与の制度の不備（その結果、インテリジェンス・サイクルが上手く機能していない）(14)

② 収集のための体制、法制度等の不備（特に、対外ヒューミント専従組織がない）

③ コミュニティの取りまとめ体制の不備（その一）（その結果、インテリジェンス・コミュニティから政策部門に対して、オール・ソース・アナリシスの提供がされていない）

④ コミュニティの取りまとめ体制の不備（その二）（その結果、コミュニティ構成組織の間の情報共有等の協力が不十分である。その背景の一因として、内閣情報調査室等によるコミュニティ全体の取りまとめ能力が弱いことがある）

⑤ カウンターインテリジェンスに関する諸制度の不備（こうした制度の不備は、各組織間の情報共有の活発化の阻害要因の一つにもなっている）

⑥ インテリジェンス・コミュニティに対する民主的統制制度の不備（今後、インテリジェンスの権限や活動をさらに拡大するのであれば、同時に、インテリジェンス・コミュニティに対する民主的統制制度を充実させる必要がある）

(ロ) 政府における取組の動向（※【図表3-3】参照）

◎情報機能強化検討会議と「官邸における情報機能の強化の方針」

政府内外におけるこうした動向を受けて、内閣では、二〇〇六年一二月、内閣官房長官を議長とする**情報機能強化検討会議**が設置され、総理大臣官邸における情報機能の強化に向けた検討が開始された（設置根拠：二〇〇六（平成一八）年一二月一日付内閣総理大臣決定）。同会議は、数回の検討を経て、二〇〇八年二月一四日、**「官邸における情報機能の強化の方針」**を取りまとめ公表した（同方針の項目は【図表3－4】、全文は巻末資料参照）。

同方針は大別して「情報機能の強化」と「情報の保全の徹底」の二つの項目からなる。このうち「情報機能の強化」の項目としては、①「政策との連接」、②「収集機能の強化」、③「集約・分析・共有機能の強化」、④「基盤整備」、の四項目が示されている。第一の「情報機能の強化」の各項目のうち、①「政策との連接」はリクワイアメント付与に関する問題、②「収集機能の強化」は収集能力に関する問題、③「集約・分析・共有機能の強化」は分析能力に関する問題とコミュニティの取りまとめ能力に関する問題、にそれぞれ対応する。また、第二の「情報の保全の徹底」はカウンターインテリジェンスに関する問題に対応する。

このように、同「方針」の内容は、それまでに内外の各種提言において指摘されてきた各種の課題を概ね忠実に網羅するものになっている。さらに、特定の分野に限定されたものではなく、インテリジェンス・サイクルの考え方を踏まえ、同サイクルの各段階において必要な課題の検討が広範かつ包括的に実施されている。

同方針に示された施策項目の幾つかは二〇〇八（平成二〇）年三—四月にかけて実行に移

された。例えば、①内閣情報会議の構成員の見直し、②合同情報会議の構成員の拡大、③情報評価書制度の導入、④内閣情報分析官の設置、などの各種の措置が実行されている。このうち①は、内閣情報会議を拡大することによって同会議を政策部門とインテリジェンス部門との結節点と位置付け、リクワイアメント付与機能の強化を図ったものである。また、②—④はいずれも集約・分析・共有機能の強化に関連するものであり、コミュニティ内の協力・連携の強化とそれに基づくオール・ソース・アナリシスのプロダクト生産（情報評価書の作成）を図るものである。

同「方針」[15]に盛り込まれた政策提言の大半は、一部を除き、概ね二〇二〇年代初頭までには実現された。

◎カウンターインテリジェンス推進会議と「カウンターインテリジェンス機能の強化に関する基本方針」

カウンターインテリジェンス機能に関しては、情報機能強化検討会議の設置と時を同じくして、二〇〇六年一二月、内閣官房長官を議長とする**カウンターインテリジェンス推進会議**が内閣に設置され、政府におけるカウンターインテリジェンス機能の強化に向けた検討が開始された（設置根拠：二〇〇六（平成一八）年一二月二五日付内閣総理大臣決定）。同会議は、二〇〇七年八月九日、**「カウンターインテリジェンス機能の強化に関する基本方針」**を決定した。同方針は、カウンターインテリジェンス推進のための各種の政府の統一基準（例えば、秘密取扱者適格性確認制度（いわゆるセキュリティ・クリアランス制度））の導入や、政府全体のカウンターインテリジェンス業務を取りまとめるセンターの設置を定めている。

同方針の内容を受けて、二〇〇八年四月には内閣情報調査室にカウンターインテリジェンス・センターが設置された（設置根拠：カウンターインテリジェンス・センターの設置に関する規則〔二〇〇八（平成二〇）年三月四日付内閣総理大臣決定〕）。カウンターインテリジェンスに関連する各種の政府統一基準の導入についても、二〇〇八年から二〇〇九年にかけて順次実行された。

◎特定秘密保護法の制定と情報監視審査会の設置

二〇〇八年四月、内閣官房副長官（事務）を議長とする「秘密保全法制の在り方に関する検討チーム」が内閣に設置され、秘密保全に関する日本及び諸外国の実情を踏まえ、日本にふさわしい秘密保全法制の在り方についての検討が開始された（設置根拠：二〇〇八〔平成二〇〕年四月二日付内閣官房長官決裁）。さらに、二〇一〇年一二月には、内閣官房長官を委員長とする「政府における情報保全に関する検討委員会」が設置され、「秘密保全に関する法制の在り方及び特に機密性の高い情報を取り扱う政府機関の情報保全システムにおいて必要と考えられる措置」についての検討が開始された（設置根拠：二〇一〇〔平成二二〕年一二月七日付内閣総理大臣決裁、なお「検討委員会」の設置にともない「検討チーム」は廃止された）。同検討委員会は、傘下の有識者会議の報告書等を踏まえ、二〇一一年一〇月七日、「秘密保全に関する法制の整備について」を決定した。

こうした流れを受けて、二〇一三年一二月六日、第一八五回国会において、特定秘密の保護に関する法律（平成二五年一二月一三日法律第一〇八号）（いわゆる特定秘密保護法）が可決され、成立した（※同法の内容については第六章参照）。同法は、翌二〇一四年一二月一〇日に施行された。なお、二〇一四年一月、同法の適正な運用のため、情報保全諮問会議が設置された（設置根拠：二〇一四（平成二六）年一月一四日付内閣総理大臣決裁）。さらに、同年一二月の同法の施行と同時期に、同法の運用状況を監督することを目的として、衆参両院に**情報監視審査会**が設置された（※同審査会制度の内容については第八章参照）。

◎国家安全保障会議と内閣官房国家安全保障局の設立

二〇一三年一二月、実質的な内閣総理大臣官邸直属の政策立案部門として国家安全保障会議が創設され、翌二〇一四年一月には同会議の事務局である内閣官房国家安全保障局も運用を開始した。両組織は政策部門の組織であり、インテリジェンス組織ではない。また、両組織の創設の目的は国家安全保障政策の「司令塔」の創設であり、インテリジェンス機能の強化を直接の目的としたものではなかった。しかし、両組織は、その権能及び創設後の実態に鑑みると、内閣情報会議及び内閣情報官と共に、政策部門とインテリジェンス部門の結節点の機能を担っていると考えられる。すなわち、両組織の創設は、政策部門からインテリジェンス部門に対するリクワイアメント付与機能を強化し、政府のインテリジェンス・サイクルの強化に資するものとなっている[16]。

◎重要経済安保情報保護活用法の制定：セキュリティ・クリアランス制度の拡大

二〇二三年二月、いわゆる経済安全保障に関する関心の高まりを背景に、内閣官房に「経済安全保障分野におけるセキュリティ・クリアランス制度等に関する有識者会議」が設置された（設置根拠：二〇二三（令和五）年二月二一日付内閣官房長官決裁）。翌二〇二四年一月一九日、同会議は、同制度の拡大の必要性を内容とする「最終とりまとめ」を発表した（※セキュリティ・クリアランス制度に関しては第六章参照）。

こうした流れを受けて、二〇二四年五月、第二一三回国会において、重要経済安保情報の保護及び活用に関する法律（令和六年法律第二七号）（いわゆる重要経済安保情報保護活用法）が可決され、成立した。同法に基づき、政府から一定の秘密情報の提供を受ける私企業の従業員や研究者等に対するセキュリティ・クリアランス制度の適用範囲が拡大されることとなった（特定秘密保護法も、一部の私企業の従業員等に対して政府のセキュリティ・クリアランス制度の適用を定めていた）。同法第一条は、立法の目的として「国際情勢の複雑化（中略）等に伴い、経済活動に関して行われる国家及び国民の安全を害する行為を未然に防止する重要性が増大している」旨を指摘している。

年　月	(内閣)	項　　目	機　能
2001.04	(森)	・内閣に内閣衛星情報センターを設置	収集
2006.11	(安倍)	・内閣に情報機能強化推進会議を設置	【全般】
		・内閣にカウンターインテリジェンス推進会議を設置	CI
2007.08	(安倍)	・「カウンターインテリジェンス機能の強化に関する基本方針」を決定	CI
2008.02	(福田)	・「官邸における情報機能の強化の方針」を決定	【全般】
2008.03	(福田)	・内閣情報会議の再編に関する閣議決定	リクワイアメント
2008.04	(福田)	・内調に内閣情報分析官を設置	分析
		・「特別管理秘密に係る基準」以外の政府統一基準を施行	CI
		・内調にカウンターインテリジェンス・センターを設置	CI
		・内調に秘密保全法制の在り方に関する検討チームを設置	CI
2009.04	(麻生)	・「特別管理秘密に係る基準」(セキュリティ・クリアランス制度) 施行	CI
2010.12	(菅)	・政府における情報保全に関する検討委員会を開催	CI
2011.12	(野田)	・「情報保全に関する法制の整備について」(同検討委員会決定)	CI
2013.12	(安倍)	・内閣に国家安全保障会議 (NSC) を設置	リクワイアメント
		・特定秘密保護法が可決・成立	CI

2014.01	（安倍）	・内閣官房に国家安全保障局（NSS）を設置	リクワイアメント
		・情報保全諮問会議を開催	CI
2014.12	（安倍）	・特定秘密保護法が施行	CI
		・衆参両院に情報監視審査会を設置	民主的統制
2015.12	（安倍）	・内閣に国際テロ情報集約室、国際テロ情報収集ユニット（CTUJ）を設置	収集
2023.02	（岸田）	・内閣官房に、経済安全保障分野におけるセキュリティ・クリアランス制度等に関する有識者会議を設置	CI
2024.01	（岸田）	・同会議が、「最終とりまとめ」を発表	CI
2024,05	（岸田）	・重要経済安保情報保護活用法の可決、成立	CI

図表 3－3　政府におけるインテリジェンス機能強化に向けた各種の取り組み（出典：筆者作成）　※CIとはカウンターインテリジェンスを意味する。

1　はじめに
2　情報機能の強化
　（1）政策との連接
　　① 政策と情報の分離
　　② 政策と情報の有機的な連接
　（2）収集機能の強化
　　① 対外人的情報収集機能の強化
　　② その他の情報収集機能の強化
　（3）集約・分析・共有機能の強化
　　① 集約・分析・共有の必要性
　　② 拡大情報コミュニティの設置
　　③ 情報の集約
　　④ 情報の分析
　　⑤ 情報の共有
　（4）基盤整備
　　① 情報の共有のための基盤整備
　　② 人的基盤整備
3　情報の保全の徹底
　　① 政府統一基準の策定・施行
　　② 高度の秘密を保全するための措置
　　③ 秘密保全に関する法制の在り方
4　実現への道のり

図表 3－4 「官邸における情報機能の強化の方針」（2008年2月14日）の項目（出典：本文を基に作成）　※全文は巻末資料を参照。

三　米国のインテリジェンス・コミュニティ

本項では、米国のインテリジェンス・コミュニティの仕組みについて概観する（※【図表3－5及び3－6】参照）。

(一) 政策決定部門とインテリジェンス・コミュニティの結節点

米国においては、インテリジェンス・コミュニティに対してリクワイアメント等を与える政策決定者側の組織、すなわち「政策決定部門とインテリジェンス・コミュニティの結節点」を担う仕組みとして、大統領府（ホワイトハウス）の中に国家安全保障会議（ＮＳＣ：National Security Council）が設置されている。

国家安全保障会議は、一九四七年に制定された国家安全保障法（The National Security Act of 1947）によって設立された組織であり、安全保障政策や外交政策に関して大統領の政策決定を支援するとともに政府内の関係組織間の必要な調整を行うことを主な任務としている。同会議は大統領を議長とし、主要構成員は、副大統領、国務長官、国防長官、国家安全保障担当大統領補佐官、統合参謀本部議長、国家情報長官、大統領首席補佐官等である。

政策決定の場である国家安全保障会議に国家情報長官がインテリジェンス・アドバイザーとして出席することにより、同会議は「政策部門とインテリジェンス・コミュニティの結節点」の機能を果たしていると言い得る。

(二) コミュニティの概要

(イ) 概観

米国のインテリジェンス・コミュニティは、おそらくは世界でも最大規模のインテリジェンス・コミュニティの一つと考えられ、少なくとも欧米先進国等の中では最大とみられる。

◎予算と人員の規模

国家情報長官室の統計によると、二〇二三会計年度(二〇二三年一〇月―二〇二四年九月)の米国インテリジェンス・コミュニティの予算規模は、国家インテリジェンス計画(NIP:National Intelligence Program)が七一七億ドル、軍事インテリジェンス計画(MIP:Military Intelligence Program)が二七九億ドルで、総額九九六億ドルに達する。[17]両計画それぞれの予算額が公開されているのは二〇〇七会計年度以降であり、その変遷は【図表3-7】のとおりである。双方の予算の総額は、二〇一一年の九・一一テロ事件以降、年によって増減はあるものの、概ね拡大傾向にあるとみられる。二〇二三年度の額は、二〇〇七年度に比較して約五七%の増額となっている。

コミュニティ全体の人員数は公表されていないが。二〇〇九年の時点で総計約二〇万人以上に達していたとの見解もある（二〇〇九年九月一三日、記者会見におけるブレア〔Dennis Blair〕国家情報長官の発言）[18]。

◎コミュニティの取りまとめと統括

インテリジェンス・コミュニティ全体の取りまとめと統括の役割は国家情報長官が担っている。二〇〇四年の同長官が創設される前は、中央情報長官（ＤＣＩ）たるＣＩＡ長官が当該任務を担っていた。

こうした任務を遂行するため、国家情報長官には、国家安全保障法等に基づき、インテリジェンス関連の予算及びコミュニティ構成組織の幹部人事に関する一定の権限が与えられている。しかし、こうした予算・人事権限は限定的なものであり、必ずしも十分ではないとみられる。特に予算権限に関しては、国家情報長官の権限が及ぶのは主に国家インテリジェンス計画（主に非軍事系のインテリジェンス組織の予算）に限定されている。軍事インテリジェンス計画（主に国防省系のインテリジェンス組織の予算）に関しては国防長官が主な権限を有しており、国家情報長官の権限は限定的なものとなっている。

（ロ）各組織の概観

現在、コミュニティは以下の一八の組織から構成されている[19]。以下のうち、①及び②は独立したインテリジェンス組織であるのに対し、③以降は組織内のインテリジェンス部門であ

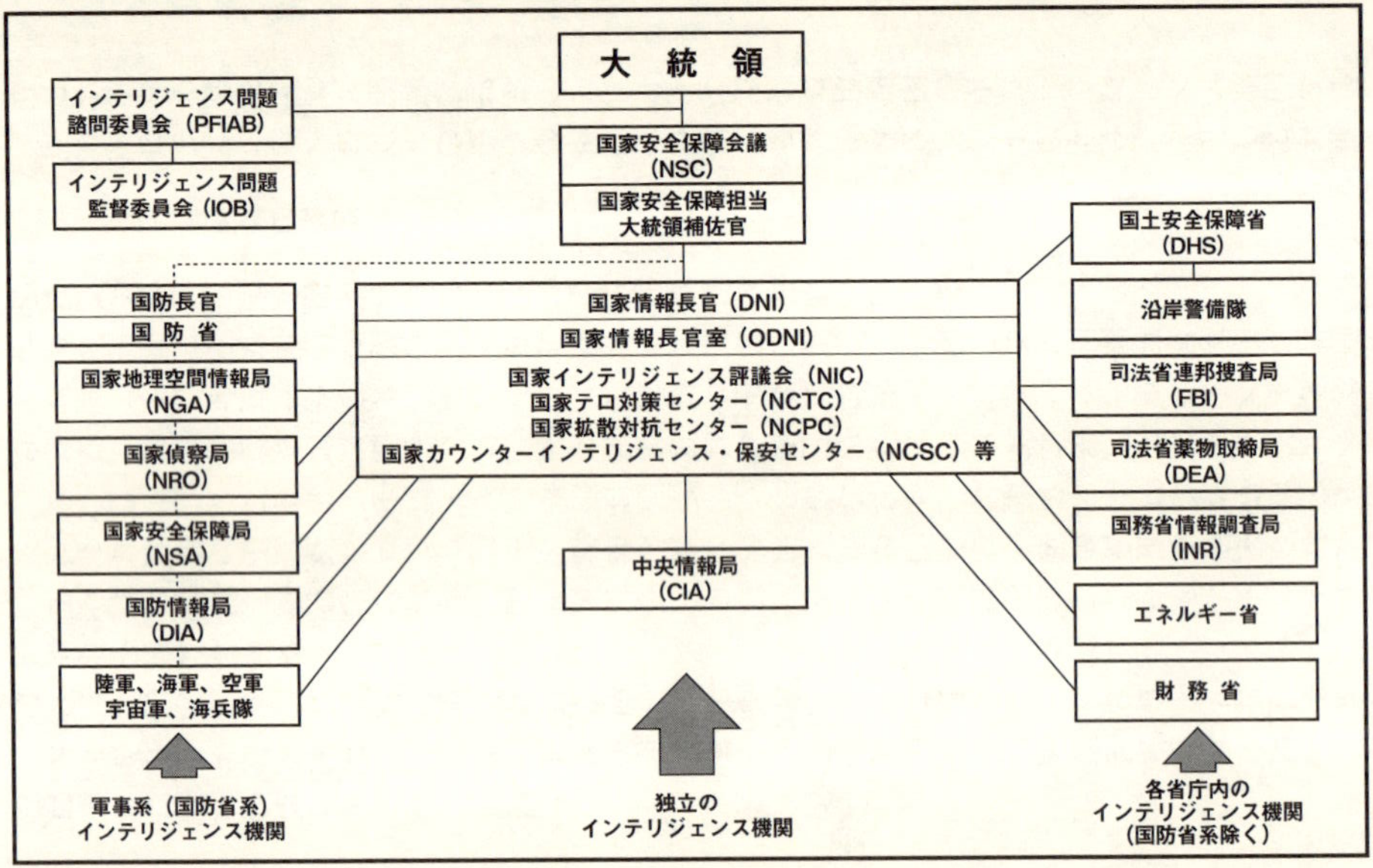

図表 3 - 5　米国のインテリジェンス・コミュニティ（一）

（出典：Johnson, L. K. (2024). *National Security Intelligence: Secret Operations in Defense of the Democracies* (Third Edition ed.). Polity, p.500. を基に筆者作成）　※NSCはインテリジェンス組織ではない。政策部門の一部として、両部門の結節点の機能を果たしている。

	非軍事系組織（9組織）	軍事系組織（9組織）
独立したインテリジェンス専従機関	・国家情報長官室（ODNI） ・中央情報局（CIA）	―――
組織内のインテリジェンス部門	・エネルギー省（DOE） インテリジェンス・カウンターインテリジェンス室 ・国土安全保障省（DHS） インテリジェンス分析室 ・国土安全保障省（DHS） 沿岸警備隊のインテリジェンス部門 ・司法省（DOJ） 連邦捜査局（FBI） ・司法省（DOJ） 薬物取締局（DEA）国家安全保障インテリジェンス室 ・国務省（DOS） インテリジェンス分析局（INR） ・財務省（DOT） インテリジェンス分析室	・国防省（DOD） 国防情報局（DIA） ・国防省（DOD） 国家安全保障局（NSA） ・国防省（DOD） 国家地理空間情報局（NGA） ・国防省（DOD） 国家偵察局（NRO） ・国防省（DOD） 5軍（陸軍、海軍、海兵隊、空軍、宇宙軍）の各インテリジェンス部門

図表 3－6　米国のインテリジェンス・コミュニティ（二）
（出典：米国国家情報長官室の記載を基に筆者作成）

(US$ Billion)

会計年度	07	08	09	10	11	12	13	14	15	16
NIP	43.5	47.5	49.8	53.1	54.6	53.9	49.0	50.5	50.3	53.0
MIP	20.0	22.9	26.4	27.0	24.0	21.5	18.6	17.4	16.5	17.7
合計	63.5	70.4	76.2	80.1	78.6	75.4	67.6	67.9	66.8	70.7

会計年度	17	18	19	20	21	22	23	24
NIP	54.6	59.4	60.2	62.7	60.8	65.7	71.7	72.4
MIP	18.4	22.1	21.5	23.1	23.3	24.1	27.9	29.3
合計	73.0	81.5	81.7	85.8	84.1	89.8	99.6	101.7

図表 3－7　米国のインテリジェンス・コミュニティの予算額
* 2024年会計年度のみ要求額、そのほかは承認額。
(出典：米国国家情報長官室の公開データを基に筆者作成)

る。また、①から⑧までは非軍事系のインテリジェンス組織であるのに対し、⑨以降は国防省の部内組織あるいは同省の傘下にある軍事系のインテリジェンス組織である。

①国家情報長官室(ODNI：Office of the Director of National Intelligence)

国家情報長官室は、二〇〇四年のインテリジェンス・コミュニティの改編によって設立された新しい組織である。同年のインテリジェンス・コミュニティ改編法(The Intelligence Reform and Terrorism Prevention Act of 2004)の定めにより、国家情報長官は米国インテリジェンス・コミュニティ全体の統括者であるとともに、大統領に対する第一次的なインテリジェンス・アドバイザーの任務を担うこととされている。例えば、前記のとおり、国家情報長官は、国家安全保障会議にインテリジェンス・アドバイザーとして出席している。また、大統領に対する毎朝の定例インテリジェンス報告（ＰＤＢ）を主宰するのも国家情報長官の役割である（※第二章参照）。また、同室の傘下に設置されている国家カウンターインテリジェンス・保安センター（ＮＣＳＣ：National Counterintelligence and Security Center）や国家拡散対抗センター（ＮＣＰＣ：National Counterproliferation Center）は、それぞれの担当分野に関してコミュニティ全体の政策の立案等を担当している。

こうしたコミュニティ全体の取りまとめ・統括業務のほか、国家情報長官室傘下の国家テロ対策センター（ＮＣＴＣ：National Counterterrorism Center）、国家インテリジェンス評議会（ＮＩＣ：National Intelligence Council）はそれぞれが独自のインテリジェンス分析を行っている。ただし、国家情報長官室は素材情報の収集業務には、直接には従事していない。

国家情報長官室の人員数は非公開であるが、約一七〇〇名との指摘もある。[20]

②中央情報局（ＣＩＡ：Central Intelligence Agency）

ＣＩＡは、大統領に直属する対外インテリジェンス組織である。主たる内部部局として工作部門（Directorate of Operations）と分析部門（Directorate of Analysis）を有する。工作部門は、海外におけるヒューミント（人的情報に基づくインテリジェンス）活動や秘密工作活動を担当している[21]（※第四章及び第六章参照）。分析部門は、国際情報に関する分析・評価等を担当している。なお、近年はいわゆるミッションセンター方式の導入により、工作業務と分析業務の接近が図られている。

二〇〇四年のインテリジェンス・コミュニティの改編以前、CIAの長官は、中央情報長官（DCI：Director of Central Intelligence）を兼務し、インテリジェンス・コミュニティ全体の取りまとめと統括の役割を併せて担っていた。しかし、二〇〇四年のインテリジェンス・コミュニティの改編によって、コミュニティの統括等の任務は国家情報長官が担うことになった。この結果、CIAは、少なくとも公式的にはインテリジェンス・コミュニティの中心的存在から「一八個のインテリジェンス組織の中の一つ」にすぎなくなり、コミュニティ内における相対的な地位は低下することとなった。

CIAの予算額や人員数は非公開であるが、スノーデン（Edward Snowden）事案を通じて流出した情報によると、二〇一三会計年度における当初予算要求額は一四七億米ドル（二〇〇四会計年度に比較して約五六％増加）、人員数は約二万一五〇〇人（正規雇用の文民職員のみ）との報道もある。[22]

③連邦捜査局（FBI：Federal Bureau of Investigation）

FBIは、司法省の傘下の組織である。FBIは犯罪捜査等を主たる任務とする法執行組織であるが、テロ対策、カウンターインテリジェンス、サイバー犯罪等国家安全保障に関連する犯罪の捜査も担当していることから、インテリジェンス・コミュニティの一員とされている。特に九・一一テロ事件以降は、インテリジェンス組織としての機能が強化されている。同局の内部組織である国家安全保障局（ＮＳＢ：National Security Branch）が、テロ対策、カウンターインテリジェンス等のインテリジェンス関連業務を担当している。

ＦＢＩの人員数は、同局の公式統計によると、約三万五〇〇〇人（特別捜査官に分析官、研究員、技術スタッフ、語学専門職等を加えたもの）とされている。[23]

④薬物取締局（とりしまり）（ＤＥＡ：Drug Enforcement Administration）

薬物取締局は、司法省の傘下組織である。同局は、薬物犯罪捜査を専門とする法執行組織であるが、二〇〇六年二月にインテリジェンス・コミュニティの構成組織となった。背景として、違法な薬物取引の収益等がしばしばテログループや国家安全保障上問題のある国家の資金源になっているとみられることがある。同局の内部組織である国家安全保障インテリジェンス室（ＯＮＳＩ：Office of National Security Intelligence）が薬物関連のインテリジェンス業務を担当している。

⑤国土安全保障省（ＤＨＳ：Department of Homeland Security）

国土安全保障省は、九・一一テロ事件の反省・教訓等を踏まえ、二〇〇二年一一月に創設された。同省の内部組織であるインテリジェンス分析室（Office of Intelligence and Analysis）がインテリジェンス分析業務を担当している。主に、省内の各部署等から収集した情報を基に米国に対するテロの脅威評価分析等を行っている。また、インテリジェンス業務における連邦と地方の統合の実現を目的として、国内の地方自治体の法執行組織等に対してインテリジェンス・プロダクトの提供を行っている。

⑥国務省（DOS：Department of State）

国務省の内部組織である情報調査局（INR：Bureau of Intelligence and Research）が、インテリジェンス分析業務を担当している。主に、世界各国にある在外公館（大使館、総領事館等）から国務省に報告される素材情報等を基に各種の国際情勢分析等を行っている。

⑦エネルギー省（DOE：Department of Energy）

エネルギー省の内部組織であるインテリジェンス・カウンターインテリジェンス室（Office of Intelligence and Counterintelligence）が、同省の保有する秘密情報（核施設関連情報等）の保護等を含め、エネルギー安全保障に関するインテリジェンス分析等を担当している。

⑧財務省（DOT：Department of the Treasury）

財務省の内部組織であるインテリジェンス分析室（Office of Intelligence and Analysis）が、マネーロンダリングやテロ資金に関するインテリジェンス分析等を担当している。

⑨国防情報局（DIA：Defense Intelligence Agency）

国防情報局は、国防省の内部組織である。軍事関連のインテリジェンス全般を担当している。

⑩国家安全保障局（NSA：National Security Agency）

国家安全保障局は、国防省傘下の組織である。シギント（信号情報に基づくインテリジェンス）を担当している。また、同局長官は、二〇一〇年に創設されたサイバー軍（Cyber Command）の司令官を兼務するのが慣例となっている。

⑪国家地理空間情報局（NGA：National Geospatial-Intelligence Agency）

国家地理空間情報局は、国防省傘下の組織である。ジオイント（画像情報等の地理空間情報に基づくインテリジェンス）を担当している。

⑫国家偵察局（NRO：National Reconnaissance Office）

国家偵察局は、国防省傘下の組織である。ジオイント活動のインフラ設備である情報収集衛星の運用等を担当している。

以上に加え、⑬陸軍（Army）、⑭海軍（Navy）、⑮空軍（Air Force）、⑯海兵隊（Marine Corps）、⑰宇宙軍（Space Force）、⑱沿岸警備隊（Coast Guard）は、それぞれが内部にインテリジェンス担当組織を有している。

(三) コミュニティの略史

(イ) インテリジェンス・コミュニティの成立以前

現在の米国のインテリジェンス・コミュニティの起源は、一九四一年七月に創設された情報調整室（ＣＯＩ：Coordinator of Information）、その後一九四二年六月に創設された戦略事務局（ＯＳＳ：Office of Strategic Services）までに遡る。情報調整室や戦略事務局はＣＩＡの前身とされている。それ以前は、（戦時の軍事機構は別として）米国には国家的規模のインテリジェンス機能は存在しなかったとされる。[24]

情報調整室と戦略事務局はルーズベルト（Franklin Delano Roosevelt）大統領によって創設され、当初の責任者はドノバン（William J. Donovan）であった。ドノバンがイギリスにおいてインテリジェンスを学んだことから、両組織ともイギリスのインテリジェンス実務に強く影響を受けた。こうした事情は、その後のＣＩＡによる秘密工作活動重視の姿勢の遠因となっているとの指摘もある。[25] また、情報調整室と戦略事務局の創設当初、軍部、ＦＢ

I等はこれに反発したと言われている。こうした文民インテリジェンス組織と軍の軋轢（あつれき）、インテリジェンス組織と法執行組織の軋轢等の風潮は、その後の米国のインテリジェンス・コミュニティに引き継がれているとの指摘もある。[26]

（ロ）インテリジェンス・コミュニティの成立（一九四七年）

一九四七年に制定された国家安全保障法は、前記の国家安全保障会議を始めとする米国政府の国家安全保障関連の組織機構の骨格を定めた。同法によって、インテリジェンス・コミュニティ、特にＣＩＡに対して法的根拠が与えられることとなった。さらに、戦略事務局を母体として発足したＣＩＡの長官は、中央情報長官としてインテリジェンス・コミュニティ全体の取りまとめの役割が与えられた。

同法の定める米国インテリジェンス・コミュニティの骨格は、二〇〇四年にインテリジェンス・コミュニティ改編法が制定されるまで、基本的には大きく変更されることはなかった。

（ハ）インテリジェンス・コミュニティの改編（二〇〇四年）

二〇〇四年に制定されたインテリジェンス・コミュニティ改編法は、国家情報長官制度を創設するなど、米国インテリジェンス・コミュニティの骨格に対して約半世紀振りに大きな変更を加えた。こうした機構改編の背景には、二〇〇一年九月の九・一一テロ事件の未然防止にインテリジェンス・コミュニティが失敗したとみられること、二〇〇三年の対イラク戦争開始に当たりイラクの大量破壊兵器問題に関するインテリジェンス・コミュニティの分析評価に誤りがあったとみられること等への反省がある。これらの問題をめぐり、「コミュニティ内の各組織の間の協力、調整等が不十分であった」、「コミュニティの統合を推進するためには、CIA長官とは別に取りまとめ専従のポストが必要だ」との指摘があった。[27]加えて、二〇〇四年の米国大統領選挙において、テロ対策が重要争点の一つとなったことも、大規模な制度改編に向けた政治的環境を整えたと考えられる。

当該制度改編の基本的な目的と理念は、インテリジェンス・コミュニティをより効率的に運営するべく同コミュニティの頂点に強いリーダーシップを制度的に確立し、よってコミュニティの統合（integration）をもたらすということであった。[28]初代の国家情報長官となったネグロポンテ（John Negroponte）以降歴代の国家情報長官は、こうした機構改編の趣旨に基づき、インテリジェンス・コミュニティの統合の推進を目標として掲げている。

他方、国家情報長官の直面する最大の課題の一つは、同長官が担う責任（コミュニティ全体の取りまとめ）と実際に同長官に認められている権限（特に、コミュニティ内の各組織に対する予算・人事権限）の間に乖離（かいり）があることとみられる。[29]

（四）米国のインテリジェンス・コミュニティの特徴

(イ) 巨大かつ複雑な機構

前記のとおり、公表されている予算規模、人員数、構成組織数、活動地域の広さ等に鑑みると、米国のインテリジェンス・コミュニティは、おそらく世界でも最大規模のインテリジェンス・コミュニティの一つであり、少なくとも欧米先進諸国等の中では最大規模とみられる。

さらに、米国のインテリジェンス・コミュニティは、国家情報長官室を含めて一八もの組織からなっており、ほかの欧米先進諸国等のコミュニティに比較しても、複雑な組織形態となっている。

(ロ) 比較的短い歴史[30]

前記のとおり、米国における国家的なインテリジェンス機能の起源は、情報調整室（一九四一年七月創設）及び戦略事務局（一九四二年六月創設）に遡る。ちなみに、イギリスやロシアは一六世紀頃には既に国家のインテリジェンス機能を有していたと言われている。こうした国々に比較すると、米国のインテリジェンス・コミュニティの歴史は短いと言い得る。

この背景には、そもそも米国の建国そのものが一八世紀（一七七六年）と比較的新しいことがある。加えて、米国は、建国後も一九世紀末頃までは世界的な規模の国際問題に必ずしも積極的に関与せず、したがって国家インテリジェンス機能に対する需要が低かったことがあると考えられる。

(八) 東西冷戦の影響(31)

第二次大戦後の創設から一九九一年の旧ソ連の崩壊までの間、米国のインテリジェンス・コミュニティの最優先課題は東西冷戦への対応であり、それが同コミュニティを発展させる最大の原動力でもあった。この間、米国のインテリジェンス関連予算の半分以上が対ソ連問題に費やされていたと言われている。こうしたことから、米国のインテリジェンス・コミュニティの各種の制度、仕組み等の多くは、東西冷戦期における諸課題への対応を前提として構築された。これらの仕組みや組織文化(例えば、科学技術への高い依存等)は、今日においてもある程度維持されているとみられる。

(二) 科学技術(テクノロジー)への大きな依存(32)

前記の東西冷戦の影響の具体的な表れの一つとして、米国のインテリジェンス・コミュニティは、情報収集の手法として、ヒューミント(人的情報源に基づくインテリジェンス)よりもテキント(シギントやジオイント等の科学技術に基づくインテリジェンス)に大きく依存している。この背景として、東西冷戦時代に米国のインテリジェンス活動の最優先課題であった旧ソ連は広大かつ閉鎖的な国家であり、同国の内部に人的情報源を配置することは困難であったことから、遠隔地からでも実施可能であるシギントやジオイントへの依存が高まったとみられる。

（ホ）コミュニティ内の各組織間の競争関係

米国のIC内には各組織間の競争関係が存在するとみられる。この背景には、そもそも米国のインテリジェンス・コミュニティが巨大な官僚組織であることに加え、米国政治における分離主義的あるいは官僚主義的・縄張り主義的な文化等も関係していると考えられる（※第八章参照）。こうした状況に対処するためには、制度的な解決のみならず、各組織のトップを始め幹部の見識及び相互の個人的人間関係も重要と考えられる。

二〇〇四年に国家情報長官が創設されて以降、同長官とCIA長官の間には一定の競争、緊張関係がある旨が指摘されている。背景に、当該機構改編の結果、コミュニティ全体の取りまとめの役割がCIAから国家情報長官室に移ったことがあるとみられる。例えば、二〇一〇年五月にブレア（Dennis Blair）国家情報長官が辞任した。この背景には、CIAの海外支局長に対する監督権限等をめぐり、ブレアとパネッタ（Leon Panetta）CIA長官との間に確執があったとみられる。[33] 他方、両者の関係に関し、クラッパー（James Clapper）国家情報長官の在任中（二〇一〇年八月―二〇一七年一月）、国家情報長官とCIA長官の任務の棲み分けの認識が実務的にも概ね定着し、両者の関係は以前に比較して安定化したとの見方もある（いわば、国家情報長官はコミュニティの最高経営責任者〔CEO〕であるのに対し、CIA長官は最高執行責任者〔COO〕すなわち現場責任者[34]）。

そもそも両者は、本来は補完的に協力するほうが双方にとってメリットが多いと考えられる。すなわち、国家情報長官室は自ら直接に情報収集活動を行う機能を有しないことから、そうした部分に関してCIAに依存するのが有利である。他方、CIA長官は、二〇〇四年の機構改編以降は政府内の地位が格下げされた。したがって、CIAとしても、政府の中で自己の利益を代弁する閣僚級幹部として国家情報長官に依存するほうが有利と考えられる。

国家情報長官と国防長官の間にも一定の競争、緊張関係があるとみられる。国家情報長官は、形式上はコミュニティ全体の取りまとめの機能を担っている。しかし、実際には、国防省の傘下にある軍事系インテリジェンス組織の人事・予算権限等については引き続き国防長官が多くを掌握しており、国家情報長官の影響力は限定的である。したがって、国家情報長官にとって、コミュニティ内の調整を円滑に行いコミュニティの統合を推進するためには、国防長官との良好な関係の維持は極めて重要と考えられる。ラムズフェルド（Donald Rumsfeld）国防長官（在二〇〇一―二〇〇六年）の時代、国防省は、国家情報長官の創設そのものにも懐疑的であり、独自の海外ヒューミント機能の拡大を計画するなど、国家情報長官との関係は必ずしも良好ではなかったとみられる。その後、ゲーツ（Robert Gates）（在二〇〇六―二〇一一年）、パネッタ（Leon Panetta）（在二〇一一―二〇一三年）両国防長官はいずれもCIA長官経験者であったこともあり、双方の関係は一定程度改善されたとみられる。(35)

（五）米国のインテリジェンス・コミュニティに影響を与えた主な歴史的出来事

米国のインテリジェンス・コミュニティの特徴の形成に当たっては、様々な歴史的な出来事が影響を与えていると考えられる。米国のインテリジェンスの研究者であるローエンタールは、米国のインテリジェンス・コミュニティに影響を与えた歴史上の主要な出来事として次を指摘している。[36]

◎真珠湾攻撃（一九四一年）

一九四一年一二月の真珠湾攻撃は、事前にこれを察知できなかったことから、「インテリジェンスの失敗」の事例とされている。第二次大戦後に米国のインテリジェンス・コミュニティが創設された主要な目的は、「真珠湾攻撃のような『インテリジェンスの失敗』を二度と引き起こさないようにすること」であった旨が指摘されている。[37]

◎MAGICとULTRA（一九四一―一九四五年）

MAGICとは、第二次世界大戦中の米国による日本の暗号通信の解読プロジェクトであり、ULTRAはイギリスと米国によるドイツの暗号通信の解読プロジェクトである。戦後、米国のインテリジェンス・コミュニティが科学技術に大きく依存するようになったこと、インテリジェンス分野において英米両国が緊密な協力関係を有するようになったこと

（ファイブ・アイズ〔※第四章参照〕）、の背景には、こうした戦時中の暗号解読プロジェクトの経験が影響しているとの指摘もある。

◎朝鮮戦争の勃発（一九五〇年）

米国のインテリジェンス・コミュニティは、一九五〇年の朝鮮戦争の勃発やその後の中国の参戦を十分には予測できなかった。[38] これは、真珠湾攻撃の予測の失敗に続く「インテリジェンスの失敗」の事例と言われている。朝鮮戦争の結果、東西冷戦はグローバル化し、その結果、米国のインテリジェンス活動も世界規模に拡大することとなった。

◎イラン・クーデター（一九五三年）、グアテマラ・クーデター（一九五四年）

一九五三年のイラン・クーデター、一九五四年のグアテマラ・クーデターに際して、米国は反体制勢力のクーデター活動を支援するべく、ＣＩＡを通じた秘密工作活動を実施した。[39] この時のＣＩＡの秘密工作活動の効果についてはこれを疑問視する見方もある。しかし、いずれにせよ結果としてクーデターが成功したことから、これ以降、米国の政策決定者の間に秘密工作活動への嗜好が高まることとなった旨が指摘されている[40]（※第六章参照）。

◎ピッグス湾事件（一九六一年）

一九六一年、米国のケネディ政権は、キューバ国内の反体制勢力を支援してカストロ政権の転覆を実現するべく、CIAによる秘密工作活動を実行した（ピッグス湾侵攻作戦）。しかし、同作戦は失敗に終わった。同事件は、その後のダレス（Allen Dulles）CIA長官の辞任の一因とみられる[41]。

◎**キューバ・ミサイル危機（一九六二年）**

一九六二年、ソ連はキューバに核ミサイルの配備を開始したことから、米ソ間の緊張が高まった。CIAを始め米国のインテリジェンス・コミュニティは事前にはこうした事態を十分には予測していなかった[42]。しかし、危機発生後は、ミサイル基地の位置やソ連側の兵力分析評価等に関する正確なインテリジェンスをケネディ（John F. Kennedy）大統領に提供するなど、同大統領の政策決定を支援した。事前予測の失敗は「インテリジェンスの失敗」と言い得る一方、事態発生後の貢献に対しては積極的な評価もある[43]。

◎**ベトナム戦争（一九六四―一九七五年）**

ベトナム戦争に際しては、戦争の進行状況に関するインテリジェンス分析・評価等をめぐり、インテリジェンスの政治化の問題、軍事系インテリジェンス組織と非軍事系インテリジェンス組織の間の対立等の問題が顕在化した旨が指摘されている[44]。

◎インテリジェンス組織の不正活動疑惑（一九七五―一九七六年）

一九七四年末、ＣＩＡやＦＢＩによる違法な情報収集活動を始めインテリジェンス組織に関する様々な不正疑惑が発覚した。これを受けて、連邦議会に特別調査委員会が設置され（上院のチャーチ委員会〔Church Committee〕と下院のパイク委員会〔Pike Committee〕）、インテリジェンス・コミュニティに対する調査が実施された。これ以降、連邦議会によるインテリジェンス・コミュニティに対する統制機能の強化が進められた（※第七章参照）。

◎イラン・コントラ事件（一九八六―一九八七年）

一九八六年、レーガン（Ronald Reagan）政権の幹部がＣＩＡを通じてイランに武器を売却すると同時にその利益を利用してニカラグアの反体制勢力「コントラ」を支援するという不適切な秘密工作活動を行っている旨が発覚した。この結果、政府や連邦議会によるインテリジェンス・コミュニティに対する統制機能の限界が露呈されることとなった[45]。同事件は、いわゆる「インテリジェンスの暴走」に該当する事案であり、「政策部門からのリクワイアメント優先」という基本的な考え方の重要性を改めて認識させる事例となった（※第一章参照）。

◎旧ソ連の崩壊と東西冷戦の終了（一九八九―一九九一年）

一九八〇年代末から一九九一年にかけての旧ソ連の崩壊と東西冷戦の終了に際し、CIAを始めとする米国のインテリジェンス組織は事前にこれを十分に予測できていなかった[46]。かかる状況は、「インテリジェンスの失敗」の事例であるとの批判もある。他方、東西冷戦中のインテリジェンス組織による各種の秘密工作活動等が旧ソ連の弱体化と崩壊に貢献したとの積極的な評価もある[47]。なお、東西冷戦終了から九・一一テロ事件までの約一〇年間、米国を始め欧米先進諸国等においては、国家安全保障上の課題がやや不明確となった。その結果、インテリジェンスの予算・人員等が削減されることとなった（※第七章参照）。

◎エイムズ事件（一九九四年[48]）、ハンセン事件（二〇〇一年[49]）

一九九四年に検挙されたエイムズ事件は、CIA職員のエイムズ（Aldrich Hazen Ames）がソ連・ロシア情報機関に秘密の情報を提供していた事件である。二〇〇一年に検挙されたハンセン事件は、FBI職員のハンセン（Robert P. Hanssen）がロシア情報機関に秘密の情報を提供していた事件である。両事件は、東西冷戦終了後もロシアによる米国を標的としたインテリジェンス活動が継続していることを明らかにした（※第一章参照）。また、米国インテリジェンス・コミュニティのカウンターインテリジェンスに様々な欠陥がある旨を露呈する契機となった（※第六章参照）。

◎九・一一テロ事件と対テロ戦争の開始（二〇〇一年）

二〇〇一年の九・一一テロ事件は、インテリジェンス活動と同コミュニティに多くの影響を与えた。第一に、同事件の未然防止の失敗は、その後のイラクの大量破壊兵器問題とともに、従来のインテリジェンス・コミュニティの欠陥（インテリジェンス共有の不足等）を顕在化させるなど、二〇〇四年の大規模なインテリジェンス・コミュニティの改編（国家情報長官制度の創設等）のきっかけとなった。

第二に、同事件後の米国政府全体を挙げた対テロ戦争の遂行に当たり、インテリジェンス組織の権限や活動内容も急激に拡大した（例えば、いわゆる米国愛国者法「The USA Patriot Act」の制定やＦＢＩのインテリジェンス機能の拡大等）。

第三に、こうしたテロ対策の名目の下に実行されたインテリジェンス活動の実態が明らかになるにしたがって、行き過ぎとも見られるインテリジェンス活動の適法性や妥当性に対して疑問が呈せられることとなった[50]。こうした活動の例としては、国家安全保障局による無令状の通信傍受[51]、ＣＩＡによるテロ容疑者等に対する拷問の疑いのある取調べ[52]、ＣＩＡによるテロ容疑者等の第三国への不適切な移送（rendition）[53]、ＣＩＡによる無人航空機を利用したテロリスト等に対する攻撃[54]等がある。

◎イラク戦争（イラクの大量破壊兵器問題）（二〇〇三年）

二〇〇三年のイラク戦争後、事前のＣＩＡ等による予想に反してイラクにおける大量破壊兵器の開発計画は発見されなかった。これは、「インテリジェンスの失敗」の事例であると指摘されている。すなわち、当該事案においては、人的情報源の信用性に関する収集部門による低い評価が分析部門との間で十分に共有されておらず、分析部門において誤った分析評価が継続して累積されてしまった旨が指摘された（分析におけるレイヤーイングの問題）。加えて、「ブッシュ政権は、自己の政策を支持するようなインテリジェンス分析評価を示すよう、ＣＩＡを始めとするインテリジェンス機関に対して圧力を加えたのではないか」というインテリジェンスの政治化の問題も指摘された（※その後、連邦上院のインテリジェンス問題特別委員会による調査結果は、そのような政治化はみられなかったと結論付けている）。これらの問題は、九・一一テロ事件とともに、従来のインテリジェンス・コミュニティの欠陥を顕在化させるなど、二〇〇四年の大規模なインテリジェンス・コミュニティの改編（国家情報長官制度の創設等）のきっかけとなった。

◎スノーデンによる暴露事案（二〇一三年）

二〇一三年、元ＣＩＡ職員かつ元国家安全保障局契約社員のスノーデン（Edward Snowden）は、内外の報道機関に対して、国家安全保障局を始めとする米国インテリジェンス組織の活動に関する秘密をリークした。この結果、大量の通話記録データの収集活動、インターネット上の通信情報の収集活動、友好国の首脳に対するインテリジェンス活動等の状況が報道されることとなり、インテリジェンスに関する様々な論点が提起されることとなった。[55]

第一に、コミュニティ内の情報保全の在り方が問題となった。特に、九・一一テロ事件以降に進められてきた情報共有（ニード・トゥ・シェア）と伝統的な秘密保全（ニード・トゥ・ノウ）のバランスが改めて問われることとなった。

第二に、米国においては、インテリジェンス活動と個人のプライバシー保護のバランスに関する議論が活発化することとなった。二〇一三年八月、国家安全保障局によるシギント活動と個人のプライバシーのバランスの在り方の問題を検討するため、オバマ（Barack Obama）大統領による大統領覚書（Presidential Memorandum）に基づき、インテリジェンスと通信技術に関する検討グループ（Review Group on Intelligence and Communications Technologies）が設置された。同委員会の報告書（二〇一三年一二月一二日発表）を踏まえ、二〇一四年一月一七日、オバマ大統領は、国家安全保障局によるシギント活動の見直し案を発表した。[56] ただし、同大統領は、国家安全保障局の従来の活動の合法性に関してはこれを擁護する立場を維持した。

第三に、第二の点に関連し、イギリス等においては、インテリジェンス・コミュニティに対する民主的統制制度の見直し、強化等が図られる契機となった（※第八章参照）。

◎米国大統領選挙に対するロシアの介入疑惑（二〇一六年）

二〇一六年の米国大統領選挙に対するロシアによる選挙介入の疑惑に関し、二〇一七年一月、国家情報長官室は、ロシアはトランプ（Donald Trump）候補に有利となるよう選挙介入を図った旨の評価報告書（Assessing Russian Activities and Intentions in Recent US Elections）を発表した。[57] その後、トランプ陣営とロシア側の共謀の有無が更なる争点となる中、本件は政治的な党派対立の種となり、トランプ大統領がインテリジェンス・コミュニティに対する非難を増加させる一因となった。そうした状況は、インテリジェンスの政治化に対する懸念を惹起（じゃっき）することとなった。

注

（1）情報機能強化検討会議（二〇〇八）「官邸における情報機能の強化の方針」（平成二〇年二月一四日）、一―三頁：内閣官房（二〇一三）「我が国の情報機能について」（「国家安全保障会議の創設に関する有識者会議〔第三回：平成二五年三月二九日〕」における配布資料）。

（2）情報機能強化検討会議「官邸における情報機能の強化の方針」、一―三頁：内閣官房（二〇一〇）「情報と情報保全」（「新たな時代の安全保障と防衛力に関する懇談会〔第七回：平成二二年五月一二日〕」における配布資料）。

（3）二〇一三年一一月一八日の参議院（国家安全保障に関する特別委員会）における菅義偉内閣官房長官（当時）の答弁。

（4）内閣官房「内閣情報調査室　採用案内二〇二四」、五頁。

（5）二〇一三年一一月一三日の参議院（国家安全保障に関する特別委員会）における菅義偉内閣官房長官（当時）の答弁。

（6）情報機能強化検討会議「官邸における情報機能の強化の方針」、六頁。

（7）内閣官房「内閣情報調査室 採用案内二〇二四」、七―一〇頁。
（8）防衛省情報本部の公式ホームページ。https://www.mod.go.jp/dih/
（9）小林良樹（二〇一九）『犯罪学入門――ガバナンス・社会安全政策のアプローチ』、慶應義塾大学出版会、一四七―一四八頁。
（10）Samuels, R. J. (2019). *Special Duty: A History of the Japanese Intelligence Community*. Cornell University Press, p.241. 金子将史（二〇一一）「相応の〝実力〟を持てるのか――日本」、中西輝政・落合浩太郎（編著）『インテリジェンスなき国家は滅ぶ――世界の情報コミュニティ』亜紀書房、三三一―三三二頁。
（11）Kobayashi, Y. (2023). Integrating Japan's Intelligence Community: analyzing the effectiveness of the Director of Cabinet Intelligence as a coordinating body. *Intelligence and National Security, 38*(7), pp.1151-1170.
（12）金子将史「相応の〝実力〟を持てるのか――日本」、二九九―三四四頁。
（13）金子将史（二〇〇八）「官邸のインテリジェンス機能は強化されるか――鍵となる官邸首脳のコミットメント」(PHP Policy Review Vol.2-No.6)、ＰＨＰ総合研究所。
（14）Samuels. *Special Duty: A History of the Japanese Intelligence Community.*, p.193.
（15）小谷賢（二〇一八）「日本のインテリジェンスの在り方――将来への展望」『インテリジェンス・レポート』第一一五号、四―一六頁。
（16）兼原信克（二〇二一）『安全保障戦略』、日本経済新聞出版、一三二頁。
（17）国家情報長官室の公式ホームページ。https://www.dni.gov/index.php/what-we-do/ic-budget
（18）"Blair Discloses Budget for Intelligence Community: $75 Billion," The Washington Post, September 16, 2009.
（19）国家情報長官室の公式ホームページ。https://www.dni.gov/index.php/what-we-do/members-of-the-ic

(20) Lowenthal, M. M. (2022). *Intelligence: From Secrets to Policy* (9th ed.). CQ Press, an imprint of SAGE, p.41.
(21) ＣＩＡの公式ホームページ。https://www.cia.gov/about/organization/
(22) "U.S. spy network's successes, failures and objectives detailed in 'black budget' summary," *The Washington Post*, August 29, 2013
(23) ＦＢＩの公式ホームページ。https://www.fbi.gov/about/faqs/how-many-people-work-for-the-fbi
(24) Lowenthal. *Intelligence: From Secrets to Policy*, pp.14-15.
(25) Lowenthal. *Intelligence: From Secrets to Policy*, pp.14-15; pp.22-23.
(26) Lowenthal. *Intelligence: From Secrets to Policy*, pp.22-23.
(27) 小林良樹（二〇〇九）「米国インテリジェンス・コミュニティの改編──国家情報長官（ＤＮＩ）制度の創設とその効果」『国際政治』第一五八号、一八二―一九五頁；国家情報長官室の公式ホームページ。https://www.dni.gov/index.php/who-we-are/history
(28) 国家情報長官室の公式ホームページ。https://www.dni.gov/index.php/who-we-are/mission-vision
(29) Lowenthal. *Intelligence: From Secrets to Policy*, pp.42-43.
(30) Lowenthal. *Intelligence: From Secrets to Policy*, pp.14-15.
(31) Lowenthal. *Intelligence: From Secrets to Policy*, p.16.
(32) Lowenthal. *Intelligence: From Secrets to Policy*, pp.20-21.
(33) Lowenthal. *Intelligence: From Secrets to Policy*, pp.42-43.
(34) Lowenthal. *Intelligence: From Secrets to Policy*, p.57.
(35) Lowenthal. *Intelligence: From Secrets to Policy*, pp.58-59.
(36) Lowenthal. *Intelligence: From Secrets to Policy*, pp.22-34.

（37）Weiner, T. (2008). *Legacy of Ashes: The History of the CIA*. Anchor Books, p.xvii.
（38）Weiner. *Legacy of Ashes: The History of the CIA*, p.59.
（39）Weiner. *Legacy of Ashes: The History of the CIA*, pp.92-119.
（40）Lowenthal. *Intelligence: From Secrets to Policy*, pp.24-25.
（41）Johnson, L. K. (2020). Reflections on the ethics and effectiveness of America's 'third option': covert action and U.S. foreign policy. *Intelligence and National Security*, *35*(5), pp.669-685.
（42）Weiner. *Legacy of Ashes: The History of the CIA*, pp.224-228.
（43）Lowenthal. *Intelligence: From Secrets to Policy*, p.26.
（44）Lowenthal. *Intelligence: From Secrets to Policy*, pp.26-27.
（45）Weiner. *Legacy of Ashes: The History of the CIA*, pp.456-477; Johnson. Reflections on the ethics and effectiveness of America's 'third option': covert action and U.S. foreign policy, pp.679-680.
（46）Weiner. *Legacy of Ashes: The History of the CIA*, pp.496-503.
（47）Lowenthal. *Intelligence: From Secrets to Policy*, pp.28-29.
（48）ＦＢＩの公式ホームページ。https://www.fbi.gov/history/famous-cases/aldrich-ames.；ワイナー，ティム、佐藤信行他（訳）（二〇〇八）『ＣＩＡ秘録――その誕生から今日まで』（下）、文藝春秋、二七一―二七八頁。
（49）ＦＢＩの公式ホームページ。https://www.fbi.gov/history/famous-cases/robert-hanssen. ジェフリーズ＝ジョーンズ，ロードリ・越智道雄（訳）（二〇〇九）『ＦＢＩの歴史』、東洋書林、三五〇―三五二頁。
（50）Priest, D., and Arkin, W. M. (2011). *Top secret America: The rise of the new American security state*. Little, Brown Co.
（51）"Bush Lets U.S. Spy on Callers Without Courts," *The New York Times*, December 16, 2005.

（52）連邦上院インテリジェンス問題特別委員会の報告書（二〇一四年一二月九日）（S. Rpt. 113-288: Report of the Senate Select Committee Study of the Central Intelligence Agency's Detention and Interrogation Program together with Foreword by Chairman Feinstein and Additional and Minority Views）.

（53）Raphael, S., and Blakeley, R. (2016). Rendition in the “war on terror”. In R. Jackson (Ed.), *Routledge Handbook of Critical Terrorism Studies* (pp.181-189). Routledge.

（54）Johnson. Reflections on the ethics and effectiveness of America's ‘third option’: covert action and U.S. foreign policy, pp.674-675.

（55）Lowenthal. *Intelligence: From Secrets to Policy*, pp.131-135; pp.32-33.

（56）国家情報長官室の公式ホームページ。https://www.dni.gov/index.php/review-group

（57）国家情報長官室の公式ホームページ。https://www.dni.gov/index.php/newsroom/press-releases/press-releases-2017/3035-odni-statement-on-declassified-intelligence-community-assessment-of-russian-activities-and-intentions-in-recent-u-s-elections

第四章　インフォメーションの収集

本章では、インテリジェンス・プロセスの中の「素材情報（インフォメーション）の収集」に関して概観する。前記のとおり、分析とは、料理に例えれば、食材（野菜、肉、魚介等）の仕入れの段階に当たる（※第二章参照）。

本章ではまず、素材情報（インフォメーション）の情報源や収集方法の違いに基づくインテリジェンスの分類について概観する。続いて、具体的にオシント、ヒューミント、シギント、ジオイントの四種類のインテリジェンスに関し、それぞれの長所、短所、直面する問題等について概観する。最後に、全体に共通する課題として、各インテリジェンス手法間のバランスの問題、「秘匿性の確保」と「インテリジェンス共有の推進」のバランスの問題に言及する。

一　総論：情報源の違いに基づく分類

インテリジェンス・プロセスにおいては、政策決定者側からのリクワイアメント（要求）に基づきインテリジェンス・プロダクトを生産するべく、インテリジェンス・コミュニティ側では、まず素材情報（インフォメーション）を収集しなければならない（※第二章参照）。米国の国家情報長官室（ＯＤＮＩ）は、インテリジェンス活動を、その基となる素材情報（インフォメーション）の情報源や収集方法の違いに基づき次の三種類に分類している[1]（国家情報長官室の資料は、以下で言及するものに加えて、マシント〔MASINT: Measurement and Signatures Intelligence〕にも言及している。マシントはやや専門的な概念であることから、本書では省略する）。なお、これらの分類は一応の目安であり、必ずしも相互に排他的なものではない。特に、オシントはほかの類型と重複する場合もあり得る。

◎公開情報に基づくインテリジェンス（オシント：OSINT：Open Source Intelligence）

公開情報（ラジオ、テレビ、新聞、雑誌、書籍、インターネット、商用データベース等の公開されたソース）から誰でも自由に入手可能な素材情報（インフォメーション）に基づくインテリジェンス[2]。

◎人的情報に基づくインテリジェンス（ヒューミント：HUMINT：Human Intelligence）

人的な情報源から収集された（あるいは提供された）素材情報（インフォメーション）に基づくインテリジェンス[3]。

◎技術的情報に基づくインテリジェンス（テキント：TECHINT：Technical Intelligence）

技術的な手法によって収集された素材情報（インフォメーション）に基づくインテリジェンス。テキントには、信号情報に基づくインテリジェンス（シギント）や地理空間情報に基づくインテリジェンス（ジオイント）が含まれる。

信号情報に基づくインテリジェンス（シギント：SIGINT：Signals Intelligence）とは、「信号（data transmission）から収集される素材情報（インフォメーション）に基づくインテリジェンス」と定義される。[4] 具体的には、電話等の通信内容を技術的に傍受することによって得られる素材情報（インフォメーション）に基づくインテリジェンスが含まれる。

地理空間情報に基づくインテリジェンス（ジオイント：GEOINT：Geospatial Intelligence）とは、「画像情報や地理情報を加工・分析することにより、地球上の物理的な動きや地理的な形状を解明・分析し、あるいは視覚的に表示すること」と定義される。[5] 具体的には、偵察衛星等から入手される画像情報や地図情報等に基づくインテリジェンスが含まれる。なお、ジオイントのうち、画像から得られる素材情報に基づくインテリジェンスのことを**イミント（IMINT：Imagery Intelligence）**と言う。

これらの各手法にはそれぞれに特有の長所・短所があり得る。次項以下ではそれぞれの収集手法の具体的な特徴、長所・短所等について概観する。

二　公開情報に基づくインテリジェンス（オシント）

（一）概要

オシントとは、「公開情報（ラジオ、テレビ、新聞、雑誌、書籍、インターネット、商用データベース等の公開されたソース）から誰でも自由に入手可能な素材情報（インフォメーション）に基づくインテリジェンス」と定義される。

近年、各国政府における情報公開制度の進展、インターネット技術の発展、商用衛星画像ビジネスの活発化等により、公開情報の流通量は以前に比較して大幅に増加している。したがって、米国を始め各国のインテリジェンス活動における公開情報の活用の比重は従前に比較して大きく高まっているとみられる。例えば、米国のインテリジェンス・コミュニティの旧ソ連（ロシア）に関するインテリジェンスの公開情報への依存度は、東西冷戦時代は二〇％程度であったが、冷戦後は八〇％程度にまで高まっているとも言われている。[6]

米国のインテリジェンス・コミュニティにおいては、中央情報局（ＣＩＡ）の公開情報センター（ＯＳＥ：Open Source Enterprise）が、海外の公開情報の収集・分析とインテリジェンス・プロダクトの生産に当たっている。ただし、米国のインテリジェンス・コミュニティにおいては、依然としてオシントの価値を過小評価するような偏見もあると指摘されている。[7]

日本においては、例えば、一般財団法人である通信社のラヂオプレスは、北朝鮮の公式報道の分析等で定評がある[8]。

(二) オシントの長所

オシントの長所として、第一に、信号や画像等ほかの情報源に基づく手法に比較して、情報源へのアクセスや入手後の加工が容易である。

第二に、素材情報の収集等に必要な金銭的コストもテキント等ほかの手法に比較すれば低額である。

(三) オシントの短所

オシントの短所として、第一に、(長所の裏返しではあるが) 入手可能な素材情報の量の増加にともない、適切な素材情報の取捨選択が困難になりつつある (いわゆる「麦ともみ殻」問題〔The Wheat versus Chaff Problem〕)[9]。

第二に、近年は公開の情報源から入手できる素材情報は増加しているとはいうものの、それでもやはり相手方が秘匿している核心的な重要情報については公開の情報源から入手することは困難である。

第三に、いわゆる反響効果 (Echo effect) がある。反響効果とは、例えば、ある一つの報道機関等で報じられた内容がほかの報道機関等での引用を繰り返されるうちに、あたかも複数の情報源によって裏付けされた確度の高い素材情報であるかのように誤解されてしまう現象を言う。[10]こうした反響効果による影響を避けるためには、例えば、当該報道の最初の報道源を確認してその信憑性を検証すること、異なった情報収集手法に基づいたクロス・チェックを行うことなどが効果的と考えられる（※第五章参照）。

三　人的情報に基づくインテリジェンス（ヒューミント）

（一）概要

ヒューミントとは、「人的な情報源から収集された（あるいは提供された）素材情報（インフォメーション）に基づくインテリジェンス」と定義される。

ヒューミントの一般的な例としては、「秘密の人的情報源を通じて収集された非公開の情報に基づくインテリジェンス」（いわゆるスパイ活動）が考えられる。中国の春秋時代末期（紀元前五世紀頃）に孫武によって記された兵学書とされる『孫子』（※第一章参照）にも「用間篇」という一章があり、いわゆるスパイ情報の活用の重要性が説かれている。[11]

しかし、実際には、ヒューミントの概念は「スパイ情報に基づくインテリジェンス」よりも広いものである。すなわち、「ヒューミント＝スパイ情報に基づくインテリジェンス」という理解は必ずしも正しいとは言えない。例えば、在外の大使館等に勤務する外交官等が収集する公開情報、海外を訪問した一般人からのデブリーフィングを通じて得られる情報、他国政府との公式の外交チャンネルを通じた対話の中で得られる情報等に基づくインテリジェンス等もヒューミントに含まれ得る。さらに、海外の同盟国、友好国等のインテリジェンス組織との公式な渉外（リエゾン）関係を通じて得られる情報、犯罪捜査の取調べの過程で得られる情報等に基づくインテリジェンスもヒューミントに含まれ得る。[12] このように、公開情報を始め秘密ではない方法によって入手された素材情報であっても、人的情報源を通じて収集された素材情報に基づくインテリジェンスである限り、ヒューミントの範疇（はんちゅう）に含まれ得る（人的情報源から公開情報の提供を受ける場合は、オシントとヒューミントの複合形態とも考えられる）。

米国のインテリジェンス・コミュニティにおいては、ＣＩＡが対外ヒューミント活動を中心的に担っている。また、国防省や連邦捜査局（ＦＢＩ）等もそれぞれの任務と権限の範囲内でヒューミント活動を行っている。ＣＩＡ長官は、インテリジェンス・コミュニティの国家ヒューミント管理官（National HUMINT Manager）として、コミュニティ内の全てのインテリジェンス組織の対外ヒューミント活動を統括する役割を担っている。実務的には、ＣＩＡの工作局（ＤＯ：Directorate of Operations）が、ＣＩＡ内のヒューミント活動を統括するのみならず、コミュニティ内の各インテリジェンス組織間の対外ヒューミント活動の調整等を担っている。[13]

（二）秘密の人的情報源を通じた非公開情報の収集

前記のとおり、ヒューミント活動には、「秘密の人的情報源を通じた非公開情報の収集」（いわゆるスパイ活動）も含まれる。

（イ）人的情報源のリクルート

インテリジェンス理論に関する米国の代表的な学術書（Lowenthal, 2022）によると、米国のインテリジェンス組織によるヒューミント活動は主に、インテリジェンス組織の職員を海外に派遣し、自国が必要としている秘密情報にアクセスが可能な現地の外国人等を情報源としてリクルートすることによって実施される。こうしたヒューミント活動のために海外に派遣されるインテリジェンス組織の職員は、外交官等の政府の公的な身分（Official Cover）を装う場合と、公的な身分ではなく私企業のビジネスマン等の一般人の身分（Non-official Cover）を装う場合がある。後者の場合（ＮＯＣ〔ノック〕と呼ばれる）は、相手から警戒されにくいという利点もある一方、活動が失敗した場合にも外交特権によって守られることがないなど、制約も少なくない[14]。

同書によると、こうした外国における人的情報源のリクルート活動は次のような段階を踏んで実行される[15]。①ターゲットの選定（Targeting or Spotting）：自国が必要とする秘密情報にアクセス可能な人物をリクルートのターゲットとして選定する。②ターゲットの評価（Assessing）：当該人物に対するリクルート活動の成否の可能性を分析・評価する。③リクルートの実施（Recruiting）：当該人物に対するリクルートを実行する。④情報源の運用

(Handling)：リクルートした人物を人的情報源として運用し、秘密情報を入手する。⑤運用の停止（Termination）：当該人的情報源の信頼性に疑義が生じた場合、必要な情報へのアクセスを失った場合、自国が必要としているインテリジェンスのリクワイアメントが変化した場合等の状況が生じた場合には関係を終了する。

リクルートの対象者がこれを受け入れて情報提供者となる動機は、金銭的欲求、自国政府への不満、スリルへの欲求等様々であるとみられる。[16]

このように、一般にスパイ活動と言われる情報収集は、例えば映画「００７」シリーズのジェームズ・ボンドや「ミッション・インポッシブル」シリーズのイーサン・ハントのように「インテリジェンス組織の職員自身が外国の政府組織の建物等に不法侵入し、金庫の中から直接機密書類を入手してくる」という類いのものでは必ずしもない。（少なくとも米国のインテリジェンス組織の場合）実際には、インテリジェンス組織の職員自身が直接的に秘密情報にアクセスするのではなく、そうした情報にアクセスが可能な人的情報源を通じた間接的な情報収集である場合が大半とみられる。

ヒューミント活動の中でも、こうした「秘密の人的情報源を通じた非公開情報の収集」は、非常に時間のかかる作業である。加えて、こうした作業に従事するインテリジェンス組織の担当者は外国語、人的情報源のリクルート及び運用技術等の様々な技術や能力を修得しなければならず、その育成には七年以上の時間を要するとの指摘もある。[17]

（ロ）人的情報源の保護

一般に、インテリジェンス活動の詳細は、（そうした活動及びその能力の存在も含めて）国家にとって極めて秘匿性の高い事項とされる（※第一章参照）。なぜなら、インテリジェンスの情報源や手法等が相手側に知られてしまった場合、相手側としては防衛措置が採り易(やす)くなるからである。

とりわけ、ヒューミントにおける人的情報源は最も秘匿性の高い事項とされる。なぜなら、ヒューミントにおける人的情報源が明らかになった場合、当該人的情報源は生命の危険に瀕(ひん)する可能性があるからである。例えば、A国のある人物（X）が他国（B国）のインテリジェンス組織の情報源としてB国に協力していたとする。その事実がA国政府（あるいは当該人物が所属する組織等）の知るところとなった場合、当該人物（X）はA国政府によって生命の危険に晒(さら)される可能性が高いと考えられる。実際に一九九四年に旧ソ連・ロシアのスパイとして摘発されたCIA職員のオルドリッチ・エイムズは、CIAがソ連内に有していた人的情報源のリストをソ連側に漏えいしていたとみられる。この結果、CIAがソ連内に有していた人的情報源の多くがソ連当局に逮捕・処刑されたとみられる[18]（※第六章参照）。こうした事態は、B国のインテリジェンス組織の当面の情報収集活動に大きな打撃を与えるのみならず、B国のインテリジェンス組織への信頼性を損ない、以後、危険を賭してでもB国のインテリジェンス組織に情報を提供しようとする者を減少させる可能性がある。

(三) ヒューミントの長所

ヒューミントの長所としては、第一に、相手側の意図（心の内面）を知り得る。例えば、A国の軍事基地でミサイル発射の準備が進行している場合、そうした「ミサイル発射準備が進行している」という事実に関する素材情報は、画像収集衛星を通じて収集されるインテリジェンス（イミント）等からも入手可能である。しかし、「A国の指導者は本当にミサイルを発射する意図があるのか」あるいは「単なる威嚇のための活動にすぎず本音ではミサイルを発射する意図はないのではないか」という点については、イミントからは判明し得ない。ヒューミント（あるいはシギント）であれば、こうした相手方の「心の内面」に関しても知ることが可能である。[19]ただし、その前提として、A国の指導者等の政策決定者の本音を知り得る人物を我が方の情報源としてリクルートする必要がある。

第二に、インテリジェンス活動の主たる対象は、東西冷戦時においては国家（例えば旧ソ連）の活動であったが、東西冷戦終了後はテロ組織、国際犯罪組織等の非国家的主体（Non-State Actor）の脅威の比重も高まった（※第七章参照）。イミント等の技術的情報に基づくインテリジェンスは国家的主体による比較的大規模な活動（例えば軍事基地の動向）に対するインテリジェンス活動には有効である一方、テロ組織、国際犯罪組織等の非国家的主体による比較的小規模な活動に対しては必ずしも有効ではない。例えば、あるテロ組織が中東地域やアフリカの砂漠や山岳地帯等に潜伏して活動している場合、その所在や動静に関する情報をイミントによって把握することは困難である。これに対して、ヒューミントはこうした非国家的主体に対する有効性は比較的高いものと考えられる。[20] 例えば、二〇一一年五月に米国がアル・カーイダの最高指導者であるオサマ・ビン・ラディンの掃討作戦に成功した際、同人の居場所の発見の端緒となる素材情報はアル・カーイダ関係者に対する尋問の中で得られたとされている。[21]

第三に、インテリジェンス活動に必要な予算は、ヒューミントのほうがテキント（シギントやイミント等）に比較すれば安価である。[22]

（四）ヒューミントの短所

ヒューミントの短所としては、第一に、当該作業に従事するインテリジェンス組織の担当者を生命の危険に晒すリスクがほかの手法に比較して高い。すなわち、ヒューミントはテキント（シギントやイミント等）とは異なり、対象から遠く離れた安全な遠隔地において作業するわけにはいかない。また、ヒューミント活動において人的情報源を運営して情報を入手する作業は繊細であり、失敗した場合にはインテリジェンス組織側の担当者、情報源、さらにはその家族等に生命の危険が及ぶ場合もあり得る。これに対してテキントの場合は、仮に作業に失敗したとしても、担当者等に対して直ちに生命の危険が及ぶ可能性は比較的低いと言い得る[23]（ただし、近年は、リンクトイン（LinkedIn）等のソーシャルネットワークサービスを通じたヒューミント活動も見られるようになっている）。

第二に、ヒューミントにおいては前記のようなプロセスを経て人的情報源のリクルートを行う必要があるため、実際に必要な情報（インフォメーション）を入手できるようになるまでに相当の時間を要する。(24)

第三に、ヒューミントは、相手側からの欺瞞(ぎまん)工作（Deception）に対する脆弱(ぜいじゃく)性がほかの手法に比較して高いものと考えられる。具体的には、ヒューミントにおいては、「リクルートした人的情報源が実際には相手側の二重スパイであり、我が方に対して意図的に欺瞞情報を提供し続けている」との可能性を常に疑いながら情報源の運用を継続する必要がある。(25)例えば、二〇〇九年一二月、アフガニスタン東部のホースト州にあるＣＩＡの基地（チャップマン基地）内部で自爆テロが発生し、ＣＩＡ関係者七名が死亡するという事件が発生した。各種の報道等によると、自爆テロの犯人は、アル・カーイダに潜入して貴重な内部情報をもたらしていたＣＩＡの情報源であり、当該自爆テロ事件の当日はＣＩＡ関係者との面会のために同基地を訪れていた。しかし実際には、同人はアル・カーイダ側の二重スパイであり自爆テロに及んだとみられる。当該事件は、欺瞞工作に対するヒューミントの脆弱性やヒューミントに伴う危険性を顕著に表した事件と考えられる（当該事件は、オサマ・ビン・ラディン掃討作戦を題材とした米国映画「Zero Dark Thirty」〔二〇一二年〕の中でも描かれている）。

（五）ヒューミントの直面する問題点

(イ) 熟達したヒューミント担当者の確保

前記のとおり、ヒューミント活動に必要な予算は、テキント(シギントやイミント等)に必要な予算に比較すると低額である。しかし、ヒューミントに従事する熟達したインテリジェンス組織の担当者の育成には非常に長い時間を要する。

米国では、東西冷戦終了後の一九九〇年代にインテリジェンス関連予算が大幅に削減され、CIAのベテランのヒューミント担当者の多くが離職した。加えて、二〇〇一年の九・一一テロ事件後には逆にインテリジェンス組織の職員が大量に増員された。その結果、経験が不十分なヒューミント担当者の比率が一層高まったと指摘されている[26]。

(ロ) 犯罪者を情報源として運用することに関する倫理上の問題

前記のとおり、テロ組織や国際犯罪組織等の非国家的主体を対象としたインテリジェンス活動において、ヒューミントはほかの手法よりも有効な手法であると考えられる。しかし、テロ組織や国際犯罪組織等の内部に人的情報源をリクルートしてこれを運用する場合、当該情報源はテロリストや犯罪者である可能性が高い。したがって、「犯罪者を情報源として利用する」ことに関して倫理上の疑念が生じ得る。

例えば、インテリジェンス組織が情報提供の対価として情報源に対して支払う金銭等はテロ組織や犯罪組織の活動資金に供される可能性が高く、いわば「公的資金がテロ組織や犯罪組織の活動資金として提供された」こととなり得る。[27] これに対して、国家を対象としたヒューミント活動の場合は、人的情報源としてリクルートされる者は当該国の政治家、外交官、政府職員、ビジネスマン等である場合が多く、必ずしも犯罪者とは限らない。

（八） 諸外国との渉外（リエゾン）関係

前記のとおり、他国のインテリジェンス組織との公式の渉外（リエゾン）関係を通じた情報収集もヒューミント活動に含まれ得る。特に二〇〇一年の九・一一テロ事件以降、テロ対策に関する各国インテリジェンス組織同士の協力は従前よりも活発化している。この結果、テロ対策以外の分野においては潜在的に戦略的競合関係にある国同士でインテリジェンス協力を行う場面も多くなっている（例えば、米国とロシア、米国と中国等）。

しかし、例えば、テロ対策のための協力の結果として自国のインテリジェンス組織の能力が相手国に悟られるような事態があるとすれば、こうした事態は協力関係の強化によってもたらされるデメリットと言い得る。したがって、他国（特に潜在的に戦略的競合関係にある国）との渉外（リエゾン）関係の強化を進めるに当たっては、そのメリット・デメリットを慎重に検討することが必要と考えられる。[28]

四 信号情報に基づくインテリジェンス（シギント）

（一）概要

シギントとは、「信号（data transmission）から収集される素材情報（インフォメーション）に基づくインテリジェンス」と定義される。シギントはさらに、コミント（COMINT：Communications Intelligence）とエリント（ELINT：Electronics Intelligence）に大別される。[29]

コミントとは、「電子的な通信（Electronic communications）」の傍受、加工、分析に基づくインテリジェンスである。この場合の「通信」とは、電話（有線、無線）、インターネット、モールス・コード、ファックス等様々な形態で行われているものである。これらの中には暗号化されているものもある。例えば、第二次世界大戦中の連合軍側によるドイツ軍や日本軍の暗号通信の傍受・解読作業（ＭＡＧＩＣとＵＬＴＲＡ〔※第三章参照〕）は、コミントの一例と考えられる。コミントには、通信の内容そのものからインテリジェンスを得る場合と、（通信の内容そのものではなく）通信の量、頻度、パターン、相手方等の分析からインテリジェンスを得る場合がある。後者の場合、例えばＡ国に駐在するＢ国大使館とＢ国の首都との間の外交通信の量が大幅に増加している場合、Ａ国とＢ国の間で重要な外交交渉が行われている可能性が考えられる（いわゆるトラフィック分析〔traffic analysis〕）。[30]なお、前記のとおり、二〇一三年、元ＣＩＡ職員かつ元国家安全保障局（ＮＳＡ）契約社員のスノーデン（Edward Snowden）によるリークにより、米国のＮＳＡ等による大量の通話記録データの収集活動、インターネット上の通信情報の収集活動等の状況が報道された（※

第三章参照）。

エリントとは、「通信ではない信号（Non-communication signals）」の収集、分析に基づくインテリジェンスである。例えば、レーダーやミサイル等から発せられる電磁波等を収集し、その加工・分析を通じて当該レーダーやミサイルの性能を把握する作業等が含まれる[31]。

米国においては、国防省の傘下にあるＮＳＡが、シギントに関する情報収集の任務を担当している。ＮＳＡは併せて、外国からのシギント活動に対する米国の情報システムの防衛の任務も担っている[32]。また、米国、イギリス、カナダ、オーストラリア及びニュージーランドは、シギント業務に関し、緊密な協力関係にある（いわゆる**ファイブ・アイズ**〔**Five Eyes**〕）[33]。

日本においては、防衛省・自衛隊がシギント業務を行っている。具体的には、防衛省情報本部に電波部が設置されており、同部がシギント業務を担当している[34]。例えば、報道等によると、一九八三年九月の大韓航空機撃墜事件の際にはソ連戦闘機の無線通信を防衛省・自衛隊が傍受していたと言われている。また、二〇〇一年一二月の東シナ海における北朝鮮の不審船事件の際にも当該不審船の無線通信を防衛省・自衛隊が傍受していたと言われている[35]。さらに、二〇〇六年七月に北朝鮮がミサイルを発射した際にも事前に防衛省・自衛隊が北朝鮮軍部の交信を傍受し、ミサイルの発射が近いことを示すインテリジェンスを得ていたと言われている[36]。

（二）シギントの長所

シギントの長所として、第一に、ヒューミントと同様に、相手側の意図（心の内面）を知り得る[37]。ただし、その前提として、相手方が本音を何らかの通信を介して語ることが必要である。

第二に、対象から離れた遠隔地から情報収集活動を実施し得るため、業務に従事する担当者を生命の危険等に晒すリスクはヒューミントに比較すると低いと考えられる。

（三）シギントの短所

シギントの短所として、第一に、シギントの実施には巨大な通信傍受施設を必要とするなど、ヒューミントやオシントに比較して開発や運営維持の金銭的コストが高額である。

第二に、捕捉可能な信号が存在しなければ情報収集が行えない。例えば、相手方が用心して通信を控えてしまえばシギントは成り立たない。オサマ・ビン・ラディンは、通信傍受を警戒して携帯電話等を利用せず、組織内の連絡には専らクーリエ（人的なメッセンジャー）を利用していたと言われている[38]。

第三に、仮に信号が捕捉できたとしても、その信号や通信が暗号化されていれば、解読、分析作業はより困難になる。ただし、通信内容が完全に解読できない場合でも、前記のとおり、通信の量、頻度、パターン、相手方等の分析によって何らかのインテリジェンスを得ることは可能である（トラフィック分析）。

第四に、シギントにおいても、相手側からの欺瞞工作（Deception）に対する脆弱性を完全に避けることは困難である。例えば、相手方が警戒して偽の信号や通信を大量に流すような場合、これらの中から真に有意義な信号や通信を選別することは困難になる[39]。

(四) シギントの直面する問題点

(イ) IT技術の発達と通信量の増加

近年、科学技術の発達により、各種の信号、通信の量は以前に比較して大幅に増加している。この結果、シギント担当組織の処理能力が十分に追い付かなくなりつつあるとの指摘もある[40]。

第一に、そもそも全ての信号や通信を漏れなく捕捉することは困難である。

第二に、仮に多くの信号や通信を捕捉できたとしても、これをデータとして蓄積しておくことも容易ではない。物理的に巨大な記憶媒体を必要とすることとなる。

第三に、蓄積された大量のデータの中から必要なものを抽出して加工、分析するに当たり、必要なものをどうやって選別するかが問題となる。この点に関し、米国のＮＳＡでは、特定のキーワードによる検索を通じて必要な通信情報を抽出する方法も試みられている。

第四に、仮に前記のような手法により一定の絞り込みができたとしても、依然としてデータ量が膨大であれば、通信内容の分析までに一定のタイムラグが生じてしまう場合もある。例えば、九・一一テロ事件の際、事件の前に関係者の通話が捕捉されていたにもかかわらず、当該通信は事件発生まで解読・分析されないままであったと指摘されている。

（ロ）語学力の不足

シギントにおいては、収集した素材情報（例えば電話通信の内容）を分析に供する前に翻訳する作業が必要となる場合が少なくない。東西冷戦時代には、米国のインテリジェンス活動の主要な標的は旧ソ連であったことから、翻訳作業に必要とされる語学力の大半はロシア語であった。しかし、冷戦終了後、インテリジェンス活動の標的は多様化し、翻訳作業に必要とされる語学力の種類も多様化している。特に二〇〇一年の九・一一テロ事件の後は、アラビア語を始めとする中東の言語やアジアの言語等も重要となっている。さらに、場合によってはこれらの言語の口語表現や方言の知識も必要となっている。したがって、こうした語学力の需要の変化・増加に見合うだけの人材（翻訳担当者）を確保することが重要な課題となっている[41]（人工知能〔ＡＩ〕を活用した翻訳技術の発展は、こうした状況に対する一定の打開策となる可能性もある）。

（ハ）人権（プライバシー等）とのバランスの問題

二〇〇一年の九・一一テロ事件以降、米国では、テロ対策上の必要性からシギント活動が従前以上に活発化している。他方、二〇〇五年には「無令状による通信傍受」等が報道されるなど[42]、こうした活動の適法性・妥当性等がプライバシー等人権保護との関係で議論の対象となった[43]。

さらに、前記のとおり、二〇一三年、スノーデンによるリーク事案により、NSA等による大量の通話記録データの収集活動、インターネット上の通信情報の収集活動等の状況が報道された（※第三章参照）。この結果、人権保護とのバランス保持をめぐる議論に一層の拍車がかかることとなった。二〇一三年八月、オバマ（Barack Obama）大統領は、NSAのシギント活動と個人のプライバシーのバランスの在り方の問題を検討するため、「インテリジェンスと通信技術に関する検討グループ（Review Group on Intelligence and Communications Technologies）」を設置した。同委員会の報告書（二〇一三年一二月一二日発表）を踏まえ、二〇一四年一月一七日、オバマ大統領は、NSAのシギント活動の見直し案を発表した[44]。米国のシギント活動は、自国のみならず他国との緊密な連携の下に実施されていることから、同様の課題は、ほかのファイブ・アイズ諸国を始め他国にも波及した。

五　地理空間情報に基づくインテリジェンス（ジオイント）

（一）概要

ジオイントとは、「画像情報や地理情報を加工・分析することにより、地球上の物理的な動きや地理的な形状を解明・分析し、あるいは視覚的に表示すること」と定義される。

このうち、「画像から得られる素材情報に基づくインテリジェンス」はイミントと呼ばれる。かつては、ジオイントとイミントはほぼ同義として論じられる場合も少なくなかった。しかし、ジオイントは必ずしもイミントと同義ではない。イミントとは前記のとおり、画像情報に基づくインテリジェンスである。すなわち、ある特定の場所の特定の時点に関するスナップショット的なインテリジェンスであり、時間的、空間的な広がり等を含むものではない。これに対して、ジオイントは、画像情報のみならず地図情報等の地理情報を複合的に融合させるものである。これによって、地球上の地理的形状や物体の動き等をより詳細かつ総合的に把握、分析し、さらには一定の将来予測も可能になるとみられる。例えば、軍事活動を行うに当たり、進攻する予定の地形等に関するジオイントに基づき、実際の進攻に先立って当該軍事活動のシミュレーションを行うことが可能になると指摘されている[45]。その意味で、ジオイントはイミントが進化したインテリジェンスの形態であるとも言い得る。

ジオイントの素材情報（特にイミントの素材情報）は、画像収集衛星や無人航空機（UAV：Unmanned Aerial Vehicle）等によって収集されるのが一般的である。

米国においては、国防省の傘下にある国家地理空間情報局（ＮＧＡ）がジオイントに関する業務を担当している[46]。

日本においては、一九九八年に情報衛星の導入が決定された。二〇〇一年四月に内閣官房内閣情報調査室に内閣衛星情報センターが設置され、実際の運用は二〇〇四年四月より開始された。[47] また、情報収集衛星の開発・運用の基本的な方針決定等を行うため、内閣情報会議の下に情報収集衛星推進委員会と情報収集衛星運営委員会が設置されている。両会議の長は内閣官房副長官（事務）が務め、内閣情報官のほかインテリジェンス関係省庁の局長級幹部等が構成員となっている。[48] これらの会議は、情報収集衛星の開発・運用のための基本的な方針決定等を行っている。[49] また、防衛省情報本部にもジオイントを担当する画像・地理部が設置されている。

(二) ジオイントの長所

ジオイントの長所として、第一に、インテリジェンス・プロダクトの多くが視覚的（グラフィック）で説得力がある。特に、必ずしも専門知識を持たず多忙である政策決定者にとっても比較的理解が容易と考えられる。[50]

第二に、シギントと同様、多くの場合、対象から離れた遠隔地から情報収集活動を実施し得るため、業務に従事する担当者を生命の危険等に晒すリスクはヒューミントに比較すると低いと考えられる。

(三) ジオイントの短所

ジオイントの短所として、第一に、シギントと同様、ジオイントの実施には非常に高額な画像収集衛星やＵＡＶ等を必要とするなど、ヒューミントやオシントに比較して開発や運営維持の金銭的コストが高額である。特に米国の場合、東西冷戦終了後は、インテリジェンス活動に伴う高コストに対する社会の眼は厳しくなっており、連邦議会における予算審議等において政治的な理解を得ることは従前以上に困難となっていると指摘されている。[51]

第二に、技術的なシステムの開発に要する時間が長い。すなわち、ジオイントで利用する画像収集衛星等のシステムは、政府内で新システム採用の検討・決定がなされてから実際に稼働を開始するまでに一〇—一五年を要することも少なくない。新しいシステムが始動した時には既に当該技術が時代遅れになっている可能性もあるし、インテリジェンスの優先課題が変化しており当該システムでは新たな課題には十分に対応できない可能性もあり得る。[52]

第三に、前記のヒューミントの長所とは裏腹に、ジオイントは、地球上の物体や事象として把握することが不可能な対象、特に人間の内面の意思に関するインテリジェンスを得ることはできない。前記のとおり、「A国の軍事基地でミサイル発射の準備が進行している」という事実に関するインフォメーションはジオイントからも入手可能である。しかし、「A国の指導者は本当にミサイルを発射する意図があるか否か」という点についてはジオイントからは判明し得ない。[53]

第四に、ジオイントは、「敵国の軍事基地の動向」などの比較的大規模かつ継続して特定の場所に存在する標的に対しては有効性が高い。しかし、前記のとおり、テロ組織、国際犯罪組織等比較的小規模かつ不規則に移動するような標的に対する有効性は低い。[54]

第五に、ジオイント（特にイミント）は、相手側からの欺瞞工作（Deception）に対する脆弱性が（ヒューミントほどではないにしろ）高いと考えられる。なぜなら、画像収集衛星は一定の軌道を通るものであり、相手側はその軌道を計算することが可能である。特に、最近は米国の画像収集衛星の軌道に関する情報も含め、米国の画像収集衛星の活動に関する情報の多くがインターネットや報道等で暴露されている。こうしたことから、相手側としては、画像収集衛星による監視が外れている時間帯・場所を選んで活動を行う等の防衛措置を採ることが容易になりつつある。[55]加えて、積極的に意図的なカモフラージュ等によって欺瞞工作を行うことも容易になりつつある。[56]なお、こうした画像収集衛星の短所に対応するため、近年、小型のＵＡＶやドローンを利用した情報収集活動も活発化している。小型ＵＡＶは、画像収集衛星とは異なり、特定の場所に対して継続的かつ臨機応変に情報収集活動を行うことが可能である。[57]例えば、報道等によると、二〇一一年五月のパキスタンにおけるオサマ・ビン・ラディン掃討作戦においても、現場の状況を継続的かつリアルタイムに把握するためにＵＡＶが活用された。[58]

第六に、（前記の長所と裏腹に）ジオイントの場合、インテリジェンス・プロダクトの多くが視覚的で説得力があるがゆえに、時として分析担当者や政策決定者を誤った判断に導くリスクもあると考えられる。[59]

（四）ジオイントの直面する問題点

近年、衛星技術の発達により、民間企業からも多くの商用衛星画像情報が一般の商業市場に出回るようになっている。米国を始め各国のインテリジェンス・コミュニティも、こうした商用衛星画像情報に大きく依存するようになっている。こうした状況は、米国にとっては「両刃の剣」となっているとみられる[60]。

一方で、米国のインテリジェンス・コミュニティは、ある程度軽微な情報の収集に関してはこうした商用衛星による情報を有効に活用することにより、政府の持つジオイントの資源についてはより高度かつ重要なインテリジェンス作業に専念させることが可能になっている。しかし同時に、こうした状況の結果、従前の米ソ（米露）による画像情報の独占は急速に崩れつつあり、他国も商用衛星企業を通じてこうした画像情報を相当程度入手・利用することが可能となっている（ただし、米国政府は、安全保障上の要請に基づき、米国の商用衛星企業に対し、外国に対する衛星画像の販売等に関して一定の規制を課している〔いわゆるシャッター・コントロール（Shutter Control）〕）[61]。

加えて、近年のＵＡＶやドローンの活用は、特にそれが国内で利用される場合、個人のプライバシー保護とのバランスの在り方が問題となり得る[62]。

六　まとめ

(一) 各インテリジェンス手法間のバランスの問題

以上のように、オシント、ヒューミント、シギント、ジオイントの各手法にはそれぞれの

<table>
<tr><th></th><th>手法</th><th>長所</th><th>短所</th></tr>
<tr><td rowspan="2">非技術系</td><td>オシント
OSINT</td><td>・　情報源へのアクセスや素材情報の加工が容易
・　金銭的コストは低い</td><td>・　入手可能な情報の量が膨大であり取捨選択が困難
・　相手方が秘匿している核心的な重要情報の入手は困難
・　「反響効果（Echo effect）」</td></tr>
<tr><td>ヒューミント
HUMINT</td><td>・　相手の意図（心の内面）を知り得る
・　非国家的主体に対する有効性が高い
・　金銭的コストは比較的低い</td><td>・　担当者等の生命の危険性が高い
・　情報源の設置に時間を要する
・　相手側の欺瞞工作に対する脆弱性が高い</td></tr>
<tr><td rowspan="2">技術系</td><td>シギント
SIGINT</td><td>・　相手の意図（心の内面）を知り得る
・　担当者等の生命の危険性は低い</td><td>・　開発や運用の金銭的コストが高い
・　捕捉可能な信号が存在しなければ情報収集は不可能
・　信号が暗号化されていると、解読や分析作業は困難になる
・　相手側の欺瞞工作に対する脆弱性が比較的高い</td></tr>
<tr><td>ジオイント
GIOINT</td><td>・　インテリジェンス・プロダクトが視覚的で説得力があり、政策決定者にとっても理解が容易
・　担当者等の生命の危険性は低い</td><td>・　開発や運用の金銭的コストが高い
・　システムの開発の時間が長い
・　相手の意図を知り得ない
・　非国家的主体に対する有効性が低い
・　相手側の欺瞞工作に対する脆弱性が比較的高い
・　インテリジェンス・プロダクトが視覚的で説得力があるため、政策決定者を誤った判断に導くリスクも高い（加工・分析が必要）</td></tr>
</table>

図表 4－1　各種情報収集手法の長所・短所
（出典：Lowenthal, *Intelligence: From Secrets fot Policy*, p. 156 (Table 5.1) を基に筆者作成）

長所、短所がある（※【図表4－1】参照）。どれか一つの手法がほかの手法と比較して全てにおいて勝っているとは言いにくい。理想としては、自国が必要としているインテリジェンスの種類、特性に応じて様々な手法を上手く組み合わせて利用することが必要と考えられる。

特に、米国のインテリジェンス・コミュニティの場合、前記のように、インテリジェンス・システムの多くが東西冷戦時代に旧ソ連及びその同盟国の軍事力の把握を目的として構築され、インテリジェンス手法の中心はシギントやイミントを中心としたテキントであった（※第三章参照）。しかし、そうしたシステムが果たして、東西冷戦終了後（特に九・一一テロ事件後）の世界において、国家的な標的に加えて非国家的主体（テロ組織、国際犯罪組織等）に対するインテリジェンス活動を行うのに適切であるのか否か、各手法のバランスを見直す必要がないのか否かが課題となり得る。

加えて、昨今のインターネット等の発達による公開情報の大幅な増加、民間の商用衛星画像情報の増加などの状況も、今後の各手法のバランスの在り方の検討に影響を与え得ると考えられる。

(三)「秘匿性の確保」と「インテリジェンス共有」のバランスの問題

前記のとおり、米国のインテリジェンス・コミュニティにおいては、各インテリジェンス組織がそれぞれ得意とする手法に特化して情報収集活動を行っている（例えばＣＩＡはヒューミント、NSAはシギント、NGAはジオイント等)。しかも、各組織の活動はそれぞれ最初から最後まで概ね縦割り的・自己完結的であり、相互の協力(特にインテリジェンス共有)は必ずしも十分にはなされていないと指摘されている(いわゆる「ストーブ・パイプ問題〔Stove-pipes Problem〕」)[63]。加えて、情報源や情報収集方法の秘匿性を確保する必要性、すなわち「ニード・トゥ・ノウ」の考え方もこうした状況に拍車をかけている(※第一章参照)。(各組織の内部でも異なった部署やプロジェクトの間では同様の現象がみられる)

他方で、前記のとおり、各インテリジェンス組織の行う情報収集活動にはそれぞれ長所・短所がある。したがって、コミュニティ全体としてより良いインテリジェンス・プロダクトを生産するためには、異なった特徴を有する各組織が緊密な協力を行い、互いの長所を活かすと共に短所を補い合うことが効果的である(いわゆるオール・ソース・インテリジェンス〔All-Source Intelligence〕の実施)[64]。

実際、二〇〇一年の九・一一テロ事件の背景には各組織同士の協力不足があったとの反省を踏まえ、同事件以降は、従来からのニード・トゥ・ノウに代わり、ニード・トゥ・シェアの考え方に基づく各組織間のインテリジェンス共有が推進されている。しかしながら、実際の個々の局面においては、新旧の二つの考え方が対立し、協力が十分には進まないことも少なくない模様である。今後、双方のバランスをどのようにして上手く取っていくかが引き続きの課題となっている。

注

（1）Office of the Director of National Intelligence. (2013). *U.S. National Intelligence: An Overview, 2013*, pp.45-47. https://www.dni.gov/files/documents/USNI%202013%20Overview_web.pdf

（2）Office of the Director of National Intelligence, *U.S. National Intelligence: An Overview, 2013*, pp.46-47.

（3）Office of the Director of National Intelligence, *U.S. National Intelligence: An Overview, 2013*, pp.45-46.

（4）Office of the Director of National Intelligence, *U.S. National Intelligence: An Overview, 2013*, p.47.

（5）Office of the Director of National Intelligence, *U.S. National Intelligence: An Overview, 2013*, p.46.

（6）Lowenthal, M. M. (2022). *Intelligence: From Secrets to Policy* (9th ed.). CQ Press, an imprint of SAGE, p.104.

（7）Lowenthal. *Intelligence: From Secrets to Policy*, p.150.

（8）『朝日新聞』二〇一一年一二月二七日（「見えぬ北朝鮮　特報せよ」）。

（9）Lowenthal. *Intelligence: From Secrets to Policy*, p.170.

（10）Lowenthal. *Intelligence: From Secrets to Policy*, p.149.

（11）湯浅邦弘（二〇一〇）『孫子の兵法入門』、角川学芸出版、三九―四五頁。

（12）Office of the Director of National Intelligence, *U.S. National Intelligence: An Overview, 2013*, pp.45-46.

（13）Intelligence Community Directive Number 304 (July 9, 2009); Lowenthal. *Intelligence: From Secrets to Policy*, pp.136-137.

（14）Lowenthal. *Intelligence: From Secrets to Policy*, pp.136-140.

(15) Lowenthal. *Intelligence: From Secrets to Policy*, p.137.
(16) Lowenthal. *Intelligence: From Secrets to Policy*, pp.221-222; Taylor, S. A. and Snow, D. (1997). Cold war spies: Why they spied and how they got caught. *Intelligence and National Security*, 12(2), pp.101-125. https://doi.org/10.1080/02684529708432416
(17) Lowenthal. *Intelligence: From Secrets to Policy*, p.138.
(18) ワイナー，ティム・佐藤信行他（訳）（二〇〇八）『ＣＩＡ秘録』（下）、文藝春秋、二七二頁。
(19) Lowenthal. *Intelligence: From Secrets to Policy*, p.142.
(20) Lowenthal. *Intelligence: From Secrets to Policy*, p.142.
(21) Schmidle, N., "Getting Bin Laden — What happened that night in Abbottabad," *The New Yorker*, August 1, 2011.
(22) Lowenthal. *Intelligence: From Secrets to Policy*, p.143.
(23) Lowenthal. *Intelligence: From Secrets to Policy*, pp.142-143; p.146.
(24) Lowenthal. *Intelligence: From Secrets to Policy*, pp.143-144.
(25) Lowenthal. *Intelligence: From Secrets to Policy*, p.143.
(26) Lowenthal. *Intelligence: From Secrets to Policy*, p.146.
(27) Lowenthal. *Intelligence: From Secrets to Policy*, pp.144-145.
(28) Lowenthal. *Intelligence: From Secrets to Policy*, pp.140-141.
(29) Office of the Director of National Intelligence, *U.S. National Intelligence: An Overview, 2013*, p.47.
(30) Lowenthal. *Intelligence: From Secrets to Policy*, p.126.
(31) Lowenthal. *Intelligence: From Secrets to Policy*, p.127.
(32) ＮＳＡの公式ホームページ。https://www.nsa.gov/

（33）小谷賢（二〇一五）『インテリジェンスの世界史――第二次世界大戦からスノーデン事件まで』、岩波書店。

（34）防衛省情報本部の公式ホームページ。https://www.mod.go.jp/dih/

（35）『日本経済新聞』一九八三年九月四日（「大韓航空機事件、撃墜キャッチは自衛隊、防衛庁認める――電波傍受し米へ連絡」）；『日本経済新聞』二〇〇一年一二月二六日（夕刊）（「不審船 北朝鮮と交信か――防衛庁、無線を事前傍受」）；『日本経済新聞』二〇〇一年一二月二七日（「不審船3日前に確認――防衛庁、高い傍受技術」）。

（36）『日本経済新聞』二〇〇九年四月二日（夕刊）（「政府、問われる情報収集力」）。

（37）Lowenthal. *Intelligence: From Secrets to Policy*, pp.125-126.

（38）Lowenthal. *Intelligence: From Secrets to Policy*, pp.126-127.

（39）Lowenthal. *Intelligence: From Secrets to Policy*, p.102.

（40）Lowenthal. *Intelligence: From Secrets to Policy*, p.127.

（41）Lowenthal. *Intelligence: From Secrets to Policy*, p.128.

（42）"Bush Lets U.S. Spy on Callers Without Courts", *The New York Times*, December 16, 2005.

（43）Lowenthal. *Intelligence: From Secrets to Policy*, pp.129-136.

（44）大統領府のアーカイブ。https://obamawhitehouse.archives.gov/blog/2014/01/17/president-obama-discusses-us-intelligence-programs-department-justice

（45）太田文雄（二〇〇七）「情報と防災（第二回）」『季刊消防科学と情報』九〇号、五三頁。

（46）NGAの公式ホームページ。https://www.nga.mil/

（47）内閣情報衛星センターの公式ホームページ。https://www.cas.go.jp/jp/gaiyou/jimu/csice.html

（48）二〇〇八（平成二〇）年三月二八日付内閣官房長官決定「内閣情報会議の運営等について」。

(49) 防衛省情報本部の公式ホームページ（https://www.mod.go.jp/dih/）。
(50) Lowenthal. *Intelligence: From Secrets to Policy*, pp.113-114.
(51) Lowenthal. *Intelligence: From Secrets to Policy*, pp.89-91.
(52) Lowenthal. *Intelligence: From Secrets to Policy*, pp.91-93.
(53) Lowenthal. *Intelligence: From Secrets to Policy*, p.115.
(54) Lowenthal. *Intelligence: From Secrets to Policy*, p.103.
(55) Lowenthal. *Intelligence: From Secrets to Policy*, p.100.
(56) Lowenthal. *Intelligence: From Secrets to Policy*, pp.102-103; p.115.
(57) Lowenthal. *Intelligence: From Secrets to Policy*, p.100; p.117.
(58) "CIA flew stealth drones into Pakistan to monitor bin Laden house," *The Washington Post*, May 17, 2011. "Spy Planes Play an Indispensable Role in Mission," *The Wall Street Journal*, May 4, 2011.
(59) Lowenthal. *Intelligence: From Secrets to Policy*, p.114.
(60) Lowenthal. *Intelligence: From Secrets to Policy*, pp.103-104; pp.115-117.
(61) Lowenthal. *Intelligence: From Secrets to Policy*, p.104.
(62) Dolata, M., and Schwabe, G. (2023). Moving beyond privacy and airspace safety: Guidelines for just drones in policing. *Government Information Quarterly*, 40(4), 101874. 10.1016/j.giq.2023.101874
(63) Lowenthal. *Intelligence: From Secrets to Policy*, pp.100-101.
(64) Lowenthal. *Intelligence: From Secrets to Policy*, pp.93-94.

第五章　インフォメーションの分析

本章では、インテリジェンス・プロセスの中の「素材情報（インフォメーション）の分析」に関して概観する。

前記のとおり、分析とは、料理に例えれば、仕入れた食材（野菜、肉、魚介等）を調理して食べられるようにし、皿に盛り付ける段階である（※第二章参照）。仕入れたままの各食材はそのままでは必ずしも食べられないように、収集された素材情報（インフォメーション）はそのままでは政策決定者の判断の役には立たない場合が少なくない。分析とは、こうした各素材情報（インフォメーション）を、実際の判断の役に立つもの、すなわちインテリジェンス・プロダクト（具体的には、分析報告書や口頭のブリーフィング等）に変換する作業である。換言すれば、「そのままでは役に立たないものを役に立つものに変える」という意味において「付加価値を与える作業」と言い得る。

本章では、まず、「優れたインテリジェンス・プロダクトとは何か」という問題に関する理論上の議論について概観し、続いて分析をめぐる諸問題について概観する。最後に、実際の分析のプロセスの例についても概観する。

一　「優れたインテリジェンス・プロダクト」とは何か

前記のとおり、分析とは、各素材情報（インフォメーション）をインテリジェンス・プロダクトに変換する作業である。では、「優れたインテリジェンス・プロダクト」とはどのようなものであろうか。どのような基準に基づいて「優れているか否か」を判断し得るのであろうか。

本書では、インテリジェンスを「政策決定者が国家安全保障上の問題に関して判断を行うために政策決定者に提供される、情報から分析・加工された知識のプロダクト（あるいはそうしたプロダクトを生産するプロセス）である」と定義している（※第一章参照）。こうした定義を前提とすると、「政策決定者の判断を支援するという目的にかなっているか否か」ということが「優れたインテリジェンス・プロダクトか否か」を判断するに当たっての基準になると考えられる。

この点に関し、インテリジェンス理論に関する米国の代表的な学術書（Lowenthal, 2022）は、「優れたインテリジェンス・プロダクト」の具体的な判断基準として次の「一つの大前提と四つの基準」を指摘している(1)。

（一）大前提：インテリジェンスの客観性の維持

「優れたインテリジェンス・プロダクト」であることの大前提として、当該インテリジェンス・プロダクトの内容は客観性を維持していなければならない。

インテリジェンスとは、「政策決定者が国家安全保障上の問題に関して判断を行うために政策決定者に提供される、情報から分析・加工された知識のプロダクト（あるいはそうしたプロダクトを生産するプロセス）」であり、その最も重要な機能は「政府の政策決定プロセスを支援する機能」、すなわち「政策決定者の意思決定や判断を支援する」機能と考えられる（※第一章参照）。こうした機能を適切に果たすためには、インテリジェンスは客観性を維持していなければならない。なぜなら、客観性を欠くインテリジェンスは政策決定者の適正な判断を阻害し、結果的に「政策決定者の意思決定や判断を支援する」機能を十分に果たし得ないからである。したがって、「政策決定者に対しておもねるため」や「分析担当者の個人的な意見等を政策に反映させるため」などの理由によりインテリジェンスが意図的に歪曲（わいきょく）されるようなことはあってはならない。

このような「客観性の維持」の基準は次に述べる「四つの基準」よりも重要と考えられる。すなわち、もしもあるインテリジェンス・プロダクトの客観性が維持されていないとすれば、当該インテリジェンス・プロダクトに関して次の「四つの基準」を吟味することはもはや意味がないことと考えられる。

（二）基準①：タイムリーであること（Timely）

「優れたインテリジェンス・プロダクト」は、政策決定者がそのインテリジェンスを必要としている時、すなわち政策決定者が判断を行おうとしている時には政策決定者の手元にタイムリーに届けられていなければならない。

分析の精度をより上げることや報告書類の形式をより端正に整えることも確かに重要である。しかし、そうした理由のために提出のタイミングを逸してしまえば、もはやそのインテリジェンス・プロダクトの価値は著しく低下してしまう。すなわち、たとえ多少分析の精度が低くても、あるいは書類の体裁が不格好であっても、政策決定者が判断をしなければならないその時に政策決定者の手元に届けられていなければ、「判断を支援する」というインテリジェンスの役割は果たせない。その意味で、前記のとおり、インテリジェンス部門は、政策部門に対して「一〇〇%の真実の解明」の責任を負うわけではない（※第一章参照）。

（三）基準②：政策決定者の注文どおりに仕立てであること（Tailored）

「優れたインテリジェンス・プロダクト」は、政策決定者が必要性を示した特定・具体の問題に焦点を絞って生産・作成されたものであることが望ましい。服にたとえれば、大量生産品ではなく、オーダーメイドで注文者個人の体型に合わせて仕立て、あつらえたものである。

ただし、このことは、「分析の対象とするトピックや報告の体裁等が政策決定者の意向に基づいて定められている」ことを意味するにすぎない。分析内容の客観性までもが政策決定者の意向におもねって歪曲されることを容認するものではない。

（四）基準③：注文者にとって容易に理解可能であること（Digestible）

「優れたインテリジェンス・プロダクト」は、政策決定者がその要点を可能な限り簡単に理解し得るような体裁（形式、長さ等）に整えられていなければならない。料理の例えで言えば、注文者（顧客）が食べ易いように上手く皿に盛り付けられていなければならない。逆に、せっかくの良い料理であっても、盛り付けが悪ければ顧客に食べて貰えない。

一般的に、インテリジェンス・プロダクト（報告書、ブリーフィング等）の長さは可能な限り短いほうが好まれる。インテリジェンス・プロダクトたる報告書、ブリーフィング等を簡潔かつ明確に生産する能力はインテリジェンス分析担当者にとって極めて重要なスキルである。米国の学術書（Lowenthal, 2022）は、「同じ事柄に関して、五ページの報告書に延々と書くよりも二ページの報告書に要点をまとめて書くほうがより困難なスキルである」旨を指摘している。[2]

（五） 基準④：「判明している事実」と「判明していない事実」、「結論を支持している要素」と「結論を支持していない要素」等が明確に示されていること（Clear regarding the known and the unknown）

優れたインテリジェンス・プロダクトは、分析の対象となっている事項に関して「判明している事実は何か」、「判明していない事実は何か」、「（事実ではなく）分析によって推測されている部分は何か」、「結論を支持している要素は何か」、「結論を支持していない要素は何か」、そして「結論の確度はどの程度か」等の点をインテリジェンスの利用者（政策決定者）に対して正確に伝えるものでなければならない。

例えば、自らの結論を支持する要素だけを連ねる一方で相反する要素には言及していないような分析報告書は、インテリジェンス・プロダクトの最も重要な要素である客観性に疑義を生じさせる可能性がある。換言すれば、前記のような諸点を明示することによって分析の客観性、信頼性及び説得性が担保されると言い得る。

実際にこれらの諸点を詳細に説明するためには、後述のように、分析枠組みの全体像を示すことが効果的である。ただし、限られた紙面の中でそうした説明を尽くすことは困難な場合もある。そうした場合は、予（あらかじ）め定められた基準に基づいて、当該分析の確度の程度を簡潔に明示することもあり得る。

二　分析をめぐる諸問題

(一)「インテリジェンスの政治化」の問題

「インテリジェンスの政治化（Politicization of Intelligence）」とは、学術的には例えば「政治的な理由により、インテリジェンスの内容が意図的に歪曲されること」と定義される[3]（ただし、「インテリジェンスの政治化」に関する法令上の定義は、少なくとも米国を始めとする欧米先進諸国等には存在しない）。こうしたインテリジェンスの歪曲はインテリジェンスの客観性を損なわせることであり、したがって「政策決定者の意思決定や判断を支援する」というインテリジェンスの根本的機能を損なうものである（※詳細は第一章参照）。

(二)分析担当者の直面する課題

インテリジェンス組織においては、素材情報（インフォメーション）の収集を担当する部署と、そうした素材情報に基づく分析を担当する部署は分離されていることが一般的である。その理由として、第一に、収集作業と分析作業のそれぞれにおいて必要とされるスキルは大きく異なっており、必要とされる人材も異なることがある。第二に、より重要な点として、「分析の客観性の確保」という点がある（※次項参照）。

それでもやはり、分析の担当者は時として主観的な過ちに陥ってしまうことがあり得る。

インテリジェンス理論に関する米国の学術書（Lowenthal, 2022）は、主な問題点として次のような点を指摘している。以下の（イ）、（ロ）及び（ハ）はどちらかと言えば個人レベルの課題であるのに対し、（ニ）は組織レベルの課題と考えられる。

（イ）ミラー・イメージング（Mirror Imaging）[4]

ミラー・イメージングとは、「相手方も当方と同じ思考に基づき考え、行動するだろう」という勝手な思い込みのことを言う。実際には、政治体制、社会情勢、歴史・文化的背景、価値観等が異なれば、たとえ同じ状況の下であっても異なった思考、行動がとられることがあり得る。

例えば、一九八〇年代、ソ連（当時）の政治情勢分析に当たり、米国の分析担当者の中には、ソ連指導部の主要幹部をハト派とタカ派に色分けし両派の対立を探るという手法があった。しかし、「ハト派とタカ派の対立」というのは米国政治には存在したものの、当時のソ連にも同様の政治状況が本当に存在したとは証明されていない[5]。

（ロ）クライアンティズム（Clientism）[6]

クライアンティズムとは、分析担当者がある特定の事項の分析に長い期間にわたり没頭し過ぎると、当該事項に対して愛着や同情が湧き、適切な客観性を持ち批判的に接することができにくくなる傾向のことを言う。換言すると、相手方過信症とも言い得る。

例えば、ある国が国際的に非難されるような活動を行った際にも、当該活動の背景等を客観・中立的に分析するのではなく、当該国の立場に立って当該活動の擁護（「言い訳」）をしたり同情や共感を示すような思考に陥ってしまうことがあり得る。

（ハ）レイヤーイング（Layering）[7]

レイヤーイングとは、最初の分析担当者が利用した前提や判断の上に、その後別の分析担当者の判断が無批判に積み重ねられていく状態のことを言う。こうした場合、たとえ最初の分析の前提や判断に誤りがあったとしても、最初に戻ってそれを修正することはその後の分析の集積の全否定につながりかねないことから、必要な修正がなされにくくなる傾向がある。

例えば、イラクの大量破壊兵器問題（二〇〇三年）に際し、米国のインテリジェンス・コミュニティにおいては、大量破壊兵器の存在を示唆する当初の素材情報（インフォメーション）の確度が実際には不確かであったにもかかわらず、当該情報に基づき大量破壊兵器の存在を是とする分析が集積されていってしまったことから、その後の修正は困難になってしまった旨が指摘されている。[8]

（ニ）グループシンク（Groupthink）[9]

分析担当者同士が互いの意見を深く精査することなく安易に賛成してしまうと、必ずしも客観的に正しくない分析内容が特定の分析グループ、特定のインテリジェンス組織、ひいてはインテリジェンス・コミュニティ全体の総意となってしまうことがあり得る。こうした問題はグループシンクと呼ばれる。背景に、分析担当者同士あるいはインテリジェンス組織同士が馴れ合いや付和雷同的な態度をとることがあると考えられる。

例えば、イギリスのインテリジェンス・コミュニティがフォークランド紛争（一九八二年）の事前察知に失敗した背景にはこうしたグループシンクがあった可能性が指摘されている。[10]

こうしたグループシンクと前記のレイヤーイングは類似した問題と考えられる。グループシンクやレイヤーイングを防止するための方策としては「競争的分析（Competitive Analysis）」という手法等があり得る（※次項参照）。

（三）その他の問題

（イ）「麦ともみ殻」問題（The Wheat versus Chaff Problem）[11]

近年、科学技術等の進歩により、インテリジェンス組織が収集し得るインフォメーション（素材情報）の量は、以前に比較して大幅に増加している。前記のとおり、こうした傾向はオシントやシギントにおいて特に顕著である（※第四章参照）。

こうしたことから、インテリジェンス組織の分析担当者は、「大量のインフォメーション

（素材情報）の中から真に有意義なものを選別する作業」、すなわち「大量のもみ殻の中から丁寧に麦を選別するような作業」に多くの労力を割く必要が高くなっている（「信号と雑音」問題〔Noise versus Signals Problem〕とも言われる）。インテリジェンス・コミュニティの人的資源が限られている中で、こうした選別作業をいかにして効率的に行うかは重要な課題の一つと言い得る（ＡＩの活用は、こうした状況に対する一定の打開策となる可能性もある）。

なお、こうした問題の背景には、インフォメーション（素材情報）の収集の段階において、収集担当部門が見境なく何でも収集してしまう傾向（いわゆる「掃除機問題〔Vacuum Cleaner Problem〕」）[12]や、全てのインテリジェンス組織が自己の特性に適合しているか否かにかかわりなく、流行の事項に関するインテリジェンス活動に走りがちである傾向（いわゆる「子どものサッカー問題〔Collection Swarm Ball Problem〕」）[13]などが関係しているとも考えられる。

「子どものサッカー問題」の背景には、各インテリジェンス組織（及び組織内の各部門、各担当者）としては、予算要求等において政治や世論の支援を得るべく（実質的に意義のある貢献をインテリジェンス・コミュニティ全体に対して行っているか否かにかかわりなく）「自分は重要案件（目先の流行の案件）に率先して勤しんでいる」旨を政治家や世論に対してアピールしたいという意図が関係している可能性がある。こうした状況を避けるためには、コミュニティ内の各組織（及び各組織内の各部門、各担当者）の任務分担を明確化するとともに、各組織（各部門、各担当者）がそれぞれの担当分野に注力できるような状況を醸成することが肝要と考えられる。すなわち、各組織（各部門、各担当者）は、自己の担当任務をしっかりと遂行している限り、たとえ目先の流行の案件に直接関与していなくても、十分な評価を受けられるような評価制度の構築が肝要と考えられる。

(ロ) 競争的分析（ニード・トゥ・ノウとニード・トゥ・シェアのバランス）[14]

競争的分析（Competitive Analysis）とは、前記のグループシンクやレイヤーイングを防止するための手法の一つである。すなわち、複数の分析チーム（あるいは複数のインテリジェンス組織）が相互に独立して同じ事象に対する分析・評価を試み、その結果を競わせることによってより分析の客観性が担保され得られるという考え方である。

例えば米国のインテリジェンス・コミュニティでは、実際に、CIA、国防情報局（DIA）、国務省情報調査局（INR）等の異なったインテリジェンス組織が同じ事象に対する分析、評価を行うことが日常的にあり得る。また、一九七〇年代後半、CIAでは実際に、ソ連分析を担当する複数のチームを設けて分析内容を競わせたことがある。

加えて、こうした競争的分析の考え方は、「秘匿性の保持」の考え方、特に、ニード・トゥ・ノウ（Need to Know）の実務慣行にもつながる考え方である。

しかし同時に、競争的分析には次のような問題点も指摘されている。

第一に、インテリジェンス・コミュニティの資源（分析担当者の人材等）が限られている状況の下、複数のチームや組織が同じ対象の分析・評価を重複的に行うことに対しては、資源の無駄遣いとの指摘もあり得る。

第二に、競争的分析の安易な多用は、前記の「インテリジェンスの政治化」を誘発する可能性もあると考えられる。すなわち、政策決定者が、自分の政策を支持するような内容の分析結果をインテリジェンス・コミュニティから得られなかった場合、競争的分析の実施を口実として、インテリジェンス・コミュニティに対して別のチームによる分析のやり直しを強い続ける可能性がある。

第三に、競争的分析の考え方は、異なったインテリジェンス組織同士（あるいは同じ組織の中の異なった部署同士）の縦割りやストーブ・パイプ（Stove-pipes）現象[15]の肯定につながり易いものである。他方、米国のインテリジェンス・コミュニティでは、二〇〇一年の九・一一テロ事件以降、従来からの縦割りやストーブ・パイプ現象を是正し、むしろ、インテリジェンス共有の促進（ニード・トゥ・シェア）やオール・ソース・インテリジェンスの重要性がより強調されている。こうしたことから、今後、競争的分析（ニード・トゥ・ノウになじむ）の考え方とインテリジェンス共有の促進（ニード・トゥ・シェアになじむ）とのバランスをどのようにして上手く取っていくかが課題となり得る。

ちなみに、分析の段階における「競争的分析とインテリジェンス共有のバランス」の問題は、収集の段階における「秘匿性の保持とインテリジェンス共有のバランス」の問題（※第四章参照）とパラレルの関係にあると考えられる。

なお、二〇一〇年に発生したウィキリークス（WikiLeaks）による米国国務省公電資料の漏えい事件は、ニード・トゥ・シェアに基づくインテリジェンス共有の持つ危険性を改めて浮き彫りにした（同事件では、在イラクの米国人兵士が国防省のネットワークから、国務省の公電資料を入手して漏えいさせた）。[16] 二〇一三年に発覚したスノーデン（Edward Snowden）による漏えい事案においても同様の課題が指摘し得る。このように、ニード・トゥ・ノウとニード・トゥ・シェアのバランスの問題は簡単には正解の出にくい困難な問題である。

（八）分析部門と収集・秘密工作活動部門の適切な関係

一般に、インテリジェンス組織の中でも、素材情報（インフォメーション）の収集や秘密工作活動を担当する部門と分析担当部門は明確に分離されるべきとされている。その理由の第一は、「機微な情報源の秘匿性の保持」の必要性である（ニード・トゥ・ノウ）。

理由の第二は、「分析の客観性の維持」の必要性である。すなわち、分析担当者が分析の対象たる素材情報（インフォメーション）の収集活動や秘密工作活動に自ら関与していると、分析の客観性を保ちにくいと考えられる。換言すると、自分自身が収集した素材情報や自分が関与している工作活動には自然と愛着が湧き、これを支持するような分析をしてしまいがちであると考えられる。

したがって、通常、分析担当者に提供される素材情報には当該素材情報の情報源の詳細は記されない。多くの場合、情報収集部門による当該情報源のこれまでの信頼性の評価等が記されているのみである。

しかし、こうしたやり方では、分析担当者は素材情報の情報源の信頼性を自ら吟味することはできず、情報収集部門による当該情報源の信頼性の評価を信頼するしかない。仮に情報収集部門による情報源の信頼性の評価が誤っていたとしても、それを分析部門において修正することは非常に困難となる。例えば、イラクの大量破壊兵器問題においては、こうした手法の問題点が露呈されることになった。すなわち、ドイツ及び米国のインテリジェンス組織はある情報提供者（コードネーム「カーブボール」）から「イラクで大量破壊兵器の開発の様子を目撃した」旨の素材情報を入手したが、分析部門は当該情報提供者（「カーブボール」）の信頼性を吟味することは許されなかった。結果的に「カーブボール」のもたらした情報は誤りであったが、分析部門においてはその誤った素材情報の上にその後の分析が蓄積・構築されていくこととなってしまった[17]（前記のいわゆるレイヤーイング現象）。

このように、分析部門と収集・秘密工作活動部門の適切な関係の在り方は簡単には正解の出にくい困難な問題である。

三　分析のプロセス

分析の具体的な手法の詳細について論じることは必ずしも本書の目的とするところではな

い。しかし、参考までに、以下では分析プロセスの一例を紹介し、留意すべき論点等に関して概観する。

分析のプロセス、特に中・長期の情勢評価や見通し等に関する分析報告書等を作成するプロセスは一般に、①分析すべき課題（リサーチ・クエッション）の設定、②「分析枠組み」の全体像の設定、③個別の素材情報（インフォメーション）の分析・評価、④結論の明示、の四段階に分かれる。

（一）分析すべき課題（リサーチ・クエッション）の設定

分析のプロセスの第一段階は、分析すべき課題（リサーチ・クエッション）の設定である。

前記のとおり、優れたインテリジェンス・プロダクトの基準の一つとして、「注文者にとって容易に理解可能であること」が重要である。こうした基準を満たすためには、分析報告書等の論旨が簡潔明快であること、特に、「要するに何が言いたいのか」が明確に示されていることが重要である。

具体的には、分析報告書の冒頭において、当該報告書の目的、すなわち「どのような課題に分析を加えようとしているのか」（リサーチ・クエッション）を明示することが効果的である。例えば、「本報告書は、来年実施予定のG8サミットに対してイスラム過激派によるテロ攻撃が実行される可能性に関して脅威評価を行うことを目的とする」、「本報告書は、今後三年以内にA国とB国の間に軍事紛争が発生する可能性について分析することを目的とする」、「本報告書の目的は、来月実施予定のA国大統領選挙の見通し及びその結果がA国と我が国の二国間関係に与える影響に関して分析を行うことである」などの問題設定があり得る。

こうしたリサーチ・クエッションが明示されていない分析報告書は往々にして、散漫で焦点の定まらない内容になってしまう（すなわち「要するに何が言いたいのか」が読み手にとって分かりにくいものになってしまう）可能性がある。また、リサーチ・クエッションは、付与されたリクワイアメントを踏まえ、可能な限り具体的なものとなっているほうが報告書の読み手（すなわちインテリジェンスのカスタマーである政策決定者）としてもその趣旨を理解し易い。

（二）「分析枠組み」の全体像の設定

（イ）総論

分析のプロセスの第二段階は、分析枠組みの全体像の設定である。

分析枠組みとは、ある事項に関する総合的な評価・分析を行うに当たり、「どのような要素を考慮に入れて、どのような論理的思考に基づいて評価・分析を行うか」という指針のことを言う。分析枠組みの全体像の設定とは、具体的には、設定されたリサーチ・クエッショ

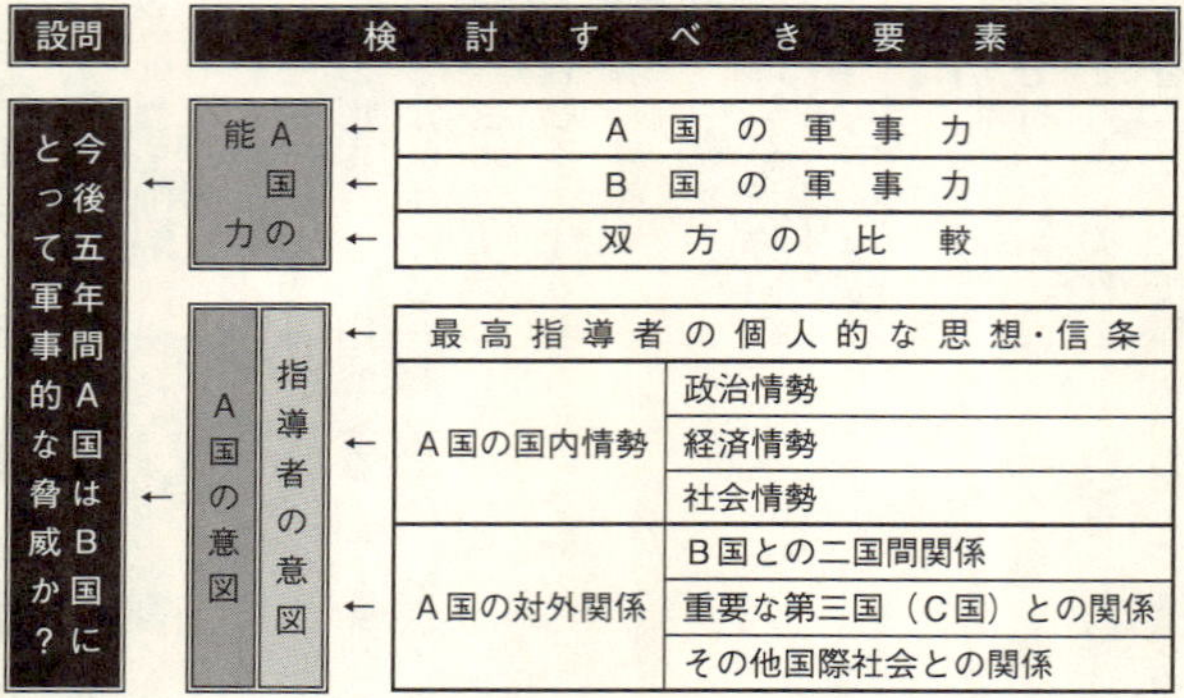

図表５－１　「分析枠組み」の例（出典：筆者作成）

ンの分析に当たり考慮するべき要素を可能な限り全て抽出し、それぞれの要素の相互の関係を整理することと言い得る（※【図表5－1】参照）。

前記のとおり、優れたインテリジェンス・プロダクトの基準の一つとして、分析の対象となっている事項に関して「判明している事実と判明していない事実」、「結論を支持している要素と支持していない要素」等が客観的に明示されていることが重要である。実際にこうした作業を行うためには、まずこうした分析枠組みの全体像を示した上で、当該枠組みの中で前記のような諸点を位置付けることが効果的である。その意味で、分析枠組みの全体像を設定することは、当該分析プロセス全体の客観性、信頼性及び説得性（さらにはその前提となる論理性）を担保するために必要なステップであるとも言い得る。

例えば、「今後の五年間、A国はB国にとって軍事的な脅威か（A国がB国に対して軍事的攻撃を仕掛ける可能性は高いか否か）」という設問に関する評価・分析を行うとする。「A国は最近軍事力を大幅に増強している」、「先日A国軍の将軍某（なにがし）が過激な発言を行った」という素材情報があったとして、直ちに「A国はB国にとって軍事的脅威である」と結論付けられるのだろうか。報告書等の読者としては、「これだけで直ちに結論を出すのは早計に過ぎないか」、「もっとほかにも考慮に入れるべき要素があるのではないか」、「逆の結論を支持する要素はないのか」等の疑問を持ち、これらの点への言及のない分析に対しては強い説得力を感じられない場合もあり得る。

それでは、実際に分析枠組みの全体像の設定を行うに当たっては、具体的にどのような要素を抽出すれば良いのであろうか。答えは個々具体の分析対象ごとに様々であり一概には言えないが、以下では一例として「能力と意図」、「国内情勢と対外関係」という視点を紹介する。

（ロ）能力と意図

一般に、「ある対象が脅威であるか否か」を評価・分析する際には、「能力と意図」の両面からアプローチすることが有用である。

前記の事例に則して言うと、第一に、「A国はB国に対して軍事的攻撃を仕掛けられるだけの能力を今後五年間に持つに至るか否か」を評価・分析する必要がある。これはさらに、「A国は今後五年間にどのような兵器を所有する計画であるか」という問題と、「A国の軍事力はB国の軍事力との比較においてどのように評価し得るか」という問題に分けて考える必要がある。すなわち「A国の軍事力そのものの絶対的評価」と「それをB国と比較した場合の相対的評価」である。いずれにせよ、これは純粋な軍事力の評価・分析である。

続いて第二に、「仮にA国がB国を攻撃するのに十分な軍事力を持つに至る場合、A国は本当にB国を攻撃する意図を持つか否か」を評価・分析する必要がある。例えば、イギリスは核保有国の一つである軍事大国であるが、米国から見ると必ずしも軍事的脅威とはみなされない。なぜなら、イギリスには米国に対して軍事的攻撃を加える意図はほとんどないと評価し得るからである。当該事例の場合、例に「B国に対して軍事攻撃を行うか否か」の最終判断はA国の最高指導者（大統領、首相等）の意図にかかっているのだとすれば、本件に関する当該最高指導者の意図を評価・分析する必要があろう。例えば、A国大統領の演説、発言内容等を把握し評価・分析することが有用となる場合があり得る。

（ハ）国内情勢と対外関係

「意図」の問題をさらに詳細に検討すると、A国大統領の意図に影響を与える要素は実際には多岐にわたっている場合があり得る。

第一に、最高指導者（A国大統領）の個人的な思想・信条は重要な要素であると考えられる。

第二に、それに加えて、A国国内の諸情勢（政治、社会、経済情勢等）もA国大統領の思考に影響を与える要素であり得る。例えば、仮にA国大統領の当面の最大の関心事は「自己の国内的な権力の安定化」であると考えられる場合、A国経済が悪化し国内における現政権に対する批判が高まるような状況であれば、A国大統領は国内的な支持を上昇させるために対外的にも強硬な政策を採ろうと考える可能性がある。逆に、経済状態も良く国内の支持が安定していれば、対外的にそこまでのリスクを取ろうとは考えない可能性がある。

第三に、A国の対外関係をめぐる諸情勢もA国大統領の思考に影響を与える要素であり得る。まず、当該問題の相手国であるB国との二国間関係の悪化がA国の国内情勢、ひいてはA国大統領の権力の安定化にどのような影響を与え得るのか、という点もA国大統領の思考を評価・分析する上で重要な要素となる可能性がある。また仮に、第三国（C国）がA国の政治、社会、経済、外交等に強い影響力を有しているような場合、C国の意向がA国大統領の思考に影響を与える要素である場合もあり得る。

これらの諸要素を整理し、鳥瞰(ちょうかん)したものが【図表5－1】である。こうした分析枠組みが明示された上で、「当該枠組みの中で、『判明している事実』と『判明していない事実』はそれぞれどの点か、『結論を支持している要素』と『結論を支持していない要素』はそれぞれどの点か」などが明示されることによって、当該分析の客観性、信頼性及び説得性が高まると考えられる。

なお、分析を行うに当たり実際にどのような分析枠組みが妥当であるかは、個別・具体の分析対象によって様々であり一様ではない。さらに、整理した分析枠組みの中での各要素の関係、特に「どの要素をほかの要素よりも重要視するか」等の点も、個別・具体の事例ごとに異なる。

各分析対象に応じて的確かつ説得力のある分析枠組みを設定し得るか否かは、分析担当者にとって重要な能力の一つと考えられる。

(三) 個別の素材情報の分析・評価

分析のプロセスの第三段階は、構築された分析枠組みに基づいて個別の素材情報の評価・分析を行うことである。

こうした手法には様々なものがあるが、以下では、特に留意すべき点として、「比較による相対化」、「クロス・チェック」、「情報源の信頼性の評価」について概観する。

(イ) 比較による相対化――「縦の比較」と「横の比較」

ある素材情報は、それだけでは評価が困難であるが、ほかの素材情報と比較することによって相対的な評価が可能になる場合がある。特に、数値的な情報（例えば、経済指標、世論調査結果、その他の統計数値等）の評価・分析に当たってはこうした相対的な比較が有用である。比較の方法には、「他者との比較（横の比較）」と「時系列的な比較（縦の比較）」の二種類があり得る。

◎他者との比較（横の比較）

例えば、「A国国民のB国に対する感情が良いか悪いか」について分析・評価する必要があると仮定する。

仮に、最近のA国における世論調査では、「B国に対して悪い感情を持っている」との反応が回答者の三五%だったとする。しかし、この「三五%」という数字だけでは、果たして「A国国民のB国に対する感情が良いか悪いか」について評価を行うことは容易ではない。

ここで、同じ世論調査において、「C国、D国、E国、F国に対して悪い感情を持つA国国民の割合はそれぞれ一八%、二二%、二八%、一五%である」との結果が出ていたとする。これらの数値と前記の三五%とを比較すると、「A国国民のB国に対する感情は、他国（C国、D国、E国、F国）に対する感情に比較すると相対的に悪い」との評価が可能になる。

一方、同じ世論調査においてさらに、「C国、D国、E国、F国においてB国に対して悪い感情を持つ国民の割合はそれぞれ五五%、四八%、三九%、五二%である」との結果が出ていたとする。これらの数値と前記の三五%とを比較すると、「A国国民のB国に対する感情は、他国（C国、D国、E国、F国）におけるB国に対する感情に比較すると相対的に良い」との評価が可能になる。

なお、こうした比較を行う際には、それぞれの要素（例えば、複数の国同士）が相互に比較の対象として適切か否かの点にも留意する必要がある。

◎時系列的な比較（縦の比較）

時系列的な比較（縦の比較）とは、トレンド（時系列的傾向）の分析とも言い得る。

例えば、前記の「A国国民のB国に対する感情」を考える際、仮に、一〇年前は「B国に対して悪い感情を持っている」との反応が回答者の五五％であり、年々これが低下しているとする。こうした場合、仮に現段階における他者との比較（横の比較）では「A国国民のB国に対する感情は相対的に悪い」との評価であるとしても、時系列的なトレンドとしては「良い方向に向かっている」と評価・分析し得る可能性がある。

逆に、例えば一〇年前は「B国に対して悪い感情を持っている」との反応が回答者の二〇％にすぎず、年々これが上昇しているとする。こうした場合、仮に現段階における他者との比較（横の比較）では「A国国民のB国に対する感情は相対的に良い」との評価であるとしても、時系列的なトレンドとしては「悪い方向に向かっている」と評価・分析し得る可能性がある。

なお、こうした時系列的な比較を行う場合、一般的に、時系列的な長さは可能な限り長いほうが良い。例えば、一年前と現在の比較だけでは、その変化が長期的なトレンドを示すものなのかあるいは短期的な誤差にすぎないものなのか、評価がしにくいからである。

（ロ）クロス・チェック（Cross Check）

ある情報源から何らかの素材情報がもたらされた場合、直ちに当該素材情報を信用するのではなく、ほかの情報源から得られた素材情報に基づいて裏付けを取ることをクロス・チェックと言う。

例えば、A国がB国政府内に複数の人的情報源（情報提供者）を有している場合、B国の軍事動向に関して、情報源①、情報源②、情報源③が別々にいずれもほぼ同じ内容の素材情報をもたらしてきたとすれば、当該素材情報の信頼性は相当高いと判断し得る。逆に、情報源①からもたらされた素材情報がほかの情報源②③によっては裏付けられない場合には、当該素材情報の信頼性の判断はより慎重に行う必要がある。

こうしたクロス・チェックにおいて留意するべきこととして、いわゆる反響効果（Echo effect）がある。すなわち、ある一つの情報源によってもたらされた素材情報がほかの情報源においても引用を繰り返されるうちに、あたかも複数の情報源によって裏付けされた確度の高い素材情報であるかのように誤解されてしまう現象が起こり得る。前記のとおり、特にオシントにおいては、報道機関等によるほかの報道記事の引用等が頻繁に行われることから、こうした反響効果の見極めに対してより慎重になる必要がある[18]（※第四章参照）。ヒューミントにおいても、異なった人的情報源（情報提供者）が互いに知り合いであるような場合には、やはり同様の反響効果の危険性があり得る。

こうした反響効果の影響を避けるためには、異なった収集手法に基づいたクロス・チェックを行うことが効果的である。例えば、軍事攻撃による被害の状況に関するインテリジェンスが必要な場合、現地の住民への聞き取りに基づくヒューミントと画像情報に基づくイミントを組み合わせたクロス・チェックを行うことが考えられる。

なお、「クロス・チェックをどの程度入念に行う必要があるのか」、「クロス・チェックの結果として情報源ごとに相矛盾する素材情報がもたらされた場合にはどうするか」、などの点については、各情報源の信頼性に基づき個別・具体的に判断されるべきと考えられる。

（ハ）情報源の信頼性の評価

インフォメーション（素材情報）の分析に当たっては、予め各情報源の信頼性の評価を定めておくことが有用である。その上で、信頼性が必ずしも高くないと評価されている情報源からもたらされた素材情報については、その利用には慎重を期す必要がある。例えば、ほかの情報源から入手された素材情報とのクロス・チェックをより入念に行うなどの必要があると考えられる。

各情報源の信頼性の評価は、過去にそれぞれの情報源からもたらされた素材情報の正確性の検証を継続して行うことにより可能となる。特に、ヒューミントやオシントではそうした「検証と評価」を行うことの重要性は高いと言い得る。

ヒューミントの場合、例えばA国インテリジェンス組織がB国政府の中に複数の人的情報源（＝情報提供者）を有していると仮定する。この場合、それぞれの情報提供者がこれまでにもたらした素材情報の正確性を事後的に検証し続けると、各情報提供者の信頼性や得意・

不得意分野がある程度判明してくる。すなわち、「情報源①のもたらす政治情報は信頼性が比較的高いが、経済情報と軍事情報は必ずしも信頼性は高くない」、「情報源②のもたらす軍事情報は信頼性が比較的高いが、政治情報と経済情報は必ずしも信頼性は高くない」といった評価が可能になる。こうすることによって、各情報源から新たな素材情報がもたらされた場合、過去の実績評価に基づき、素材情報の信頼性の評価を行うことがある程度可能になる。例えば、「B国の軍事動向に関し、昨日、情報源①から○○という情報がもたらされた。しかし、従前より情報源①がもたらす軍事情報の正確性は必ずしも高くないことから、本当に○○のような状況が発生しているか否かを判断するには、別の情報源からの情報等に基づいてさらに慎重に検証する必要がある」、「B国の軍事動向に関し、昨日、情報源②から××という情報がもたらされた。更なる検証が必要であるものの、従前より情報源②がもたらす軍事情報の信頼性は比較的高いことから、実際に××の事態が発生している可能性は高いと考えられる」などの評価が可能になる。

オシントに関しても、例えば、特定の報道機関（あるいは特定の記者個人）の報道内容を継続的に検証することによって、同様の評価を行うことが可能である。

(四) 結論の明示

分析のプロセスの第四段階は、「簡潔明瞭な結論の明示」である。

前記のとおり、優れたインテリジェンス・プロダクトの基準の一つとして、「注文者にとって容易に理解可能であること」が重要である。こうした基準を満たすためには、分析報告書等の論旨が簡潔明快であること、特に、「要するに何が言いたいのか」が明確に示されていることが重要である。

具体的には、冒頭に設定した課題（リサーチ・クエッション）に対応した結論が簡潔明瞭に明示されていることが必要である。冒頭のリサーチ・クエッションと末尾の結論が論理的に嚙み合っていないような場合は、分析報告書全体の信頼性に疑問符が付されかねない。

なお、「注文者にとって容易に理解可能であること」という基準を満たすためにはさらに、報告書の冒頭に一頁程度の要旨（Executive Summary）を付すこと、報告書全体の体裁等にも留意すること、などの工夫も有用と考えられる。

注

（1）Lowenthal, M. M. (2022). *Intelligence: From Secrets to Policy* (9th ed.). CQ Press, an imprint of SAGE, pp.208-210.
（2）Lowenthal. *Intelligence: From Secrets to Policy*, p.210.
（3）Rovner, J. (2011). *Fixing the Facts: National Security and the Politics of Intelligence* (1st ed.). Cornell University Press, p.29.
（4）Lowenthal. *Intelligence: From Secrets to Policy*, p.176.
（5）Lowenthal. *Intelligence: From Secrets to Policy*, p.176.
（6）Lowenthal. *Intelligence: From Secrets to Policy*, pp.176-177.

（7）Lowenthal. *Intelligence: From Secrets to Policy*, pp.176-177.
（8）ドローギン，ボブ．田村源二（訳）（二〇〇八）『カーブボール――スパイと、嘘と、戦争を起こしたペテン師』、産経新聞出版。
（9）Lowenthal. *Intelligence: From Secrets to Policy*, pp.176-181.
（10）Davies, P. H. J. (2004). Intelligence culture and intelligence failure in Britain and the United States. *Cambridge Review of International Affairs*, 17(3), p.504.
（11）Lowenthal. *Intelligence: From Secrets to Policy*, p.170.
（12）Lowenthal. *Intelligence: From Secrets to Policy*, p.94.
（13）Lowenthal. *Intelligence: From Secrets to Policy*, p.97.
（14）Lowenthal. *Intelligence: From Secrets to Policy*, pp.182-185.
（15）Lowenthal. *Intelligence: From Secrets to Policy*, pp.100-101.
（16）Best Jr., R. A. (2011). *Intelligence Information: Need-to-Know vs. Need-to-Share* (CRS Report: R41848). Congressional Research Service. pp.10-11.
（17）ドローギン『カーブボール――スパイと、嘘と、戦争を起こしたペテン師』。
（18）Lowenthal. *Intelligence: From Secrets to Policy*, p.149.

第六章　その他のインテリジェンス機能

本書では、インテリジェンスを「政策決定者が国家安全保障上の問題に関して判断を行うために政策決定者に提供される、情報から分析・加工された知識のプロダクト（あるいはそうしたプロダクトを生産するプロセス）である」と定義している（※第一章参照）。そして、こうしたインテリジェンス・プロダクトは、いわゆるインテリジェンス・プロセスの中から生産されるものである（※第二章参照）。

他方、こうしたインテリジェンスの機能とは一見無関係に見えるものの、実務的にはインテリジェンス機能と密接に関連していると考えられるものとして、カウンターインテリジェンス（Counterintelligence）と秘密工作活動（Covert Action）がある。本章では、これらの機能について順次概観する。

一　カウンターインテリジェンス

(一)　カウンターインテリジェンスの定義と位置付け

カウンターインテリジェンスには様々な定義がある。本章においては、「国外からのインテリジェンス活動による自国に対する脅威を把握し、対抗措置を採ること」を指すものとする。当該定義は、かつて米国の国家カウンターインテリジェンス室（ＮＣＩＸ:National Counterintelligence Executive）の公式ホームページに掲載されていたものである（同室は、現在は国家カウンターインテリジェンス・保安センター〔ＮＣＳＣ:National Counterintelligence and Security Center〕に改組されている）。米国の行政命令（Executive Order）第一二三三三号には、別の定義が示されている。ここで言う「国外からのインテリジェンス活動」とは主に「外国のインテリジェンス組織の活動」を指す。しかし、それのみならず、国際テロ組織のような非国家的主体によるインテリジェンス活動も含まれると解される。また、対処すべきインテリジェンス活動は、国外勢力による情報収集活動のみならず、秘密工作活動（※本章二参照）（例えば、影響力活動）も含むと考えられる。

　では、なぜカウンターインテリジェンスはインテリジェンス機能の一部に含まれると考えられるのであろうか。

　第一に、カウンターインテリジェンス活動を通じて収集された外国のインテリジェンス組織等の動向に関する情報は、しばしば我が方の政策決定者が国家安全保障上の判断を行うに当たり重要な意義を持つものとなり得る。なぜなら、外国インテリジェンス組織の動向は、公にはされていない当該国の真の意図を知る上で有用な場合がある。また、そうした活動が違法行為として摘発されるなどして公にされた場合には、当該国との外交関係や我が方の国内政治に大きな影響を及ぼす可能性もある。

第二に、特に外国のインテリジェンス組織による情報収集活動の対象が我が方のインテリジェンス組織である場合、これを阻止することは、我が方のインテリジェンス組織の活動の円滑な遂行のために重要である。なぜなら、我が方のインテリジェンス組織の活動や能力等の詳細が相手国に知られた場合、相手方に的確な防衛措置を採られてしまい、我が方のインテリジェンス活動に多大な支障を来す可能性が高くなる。例えば、我が方の画像情報収集衛星の能力や軌道に関する情報が相手国に漏えいした場合、我が方の画像情報収集衛星の通過時間帯には相手方は活動を控えてしまう可能性がある。また、我が方のインテリジェンス組織が相手国内に設置している人的情報源（情報提供者）の人定等に関する具体的な情報が相手国に漏えいした場合、そうした人的情報源が相手方によって駆逐されてしまう可能性がある。一九九四年に旧ソ連・ロシアのスパイとして摘発された中央情報局（ＣＩＡ）職員のエイムズ（Aldrich Hazen Ames）は、ＣＩＡがソ連内に有していた人的情報源のリストをソ連側に漏えいしていた。この結果、ＣＩＡがソ連内に有していた人的情報源の多くがソ連当局に逮捕・処刑されたとみられる[1]。

第三に、我が方のカウンターインテリジェンス機能に問題があるとみられる場合、同盟国、友好国等のインテリジェンス組織が我が方とのインテリジェンス協力に消極的となり、双方の協力関係に支障を来す可能性がある。

以上の点を踏まえると、カウンターインテリジェンスは、インテリジェンス・プロセスの中の独立した一段階ではないものの、インテリジェンス・プロセスと深く結び付いたものであり、よってインテリジェンス機能の一部であると考えられる。

(二) カウンターインテリジェンスの対象

カウンターインテリジェンスの対象としては主にどのような相手が考えられるのだろうか。以下では、代表的な論点を三点紹介する。

(イ) 東西冷戦終了とカウンターインテリジェンス

東西冷戦終了後、「ロシアを始めとする旧東側諸国に対するカウンターインテリジェンスの必要性は低下している」との主張も一部にはみられた。しかし、一九九四年に米国で摘発されたエイムズ事件や二〇〇一年に同じく米国で摘発されたハンセン事件を通じ、東西冷戦終了後も引き続きロシアによる米国に対するインテリジェンス活動が活発であることが明らかになった。日本においても同様に、東西冷戦終了後も引き続きロシア等のインテリジェンス組織による活動は活発に行われているとみられる。例えば、二〇〇八年にはロシアのインテリジェンス組織員とみられる日本駐在のロシアの外交官が内閣情報調査室職員から情報を収集していた事件が摘発された[2]。

前記のとおり、およそ国家(あるいは国家にたとえられるような政治体)が存在する限りインテリジェンスが存在すると考えられる(※第一章参照)。それと同様に、カウンターインテリジェンスも、およそ国家(あるいは国家にたとえられるような政治体)が存在する限り必要であると考えられる。前記のような、「カウンターインテリジェンス機能は東西冷戦時代に特有のものであった」との考え方は、現在はほとんど見られなくなっている。

なお、二〇二四年八月に米国の国家情報長官室（ＯＤＮＩ）傘下の国家カウンターインテリジェンス・保安センターが発表した「国家カウンターインテリジェンス戦略 二〇二四年版（The National Counterintelligence Strategy 2024）」は、米国にとっての目下のカウンターインテリジェンス上の主たる脅威としてロシア、中国、イラン及び北朝鮮を指摘している[3]。

（ロ）軍事同盟国や友好国の活動に対するカウンターインテリジェンス

軍事同盟国や友好国はカウンターインテリジェンスの対象とはならないのであろうか。

実際、これまでに米国で摘発されたカウンターインテリジェンス関連の事件の中には、台湾、フィリピン、イスラエル等米国にとっての同盟国や友好国等に関係する事例もみられる（Donald W. Keyser の事案〔二〇〇四年摘発〕、Leandro Aragoncillo の事案〔二〇〇五年摘発〕、Lawrence A. Franklin の事案〔二〇〇六年摘発〕）。さらに、二〇一三年のスノーデンによるリーク事案を受けて、米国が自身の同盟国の首脳等に対する情報収集活動を行っている旨が報じられた（※第三章参照）。これらの事例は、同盟国や友好国等の間でもインテリジェンス活動やカウンターインテリジェンス活動が活発に行われている状況を示している。

前記のとおり、軍事同盟国や友好国の動向であっても、それらが自国の国家安全保障に影響を及ぼし得る限り、インテリジェンス活動の対象となり得る（※第一章参照）。そうである以上、自国にとっての軍事同盟国や友好国であっても、カウンターインテリジェンスの対象となり得ると考えられる。ただし、「どの国の脅威がより高いか」という脅威評価上の優先順位付けの問題として、こうした軍事同盟国や友好国に関する脅威評価が相対的に低くなることはあり得る。

（八）非国家的主体の活動に対するカウンターインテリジェンス

前記のとおり、カウンターインテリジェンスとは、主に「外国」のインテリジェンス組織の活動による脅威への対策である。しかし、そうした脅威は必ずしも国家主体の組織だけによってもたらされるわけではない。こうした活動は、国際的なテロ組織（ヒズボラ等）、国際犯罪組織、海外のハッカー集団等の非国家的主体によって実行される場合もあり得る。したがって、こうした非国家的主体による活動への対抗措置を採ることもカウンターインテリジェンスの機能に含まれると考えられる(4)。

(三) カウンターインテリジェンスの担当組織

(イ) 米国

米国のインテリジェンス・コミュニティにおいては、国家情報長官室の傘下に国家カウンターインテリジェンス・保安センターが設置されている。同センターは、米国政府全体にまたがるカウンターインテリジェンスに関連する諸施策の立案、調整等を担っている。例えば、前記のとおり、同センターは、米国政府全体のカウンターインテリジェンスの基本政策文書である「国家カウンターインテリジェンス戦略」の作成を担っている。[5] ただし、同センターは個別具体の事案への対処（捜査等）を担うものではない。

カウンターインテリジェンス関連の個別具体的な事案への対処に関しては、連邦捜査局（ＦＢＩ）がコミュニティ全体の取りまとめ組織（リードエージェンシー）の役割を果たしている。例えば、政府内各組織の長は、自組織内において外国勢力に対する不適切な秘密情報漏えいの徴候を認知した場合には速やかにＦＢＩに連絡する義務が法律上定められている。[6] なお、イギリス、フランス、ドイツ、オーストラリア等においては、法執行組織とは別に、国内インテリジェンスの専従組織が設置されている。

(ロ) 日本

◎担当組織

日本のインテリジェンス・コミュニティにおいては、内閣官房の内閣情報調査室にカウンターインテリジェンス・センターが設置されている。同センターは、内閣情報官を長とし、日本政府全体のカウンターインテリジェンス機能の強化に関する基本方針の施行に関する連絡調整等の業務を担っている（設置根拠：二〇〇八〔平成二〇〕年三月四日付内閣総理大臣決定）[7]。ただし、同センターは個別具体の事案への対処（捜査等）を担うものではない。

個別具体的な事案への対処に関しては、主に警察が捜査を担っている。公安調査庁も、権限の範囲内で関連の情報収集を行っている。日本の場合は、米国のようなリードエージェンシーに関する定めはない。

◎日本におけるカウンターインテリジェンス関連の諸制度の整備の経緯

日本においては、一九九〇年代末以降、インテリジェンス機能の強化に関する各種議論が活発化し、政府においても二〇〇八年から本格的な議論が開始された（※第三章参照）。こうした一連のインテリジェンス機能強化の議論の一環として、カウンターインテリジェンス機能に関しても、二〇〇六（平成一八）年一二月、内閣官房長官を議長とする「カウンターインテリジェンス推進会議」が内閣に設置され、政府におけるカウンターインテリジェンス機能の強化に向けた検討が開始された（設置根拠：二〇〇六〔平成一八〕年一二月二五日付内閣総理大臣決定）。

同会議は、二〇〇七（平成一九）年八月九日、「カウンターインテリジェンス機能の強化に関する基本方針」を決定した。同方針は、カウンターインテリジェンス推進のための各種の政府の統一基準（例えば、秘密取扱者適格性確認制度〔適性評価制度、いわゆるセキュリティ・クリアランス制度に該当〕）の導入や、政府全体のカウンターインテリジェンス業務を取りまとめるセンターの設置を定めた。同方針の内容を受けて、前記のとおり、二〇〇八年四月には内閣情報調査室にカウンターインテリジェンス・センターが設置された。カウンターインテリジェンスに関連する各種の政府統一基準の導入についても、二〇〇八年から二〇〇九年にかけて順次実行された（※【図表6－1】参照）。

続いて、二〇〇八（平成二〇）年四月、内閣官房副長官（事務）を議長とする「秘密保全法制の在り方に関する検討チーム」が内閣に設置され、秘密保全に関する日本及び諸外国の実情を踏まえ、我が国に真にふさわしい秘密保全法制の在り方についての検討が開始された（設置根拠：二〇〇八〔平成二〇〕年四月二日付内閣官房長官決裁）。さらに、二〇一〇（平成二二）年一二月には、内閣官房長官を委員長とする「政府における情報保全に関する検討委員会」が設置され、「秘密保全に関する法制の在り方及び特に機密性の高い情報を取り扱う政府組織の情報保全システムにおいて必要と考えられる措置」についての検討が開始された（設置根拠：二〇一〇〔平成二二〕年一二月七日付内閣総理大臣決裁。なお、当該検討委員会の設置にともない検討チームは廃止された）。同委員会は、傘下の有識者会議の報告書等を踏まえ、二〇一一（平成二三）年一〇月七日、「秘密保全に関する法制の整備について」を決定した。

こうした流れを受けて、二〇一三（平成二五）年一二月六日、第一八五回国会において、特定秘密の保護に関する法律（平成二五年一二月一三日法律第一〇八号）（いわゆる特定秘密保護法）が可決され、成立した（同年一二月一三日公布）。同法は、翌二〇一四（平成二六）年一二月一〇日に施行された。同年一月には、同法の適正な運用のため、情報保全諮問会議が設置された（設置根拠：二〇一四（平成二六）年一月一四日付内閣総理大臣決裁）。

二〇二三年二月、いわゆる経済安全保障に関する関心の高まりを背景に、内閣官房に「経済安全保障分野におけるセキュリティ・クリアランス制度等に関する有識者会議」が設置された（設置根拠：二〇二三（令和五）年二月二一日付内閣官房長官決裁）。翌二〇二四年一月一九日、同会議は、同制度の拡大の必要性を内容とする「最終とりまとめ」を発表した（※セキュリティ・クリアランス制度に関しては本章（四）参照）。

こうした流れを受けて、二〇二四年五月、第二一三回国会において、重要経済安保情報の保護及び活用に関する法律（令和六年法律第二七号）（いわゆる重要経済安保情報保護活用法）が可決され、成立した。同法に基づき、政府から一定の秘密情報の提供を受ける私企業の従業員や研究者等に対するセキュリティ・クリアランス制度の適用範囲が拡大されることとなった（特定秘密保護法も、一部の私企業の従業員等に対して政府のセキュリティ・クリアランス制度の適用を定めていた）。同法第一条は、立法の目的として「国際情勢の複雑化（中略）等に伴い、経済活動に関して行われる国家及び国民の安全を害する行為を未然に防

2006(H18).12	：内閣に、カウンターインテリジェンス推進会議を設置
2007(H19).8	：カウンターインテリジェンス推進会議が「カウンターインテリジェンス機能の強化に関する基本方針」を決定 ：「カウンターインテリジェンス機能の強化に関する基本方針の着実な施行について」（閣議口頭了解）
2008(H20).3-4	：特別管理秘密に係る基準を除く、CIに関する政府の統一基準の施行 ：内閣情報調査室にカウンターインテリジェンス・センターを設置 ：内閣に、秘密保全法制の在り方に関する検討チームを設置
2009(H21).4	：特別管理秘密に係る基準の施行
2010(H22).12	：内閣に、政府における情報保全に関する検討委員会を設置
2011(H23).8	：秘密保全のための法制の在り方に関する有識者会議が「秘密保全のための法制の在り方について（報告書）」を決定
2011(H23).10	：政府における情報保全に関する検討委員会が「秘密保全に関する法制の整備について」を決定
2013(H25).12	：特定秘密保護法の成立、公布
2014(H26).1	：情報保全諮問会議の設置
2014(H26).6	：衆参両院の情報監視審査会の設置等に関する改正内閣法等の成立
2014(H26).12	：特定秘密保護法の施行 ：衆参両院に情報監視審査会設置
2023(R5).2	：内閣官房に、経済安全保障分野におけるセキュリティ・クリアランス制度等に関する有識者会議を設置
2024(R6).2	：同会議が「最終とりまとめ」を発表
2024(R6).5	：重要経済安保情報保護活用法の成立、公布

図表 6－1　政府におけるカウンターインテリジェンス機能強化に向けた取組
（出典：内閣官房〔2010〕[8] 等を基に筆者作成）

左頁　図表 6－2　特定秘密の保護に関する法律の概要
（出典：内閣官房特定秘密保護法施行準備室〔2014〕[9] 等を基に筆者作成）

◎ 特定秘密の指定（第3条～第5条）

- 行政機関の長（大臣等）は、① 防衛、外交、特定有害活動（スパイ行為等）の防止、テロリズムの防止、のいずれかの事項に関する情報であって、② 公になっていないもののうち、③ その漏えいが我が国の安全保障に著しい支障を与えるおそれがあるため特に秘匿することが必要であるもの、を特定秘密として指定する。

◎ 特定秘密の取扱者の制限（第11条）と適性評価の実施（第12条～第17条）

- 特定秘密の取扱いの業務を行うことができる者は、適性評価により特定秘密の取扱いの業務を行った場合にこれを漏らすおそれがないと認められた行政機関の職員等に限る。
- 適性評価の実施に当たっては、評価対象者に関して次の事項の調査を行う。

  ① 特定有害活動（スパイ行為等）及びテロリズムとの関係に関する事項、② 犯罪及び懲戒の経歴に関する事項、③ 情報の取扱いに係る非違の経歴に関する事項、④ 薬物の濫用及び影響に関する事項、⑤ 精神疾患に関する事項、⑥ 飲酒についての節度に関する事項、⑦ 信用状態その他の経済的な状況に関する事項。

◎ 特定秘密の提供（第6条～第10条）

- 特定秘密の提供に関して次の制度を整備する。① 安全保障上の必要による他の行政機関への特定秘密の提供、② 安全保障上の特段の必要による契約業者への特定秘密の提供、③ その他公益上の必要による特定秘密の提供。

◎ 罰則（第23条～第27条）

- 特定秘密の漏えい（故意または過失による）を処罰する（最高10年以下の懲役）。
- 外国の利益等を図る目的で行われる、特定秘密の次に掲げる取得行為を処罰する（10年以下の懲役）：① 人を欺き、人に暴行を加え、又は人を脅迫する行為、② 財物の窃取、③ 施設への侵入、④ 有線電気通信の傍受、⑤ 不正アクセス行為、⑥ ②～⑤以外の特定秘密の保有者の管理を侵害する行為。
- 漏えい（故意に限る。）又は取得行為の未遂、共謀、教唆又は煽動を処罰する（最高5年以下の懲役）。

◎ 同法の適正な運用を図るための仕組み等

- 情報保全諮問会議、保全監視委員会（仮称）、独立公文書管理監（仮称）、情報保全監察室（仮称）を設置。（第18条～第19条、附則第9条）
- 本法を拡張して解釈して、国民の基本的人権を不当に侵害するようなことがあってはならず、国民の知る権利の保障に資する報道又は取材の自由に十分に配慮しなければならない旨を規定。（第22条第1項）
- 出版又は報道の業務に従事する者の取材行為については、専ら公益を図る目的を有し、かつ、法令違反又は著しく不当な方法によるものと認められない限りは、これを正当な業務による行為とする旨を規定。（第22条第2項）

止する重要性が増大している」旨を指摘している。

(四) カウンターインテリジェンスの機能

カウンターインテリジェンスの機能は、防衛的（Defensive）な機能と積極的（Offensive）な機能の二種類に大別される。

(イ) 防衛的な機能

カウンターインテリジェンスの防衛的な機能とは、外国のインテリジェンス活動の実態や能力を把握・分析するとともに、自国の秘密等を外国のインテリジェンス活動から防衛する機能である。こうした機能はさらに、個別具体的な事案への対処と未然防止のための一般的な施策に大別し得る。

◎個別具体的な事案への対処

個別具体的な事案への対処は、国内インテリジェンス組織による調査等や法執行組織による捜査を通じて果たされるのが一般的である。

カウンターインテリジェンス上問題のある行為が処罰される場合の根拠法令は国によって様々である。一般的には、公務員に課される守秘義務の違反や情報の取扱手続に対する罰則に基づくことも少なくない。特定の種類の重要な秘密情報の漏えい等に対しては、特別な法令等に基づいて特に罰則が重く科される場合もある。国によっては、「スパイ罪」あるいは「スパイ防止法」と称される法令がある場合もある。ただし、そもそも「スパイ」には少なくとも学術的には統一的な定義が存在しない。したがって、こうした法令の具体的な構成要件等は国によって様々である。

米国の場合、いわゆるエスピオナージ法（The Espionage Act）（合衆国法典第一八編七九三条—七九八条〔18 U.S. Code § 793-798〕）がある。同法は、国家安全保障上特に重要と考えられる情報を列挙した上で、外国勢力等を利する目的でこれらの情報を漏えいする行為等に対して罰則を科している。企業が保有する秘密の不正な取得等の摘発に当たっては、エコノミック・エスピオナージ法（Economic Espionage Act）が利用される場合もある。いわゆる影響力工作に該当する行為の摘発に当たっては、外国代理人登録法（Foreign Agents Registration Act）（合衆国法典第二二編第六一一条—六二一条〔22 U.S. Code § 611-621〕）が利用される場合もある。

日本においては、一般職の公務員に対しては**守秘義務**が課せられており（国家公務員法第一〇〇条、地方公務員法第三四条）、当該義務の違反に対しては罰則が科される（国家公務員法第一〇九条、地方公務員法第六〇条）。外務公務員法（第二七条）及び自衛隊法（第五九条）にも同様の規定がある。また、日米相互防衛援助協定等に伴う秘密保護法に基づく**特別防衛秘密**に関しては、その漏えいや不正な収集行為に対してより厳しい罰則が定められている（同法第三条）。前記の二〇〇八年に内閣情報調査室職員が摘発された事件においては、立件の罪名は国家公務員法違反（守秘義務違反）と収賄であった。なお、閣僚等の一部の特別公務員に対しては、守秘義務の定めはあるものの、守秘義務違反に対する罰則の定めはない。

これらに加え、前記の**特定秘密保護法**（二〇一四年施行）は、「特定秘密の取り扱いの業務に従事する者がその業務により知得した特定秘密を漏らした」場合に、前記の特定防衛機密の漏えい等と概ね同等の罰則を科している（同法第二三条）。また、外国の利益を図る目的等で、「特定秘密を保有する者の管理を害する行為」を手段として、特定秘密を取得した者に対しても同等の罰則を科している（同法第二四条）。「特定秘密を保有する者の管理を害する行為」とは、詐欺、暴行、脅迫、財物の窃取若しくは損壊、施設への侵入、有線電気通信の傍受、不正アクセス行為を含む（同条第一項）。さらに、こうした特定秘密の違法な漏えいや取得行為の共謀、教唆または煽動に対しても罰則が科されている（同法第二五条）。しかし、日本においては、「スパイ罪」あるいは「スパイ防止法」と称する法令は存在しない。しかし、特定保護法第二四条及び二五条の規定は、米国のエスピオナージ法の考え方に近いものと考えられる。

前記の**重要経済安保情報保護活用法**（二〇二四年成立）の第二三条―二五条も、特定秘密保護法第二三条―二五条とほぼ同種の罰則を定めている。ただし、量刑は特定秘密保護法のものよりも軽いものとなっている。

企業が保有する秘密の不正な取得等の摘発に当たっては、不正競争防止法（第二一条）の定めるいわゆる**営業秘密侵害罪**が適用される場合もある。

◎未然防止のための一般的な施策

個別具体的な事案の摘発等に加えて、多くの国において、秘密の漏えいを未然防止する観点から、いわゆる**機密指定制度**（Classification System）及び**セキュリティ・クリアランス制度**（Security Clearance System）等が導入されている。

機密指定制度は一般に、個別の情報の秘密の区分（例えば、極秘、秘、取扱注意）の定義及び認定手続のほか、指定を受けた秘密の情報の取扱方法、アクセス手続等を定めている。かかる制度に基づき秘密に指定された情報は原則として一般に対して非公開とされる。なお、こうした制度の中で、文書の収納場所の性能等を始め物理的管理の基準等が定められている場合もある。セキュリティ・クリアランス制度は一般に、機密指定制度に基づき指定を受けた秘密情報に関する各政府職員等の取扱権限、そうした権限を決定する手続等を定めている。すなわち、一定の資格要件等を満たすと認められた者に対してのみ、秘密指定を受けた情報へのアクセス権限等を認めるものである。

米国においては、機密指定制度に関しては行政命令第一二九五八号等、セキュリティ・クリアランス制度に関しては行政命令第一二九六八号等が、それぞれこうした制度を定めている。日本においては、前記の特定秘密保護法が「特定秘密の指定」制度及び「特定秘密の取扱者の制限（適性評価）」制度を定めている。このうち前者は機密指定制度、後者はセキュリティ・クリアランス制度の機能をそれぞれ実質的に担っていると考えられる。さらに、前記のとおり、二〇二四年五月、重要経済安保情報保護活用法が可決され、成立した。同法に基づき、政府から一定の秘密情報の提供を受ける私企業の従業員や研究者等に対するセキュリティ・クリアランス制度の適用範囲が拡大されることとなった。

米国のインテリジェンス・コミュニティにおいては、政府職員の採用時やセキュリティ・クリアランスの発給・更新時には、対象職員に対する身上調査が実施される。日本の特定秘密保護法及び重要経済安保情報保護活用法に基づく適性評価においても同様である。米国の身上調査においては、当該人物の家族関係、個人的資産状況、飲酒や薬物使用等の履歴、その他の個人的な趣味嗜好（しこう）についても調査が実施される。この背景には、米国における過去の主要なカウンターインテリジェンス関連の事件においては、個人の金銭問題や個人的な趣味嗜好等が外国インテリジェンス組織にリクルートされる際のきっかけとなっていた事例が少なくないことがある（日本の適性調査においても、概ね同様の事項が調査項目とされている〔特定秘密保護法第一二条第二項及び重要経済安保情報保護活用法第一〇条第二項〕）。また、CIAやFBIにおいては、職員に対する身上調査に際してポリグラフ検査が課される場合がある。ただし、ポリグラフ検査の有用性等に関して様々な議論がある。[10]

(ロ) 積極的な機能

カウンターインテリジェンスの積極的な機能とは、自国のインテリジェンス組織等の内部における外国のインテリジェンス組織による浸透活動を逆利用することによって、相手方の活動に対する攪乱（かくらん）を図り、あるいは相手方の活動に関する情報収集を図る機能である。

例えば、自国のインテリジェンス組織の内部で外国インテリジェンス組織の人的情報源（情報提供者）となっている者（いわゆるスパイ）が特定された場合、これを直ちに摘発するのではなく、この者に偽の情報を摑（つか）ませるように仕向けることが考えられる。また、こうした者をいわゆる「二重スパイ」としてリクルートし、相手方組織に対して偽情報を流させるとともに、併せて相手方組織に関する情報収集に協力させる場合もある。

なお、自国民が外国において「スパイ」の容疑等で拘束されている場合、これを救出する方策の一つにいわゆる「スパイ交換」がある。例えば米国の場合、いわゆるレビンソン法（The Levinson Act）がこうした施策の根拠法となっている[11]。こうした措置を積極的かつ効果的に実施するには、我が方も相手国の関係者を「スパイ」として摘発、拘束する必要がある（ただし、こうした考え方に対しては、不適切な外国人の検挙や拘束を双方においてエスカレートさせる危険性があるとの指摘もある）。

（五）カウンターインテリジェンスの直面する課題

（イ）解明の困難性

外国のインテリジェンス組織等の活動は、その性質上、全容を把握することは非常に困難である。特に、政府組織が外国インテリジェンス組織のスパイによって浸透されている疑いのある場合はそうである。なぜなら、そうした疑惑を持たれている組織は、自らの面子（メンツ）もあり、疑惑を認めることや疑惑解明のために他組織と協力することを躊躇（ちゅうちょ）する傾向があるとみられる。エイムズ事件におけるＣＩＡ、ハンセン事件におけるＦＢＩにもそれぞれかかる傾向がみられ、結果として相互協力等の対応が遅れてしまった旨が指摘されている[12]。

また、カウンターインテリジェンス対策を積極的に推進することにより、「同僚の中に相手方のスパイが潜んでいるのではないか」等の疑心暗鬼によって組織内の雰囲気や人間関係等が損なわれる可能性もある[13]。

（ロ）司法手続における立証、立件の困難性

仮に外国インテリジェンス組織の活動を把握し違法行為として摘発した場合でも、欧米先進諸国等の多くにおいては、いわゆる「スパイ罪」の構成要件は厳格に定められている場合が少なくない（前記のとおり、その具体的な内容は国によって様々である）。したがって、司法手続においてこれを立証することは困難である場合が少なくない。その結果、最終的にはスパイ罪として立件することができず、各種手続違反等の別の比較的軽微な犯罪でしか立件できない場合も少なくない[14]。なお、日本の場合、ほかの欧米先進諸国等に比較して、インテリジェンス組織及び法執行組織に付与されている権限（例えば、通信傍受、会話傍受、身分秘匿等）は弱いものとなっている（※第三章参照）。

犯罪の立証に必要な証拠が機微なインテリジェンス活動等から収集されたものである場合、インテリジェンス組織は、刑事事件としての立件よりも情報源の秘匿等を優先する場合がある。こうした場合、訴追側が、当該情報を証拠として法廷で開示することを断念する場合もあり得る。

（八）制度運営の財政的なコスト

前記のとおり、カウンターインテリジェンスを効果的に実施するためには、物的管理の充実も必要である。例えば、盗聴や電波・音声の漏えい等を防止するための各種設備の設置、秘密の書類を管理する施錠付きの格納庫等の設置等である。ただし、こうした諸設備・制度の導入には財政的なコストが必要となる。

加えて、近年情報通信（ＩＴ）技術の発展を背景として、カウンターインテリジェンス業務とサイバーセキュリティ業務（ネットワークシステムの保護等）は急速に接近しつつある。こうした動向も、カウンターインテリジェンス業務の財政的なコストをさらに高額なものとしているとみられる。

（二）サイバーセキュリティとの関連

近年の情報通信技術（ＩＴ）の発展に伴い、ネットワークシステム（サイバー空間）におけるＩＴ技術を利用した活動が、カウンターインテリジェンス上の脅威となり得る可能性が高まっている。例えば、政府や私企業等の有する重要な情報等が、ネットワークシステム等を通じて窃取されることがある。また、いわゆる影響力工作活動等が、サイバー空間を利用して行われることがある。こうしたことから、近年、カウンターインテリジェンスとサイバーセキュリティのそれぞれの領域はますます近接化していると考えられる。他方で、各国においては伝統的に、サイバーセキュリティ担当部門とインテリジェンス・コミュニティが別個である場合も少なくない。こうした場合、両部門間の円滑な連携の構築が課題となる（※第七章参照）。

【コラム：事例紹介】

◎エイムズ事件⑮

ＣＩＡ職員のオルドリッチ・エイムズ（Aldrich Hazen Ames）は、一九九四年二月二一日、バージニア州アーリントン市において、スパイ罪の容疑でＦＢＩに逮捕された。エイムズは、一九八五年以降、旧ソ連及びロシアのためにスパイ活動に従事していた。裁判の結果、エイムズは終身刑に処せられている。

逮捕時、エイムズはＣＩＡに既に三一年間勤務するベテラン職員で、ロシア語に堪能（たんのう）であるなどロシアのインテリジェンス組織に関する専門家であった。エイムズの初任地はトルコのアンカラであった。同地においてエイムズは、ロシアのインテリジェンス組織の職員をリクルートする業務に携わった。その後、エイムズは、ニューヨークやメキシコシティーでの勤務を経てCIA本部のソ連・東欧部に配属になった。CIA本部ソ連・東欧部在勤中の一九八五年四月、エイムズはワシントンのソ連大使館のKGB関係者と密かに接触を持った。その直後、ソ連側からエイムズに対して五〇万ドルが支払われた。一九八五年の夏、エイムズはソ連大使館の外交官に数回接触し、CIAやFBIの持つ人的情報源やソ連を標的としたテキントのプログラムに関する秘密情報をソ連側に提供した。

一九八六年七月、エイムズはイタリアのローマに転勤となった。ローマ在勤中もエイムズは駐ローマのソ連外交官を始めKGB関係者との接触を継続した。ローマ勤務の終了に当たり、エイムズはKGB側より、次の任地であるワシントンにおける秘密の連絡方法に関する指示を受け取った。その時点でエイムズは既にソ連側から総計で一八八万ドルの報酬を受け取っていた。

一九八九年にワシントンに帰任した以降も、エイムズはKGB側に情報の提供を継続した。主な接触の手法はいわゆるデッド・ドロップ（Dead Drop）であった。すなわち、予め打ち合わせておいた場所にエイムズが情報入りのパッケージを隠しておき、後からソ連大使館のKGB関係者がこれをピックアップするという方法であった。その後、別の場所にKGB側から報酬と次の指示が届けられ、後からエイムズがこれをピックアップしていた。エイムズとKGB側が直接接触する必要がある際には、米国内ではなくコロンビアのボゴダで接触を行っていた。

その頃、ＣＩＡとＦＢＩがロシア国内に有する貴重な人的情報源が次々とロシア側に逮捕、処刑される事案が発生した。これらの人的情報源は、米国の安全保障政策の策定の上で貴重なインテリジェンスをもたらす極めて重要なものであった。こうした一連の情報源の粛清事案の分析の結果に加え、エイムズが私的に莫大（ばくだい）な財産を蓄積しているとの情報に基づき、ＦＢＩは一九九三年五月までにエイムズに対する捜査を開始した。ＦＢＩは約一〇ヵ月間にわたりエイムズに対する監視活動を実施し、エイムズとロシア側の関係の解明に成功した。

その後、エイムズが公務出張としてモスクワ行きを計画していることが判明したことから、一九九四年二月二一日、ＦＢＩは同人の逮捕に踏み切った。

◎ハンセン事件[16]

ＦＢＩ職員のロバート・ハンセン（Robert P. Hanssen）は、二〇〇一年二月二〇日、秘密情報を旧ソ連及びロシアに漏えいしていたスパイ罪容疑でＦＢＩに逮捕された。

逮捕の際、ハンセンは、バージニア州ビエナ市の公園において、秘密情報の入ったパッケージを隠匿しようとしていたところであった。ハンセンが行っていたのはいわゆるデッド・ドロップという情報の受け渡し手法で、後からロシアのインテリジェンス組織の関係者がこれをピックアップする段取りになっていた。

ハンセンは一九八五年以来旧ソ連及びロシアのインテリジェンス組織（ＫＧＢ、ＳＶＲ）

のために働いており、情報提供の見返りとして、ロシア側から莫大な金額の報酬を得ていた。総額で現金六〇万ドルと宝石類を得ていたほか、モスクワの銀行口座には八〇万ドルが積み立てられていた。

ハンセンは、ワシントン地域においてこうしたデッド・ドロップの手法を利用するなどして、六〇〇〇頁以上の量に相当する秘密の情報をソ連・ロシアのインテリジェンス組織に提供していた。提供された情報の中には、米国インテリジェンス組織がロシア内に有する多くの人的情報源の身元に関する情報も含まれていた。その結果、米国の人的情報源のうち少なくとも三名がロシア当局に逮捕され、うち二名は処刑された。加えて、米国のテキント技術に関する最高レベルの秘密文書、CIAやFBIの対ソ連・ロシアのカウンターインテリジェンス・プログラムの詳細な手法や情報源等に関する秘密情報も含まれていた。

ハンセンはニューヨークやワシントンにおいてFBIのカウンターインテリジェンス部門の枢要な地位で勤務していたことから、こうした様々な機微な情報に合法的にアクセスすることが可能であった。また、カウンターインテリジェンス担当者として業務上取得した経験・知識を利用し、FBI内部においてロシア側のために働いていたにもかかわらず、当局の眼（め）をかいくぐることができた。

ハンセンが当局の眼に止まることとなったきっかけは、米国人スパイに関するロシア側の秘密文書をFBIが入手し、当該米国人スパイを特定する過程でハンセンが浮上したことであった。こうした捜査は、米国インテリジェンス・コミュニティに対する外国インテリジェンス組織の浸透工作を解明するための長年にわたるＣＩＡとＦＢＩの協力作業の中で行われたものであった。

二　秘密工作活動

(一) 秘密工作活動の定義と位置付け

秘密工作活動とは、米国の一九四七年国家安全保障法（The National Security Act of 1947）によると「国外の政治、経済あるいは軍事情勢に影響を及ぼすための我が国政府の活動であって、かつ、我が国政府の関与が公には知られないように行われるもの」と定義されている（同法五〇三条(e)項）。日本語では「謀略活動」と翻訳される場合もある。具体的には後述のとおり、外国の反政府勢力のクーデター活動に対する秘密裡(ひみつり)の支援等がこうした活動に含まれる。例えば、一九六一年にキューバのカストロ政権に対する反政府勢力による政府転覆活動を米国ＣＩＡが支援した事案（ピッグス湾事件）等がある。

米国においては、こうした秘密工作活動も、一定の要件の下で合法活動と位置付けられている（ただし、こうした活動は、相手国から見れば同国の国内法あるいは国際法に違反する行為である場合が多い）。その上で、こうした活動はインテリジェンス・コミュニティの任務の一つとされ、特にＣＩＡが中心的にこうした任務に当たっている。

本書では、インテリジェンスを「政策決定者が国家安全保障上の問題に関して判断を行うために政策決定者に提供される、情報から分析・加工された知識のプロダクト（あるいはそうしたプロダクトを生産するプロセス）である」と定義している（※第一章参照）。こうした定義に基づくと、秘密工作活動は理論的にはインテリジェンスの範疇に入るとは考えにくい。なぜなら、こうした秘密工作活動は政策決定者によって既に決定された政策を実行する作用であり、「政策決定を支援するための知識のプロダクト」でもなければ「そうしたプロダクトを生産するプロセス」でもないからである。したがって、インテリジェンス・コミュニティの任務の中にこうした秘密工作活動を含めていない国も少なくない。

それにもかかわらず、米国においては秘密工作活動はインテリジェンス・コミュニティの任務の一つとされている。こうした状況は、インテリジェンスの定義に基づく論理的な理由によるものではなく、米国に特有の実務的、歴史的な理由によるものと考えられる。すなわち、そうした機能を果たし得る組織がＣＩＡ等のインテリジェンス組織しかなかったこと（実務的な要請）、設立当初のＣＩＡは政府内での立場が相対的に弱く、こうした業務に積極的に従事することによって政府内での発言力を向上させる狙いがあったこと（歴史的な背景）等である。[17] その意味では、現在の米国における状況は「インテリジェンス組織がいわば『副業』的に秘密工作活動を担っている」と説明され得る（※第一章の補論参照）。

（二）秘密工作活動の類型

インテリジェンス組織による秘密工作活動の例としては次のようなものがある。[18]

第一はプロパガンダ活動である。例えば、外国の政府の信頼や評判等に打撃を与えることを目的として、当該国内において偽情報等を流布することである。東西冷戦期、ＣＩＡは、ヨーロッパにおいて、ソ連及び東側諸国に対するプロパガンダ活動を行うラジオ放送局を設立、運営していた[19]。サイバー空間の発達により、こうした活動は以前よりも活発かつ複雑・多様化しているとみられる。

第二は政治活動である。例えば、外国の国内政治に影響を与えることを目的として、当該国の特定の政党に対して秘密裡に財政的支援を行うことである。東西冷戦期、ＣＩＡは、西ヨーロッパや日本の保守政党に対して秘密裡に資金援助等を行っていたとの指摘もある[20]。

第三は経済活動である。例えば、外国の経済を攪乱することを目的として、当該国内において偽造通貨の流通を図ることである。

第四はクーデター支援である。例えば、外国の政府の転覆を目的として、当該国の反体制組織によるクーデター活動に対して武器、訓練、資金等の支援を供与することである。イラン・クーデター（一九五三年）、グアテマラ・クーデター（一九五四年）、ピッグス湾侵攻作戦（一九六一年）等において、ＣＩＡはこうした活動を行っていた（※第三章参照）。

第四は準軍事的活動（Paramilitary Operations）である。例えば、外国において、インテリジェンス組織が事実上の「軍事」的活動を直接に実施する活動である。ＣＩＡは、九・一一テロ事件以降、中東諸国、アフリカ等において、テロリストに対する無人航空機を利用した攻撃活動を実行している。こうした活動は、実施主体があくまで非軍事組織（インテリジェンス組織）であることから、実質的には正規の軍事組織による活動とほぼ大差ないものの、「準軍事的」活動と言われる。

（三）秘密工作活動をなぜ行うのか――秘密工作活動の正当性

秘密工作活動は、後述のように、倫理的にも問題の多い政策オプションである。秘密工作活動が正当化され得る理由に関し、米国においては、次のような説明がなされている。すなわち、ある国益が深刻な危機に瀕（ひん）しているにもかかわらず、正規の軍事行動を採ることは政治的リスク等が高く困難であるような局面において、「何もせず静観する」あるいは「リスクにかかわらず軍事行動に出る」という二つの政策オプションに加え、その両者の中間にある**第三の政策オプション**を政策決定者に提示し得る、というものである(21)。

当然のことながら、秘密工作活動は正当な権限のある政策決定者の高度な政策判断に基づき実行されるべきものであり、インテリジェンス・コミュニティ側の勝手なイニシアティブによって実行されるものであってはならない。後者のような場合は、そうした秘密工作活動の正当性は支持されないと考えられる。

さらに、判断を行う政策決定者は、「秘密工作活動によって達成しようとする政策目標は何であるか」、「秘密工作活動の実行に伴うリスクは何であるか」を正確に理解した上で、当該政策目標の達成のためにはほかの政策オプション（静観オプション、軍事活動オプション）よりも秘密工作活動こそが適切、合理的かつ最上の手段であると確信して初めて、秘密

工作活動を選択することが正当化され得ると考えられる。(22)

(四) 秘密工作活動の課題

(イ) 正当性、倫理の問題

米国においては、秘密工作活動は、前記のような「真にやむを得ない場合には許され得る」との見解がある一方で、倫理上問題であるとの見解も存在する。

例えば、他国の政党や反政府勢力に対して秘密裡に支援を与えることは「不当な内政干渉ではないか」との疑問が生じ得る。特に民主的国家の選挙等に秘密裡に干渉する場合には、米国自身が擁護する民主主義の価値を自己否定しているとも言い得る。また、インテリジェンス組織による準軍事的活動を選択する目的が、正規の軍事活動に伴う各種制約を迂回するためのいわば「脱法行為」でしかない場合には、人権擁護の価値を否定しているとも言い得る（※正規の軍事活動を行う場合には、国内の戦時法規や国際法規に基づき、捕虜や敵国の非戦闘員の人権等に対しても一定の配慮をすることが求められる）。

なお、暗殺に関しては、米国政府は、一九七六年以降、行政命令に基づきこれを禁止している（※暗殺禁止を定めている一番最近の行政命令の条項は、レーガン政権時代の一九八一年に発出された行政命令第一二三三三号第二・一一条）。ただし、二〇〇一年の九・一一テロ事件以降、米国政府は、アル・カーイダ等のテロ組織と戦争状態にあるとの認識の下、テロリストに対するピンポイント攻撃は戦時中の合法的な自衛活動であり、前記の行政命令で禁止されている暗殺には該当しないとの立場をとっている。[23] また、前記のとおり、ＣＩＡは、九・一一テロ事件以降、中東諸国、アフリカ等において、テロリストに対する無人航空機を利用した攻撃活動を実行している。こうした攻撃には一般市民が巻き込まれる場合も多く、その合法性や妥当性を問題視する見方もある。[24]

（ロ）政府の関与の否認

秘密工作活動は、その性質上、仮に工作が失敗して露呈してしまった場合にも対外的には政府の関与を否定し続けることが要求される（いわゆる「Plausible Deniability」）。前記の米国の国家安全保障法による秘密工作活動の定義にも「我が国政府の関与が公には知られないように行われるもの」との要件が含まれている。

政策決定者の立場から見ると、こうした政府の関与の否認の貫徹こそが、（倫理的には問題があり得るものの）正規の軍事活動等ではなくて敢えてインテリジェンス組織による秘密工作活動のオプションを採ることの意義であるとも言い得る。例えば、一九六〇年、ソ連領空内で核ミサイル等に関する情報収集活動に従事していたＣＩＡのＵ－２偵察機がソ連側に撃墜された際、当初米国政府は「気象観測機が行方不明となった」旨の虚偽の声明を発表するなど、関与の否定を試みた[25]（しかし、当該偵察機のパイロットの自白内容がソ連側から公開されるなどしたことから、結局米国側は本件への関与を認めざるを得なくなった。その後、米ソ首脳会談がキャンセルされるなど、米ソ関係に悪影響が及んだ）。

米国においては、こうした秘密工作活動への「政府の関与の否定」は、従前は比較的容易であったが、一九七〇年代以降は次第に困難になっている。[26]この原因として、社会の人権意識の高まり、政府の活動に対するアカウンタビリティへの要求の高まり、さらにはインターネット等ＩＴ技術の発達により、政府の活動の透明性が高まったこと等があると考えられる。

（八）適切な監督の実施

秘密工作活動は、前記のとおりその正当性や倫理性に常に疑問が呈せられている。したがって、常に適切な監督の下でなされることが必要である。しかし、実際には、その秘密性がゆえに、行政府内部や立法府において十分に適切な監督がなされ得るのか否かが問題となる。

例えば、イラン・コントラ事件（一九八六―一九八七年）においては、レーガン政権の幹部がＣＩＡを通じてイランに武器を売却するとともにその利益を利用してニカラグアの反体制勢力「コントラ」を支援するという不適切な秘密工作活動を行っていたことが発覚した。同事件では、本来ＣＩＡの秘密工作活動を監督する立場にある国家安全保障会議（ＮＳＣ）の一部のスタッフが不適切な秘密工作活動を扇動し、これに対して政権幹部や連邦議会による監督・統制がほとんど機能していなかった旨が露呈した[27]（※第三章参照）。

現在、米国においては、秘密工作活動の実行に当たっては大統領自身がこれを許可することが必要とされ、しかも大統領による許可は口頭ではなく文書（Presidential Finding）によってなされることが法律上要求されている（国家安全保障法第五〇三条〔合衆国法典五〇編三〇九三条〕）。また、秘密工作活動に関しては、連邦議会上下両院のインテリジェンス問題担当の委員会等にも報告されるべきこととされている（国家安全保障法五〇三条(b)項及び(c)項）。ただし、連邦議会は、個別具体の秘密工作活動の許可・不許可を決める法的な権限は有していない。また、報告の具体的なタイミング（事前か事後か）や内容（どの程度詳細にか）等に関しては法令の規定は必ずしも明確ではない。

（二）秘密工作活動の評価

秘密工作活動の成果を評価することは容易ではない。個別具体の作戦の成否を評価する際にどのような基準に基づいてこれを行うのか、必ずしも明らかではないからである。

例えば、仮に秘密工作活動の当初の目標は達成されたとしても（例：人質の救出・解放等）、その過程において多数の人命が損なわれたり、あるいは当該活動が暴露されて深刻な外交問題等に発展してしまう場合があり得る。こうした場合、大局的な見地から当該秘密工作活動をどのように評価すべきか、必ずしも明らかではない。

また、ある国の反政府勢力の政府転覆活動を支援しこれを成功させたとしても、当該勢力が政権奪取後にどのような政策を採るかは必ずしも明らかではない。実際には、事前の予想とは異なる政策を採る場合もあり得る。例えば、アフガニスタン戦争当時、米国は反ソ連勢力であるムジャヒディンへの軍事的支援を行い、ソ連軍を撤退に追い込むことに成功した。しかし、これらのムジャヒディン勢力の存在はその後のタリバンやアル・カーイダ等の反米勢力の勃興につながることとなった。こうした場合に、長期的な見地から当該秘密工作活動をどのように評価するべきか、必ずしも明らかではない(28)。

注

（1）ワイナー，ティム、佐藤信行他（訳）（二〇〇八）『ＣＩＡ秘録——その誕生から今日まで』（下）、文藝春秋、二七二頁。

（2）警察庁（二〇一〇）『警察白書　平成二二年版』、一六〇頁。

（3）U.S. National Counterintelligence and Security Center. (2024). *National Counterintelligence Strategy 2024*. Office of the Director of National Intelligence, p.3.

（4）U.S. National Counterintelligence and Security Center. (2024). *National Counterintelligence Strategy 2024*, pp.6-7.

（5）国家カウンターインテリジェンス・保安センターの公式ホームページ。https://www.dni.gov/index.php/ncsc-home

（6）合衆国法典第五〇編第三三八一条(e)項（一）(50 U.S. Code §3381 (e) (1))。

（7）内閣官房の公式ホームページ。https://www.cas.go.jp/jp/seisaku/counterintelligence/pdf/settinikansuru.pdf

（8）内閣官房（二〇一〇）「情報と情報保全」（「新たな時代の安全保障と防衛力に関する懇談会（第七回：平

成二二年五月一二日)」における配布資料)。

(9) 内閣官房特定秘密保護法施行準備室(二〇一四)「特定秘密の保護に関する法律　説明資料」(「情報保全諮問会議〔第一回：平成二六年一月一七日〕」における配布資料)。

(10) Lowenthal, M. M. (2022). *Intelligence: From Secrets to Policy* (9th ed.). CQ Press, an imprint of SAGE, p.16; pp.219-221.

(11) 国務省の公式ホームページ。https://www.state.gov/about-us-special-presidential-envoy-for-hostage-affairs/

(12) Lowenthal. *Intelligence: From Secrets to Policy*, p.230.

(13) Lowenthal. *Intelligence: From Secrets to Policy*, p.231.

(14) Lowenthal. *Intelligence: From Secrets to Policy*, p.231.

(15) FBIの公式ホームページ。https://www.fbi.gov/history/famous-cases/aldrich-ames.；ワイナー『CIA秘録』(下)、二七一―二七八頁。

(16) FBIの公式ホームページ。https://www.fbi.gov/history/famous-cases/robert-hanssen.；ジェフリーズ＝ジョーンズ、ロードリ・越智道雄(訳)(二〇〇九)『FBIの歴史』、東洋書林、三五〇―三五二頁。

(17) 大野直樹(二〇一二)『冷戦下CIAのインテリジェンス――トルーマン政権の戦略策定過程』、ミネルヴァ書房、二二六―二二七頁；ワイナー『CIA秘録』(上)、二二―八一頁。

(18) Lowenthal. *Intelligence: From Secrets to Policy*, pp.255-260.

(19) 大野『冷戦下CIAのインテリジェンス』、二三三―二三五頁。

(20) 名越健郎(二〇一九)『秘密資金の戦後政党史――米露公文書に刻まれた「依存」の系譜』、新潮社、一三二―一四四頁；ワイナー『CIA秘録』(上)、一七一―一八一頁。

(21) Lowenthal. *Intelligence: From Secrets to Policy*, pp.249-250.

(22) Lowenthal. *Intelligence: From Secrets to Policy*, pp.250-255.

(23) Lowenthal. *Intelligence: From Secrets to Policy*, p.267.

(24) Johnson, L. K. (2020). Reflections on the ethics and effectiveness of America's 'third option': covert action and U.S. foreign policy. *Intelligence and National Security, 35*(5), pp.669-685.

(25) ワイナー『CIA秘録』(上)、二三三―二三六頁。

(26) Lowenthal. *Intelligence: From Secrets to Policy*, pp.261-262.

(27) Johnson. Reflections on the ethics and effectiveness of America's 'third option': covert action and U.S. foreign policy, pp.679-680.

(28) Johnson. Reflections on the ethics and effectiveness of America's 'third option': covert action and U.S. foreign policy, p.680.

第七章　インテリジェンスの課題——伝統的な課題から新たな課題へ

本書では、インテリジェンスを「政策決定者が国家安全保障上の問題に関して判断を行うために政策決定者に提供される、情報から分析・加工された知識のプロダクト（あるいはそうしたプロダクトを生産するプロセス）である」と定義している（※第一章参照）。実際には、インテリジェンスの課題となる国家安全保障上の問題は、その時々の情勢に応じて変化し得る。

第二次世界大戦後から東西冷戦終了（一九九一年のソ連崩壊）までの間、米国を始めとする西側諸国等のインテリジェンスの中心的課題は、ソ連及びその同盟国の動向、すなわち、**国家の動向に関わる課題**（Nation State Issue）であった。これに対し、一九九一年のソ連崩壊以降、特に二〇〇一年の九・一一テロ事件の後、米国を始めとする欧米先進諸国等のインテリジェンスの課題は従前よりも多様化し、従来のような国家の動向に関わる課題に加えて、**非国家主体の動向に関わる課題**（Non-State Issue）や**国境をまたぐ問題**（Transnational Issue）にまで拡大している。

こうした多様化する新たな諸問題に対処するためには、インテリジェンス活動においても従来とは異なる手法、制度等の導入も必要と考えられる。しかし実際には、既存の手法、制度等を直ちに変更することは容易なことではない。こうした新しい諸課題にどのように上手く対処していくか、という点が米国を始めとする欧米先進諸国等のインテリジェンスにとっての課題となっている。

一　伝統的な課題：国家の動向に関わる課題

(一) 東西冷戦時代

第二次世界大戦後から東西冷戦終了（一九九一年のソ連崩壊）までの間、米国を始めとする西側諸国等のインテリジェンスの中心的課題は、国家の動向に関わる課題であった。特に、ソ連の軍事的脅威の評価（究極的には「ソ連が真珠湾攻撃のような先制攻撃を突然仕掛けてくるか否か」）が主要課題であった。

こうしたことから、東西冷戦時期における米国を始めとする西側諸国等のインテリジェンス機能（各種制度、手法等）は、こうした国家の動向の枠組みで捉えられる課題への対処、特に対ソ連インテリジェンス（ソ連の動向の把握・分析）を念頭に置いて構築された。そして、当時構築されたインテリジェンスの諸制度、手法等は、冷戦終了後三〇年以上が経過した現在も依然として米国を始めとする欧米先進諸国等のインテリジェンス機能に一定の影響を及ぼしていると考えられる。(1)

(イ) 対ソ連インテリジェンスの特徴

旧ソ連は、規模の広大性とアクセスの閉鎖性がゆえに、情報収集・分析の対象としては困難な対象であった。すなわち、国土が巨大であることから軍事施設等の秘匿が容易であったことに加え、共産主義の閉鎖的な国家体制の下、物理的に多くの場所へのアクセスが制限されていた。政治プロセスを始めとする各種情報へのアクセスも制限されていた。こうしたことから、当時の米国のインテリジェンス・コミュニティは、遠隔地から必要な情報を収集するための技術的手法の開発に力を入れ、その結果、シギントやイミント等の技術的情報に基づくインテリジェンス(テキント)への依存が高くなった。現在でも米国のインテリジェンス・コミュニティの特徴点の一つとして、「テキントへの高い依存」が指摘されている。こうした特徴点は東西冷戦時代に形成されたと考えられる[2](※第三章参照)。

東西冷戦時、ソ連の軍事的脅威の評価・分析は主に、能力(軍事力)と意図に区別してなされた。ソ連の軍事力に関する当時の米国のインテリジェンス・コミュニティの評価は比較的正確であったとみられる。理由として、米国のテキント能力は、ソ連内の軍事基地の動向等の把握において比較的良く機能していたものと考えられる。

他方、ソ連側の意図(特に政治指導者の意図)に関しては、当時の米国のインテリジェンス・コミュニティは必ずしも十分な把握・分析はできていなかった旨が指摘されている。原因の第一は、素材情報の収集プロセスにおける問題である。すなわち、政治指導者の意図の把握には、テキントよりも、ヒューミント（人的情報源に基づくインテリジェンス）のほうが比較的適していると考えられる（※第四章参照）。しかし、米国のインテリジェンス・コミュニティは、テキントへの依存が高いことの裏返しとして、ヒューミントの能力は必ずしも十分ではなかった旨が指摘されている。[3] 原因の第二は、分析プロセスにおける問題である。すなわち、ミラー・イメージング等のインテリジェンス分析に伴う諸問題が、当時の対ソ連インテリジェンス分析においても発生していた旨が指摘されている（※第五章参照）。[4]

なお、一九九一年のソ連の崩壊と東西冷戦の終了に関し、当時の米国のインテリジェンス・コミュニティは、ソ連の体制矛盾の発生を一定程度は把握していたものの、ソ連の突然の体制崩壊、特に、平和的な崩壊を予測できなかった旨が指摘されている。[5]

（ロ）東西冷戦終了後

前記のとおり、一九九一年の東西冷戦終了後、米国を始めとする欧米先進諸国等のインテリジェンスの課題は、旧ソ連のような国家の動向に関わるもののみならず、非国家主体の動向に関わる課題や国境をまたぐ課題にまで拡大している。それでもやはり、国家の動向は引き続きインテリジェンスの課題の一つであることに変わりはない。ただし、ソ連の軍事的脅威が圧倒的な優先課題であった東西冷戦時代に比較すると、課題となる国家の動向の内容は多様化している。[6]

第一に、課題となる国家等が多様化している。東西冷戦終了後、米国を中心とする現在の国際秩序や民主主義に対する挑戦者として、従来からのロシアに加えて近年は中国の動向も課題となっている。また、各地域を不安定化させ米国やその同盟国の利益に影響を与え得る存在として、北朝鮮及びイランの動向も課題とされている。[7] これらの国等は、サイバー空間、大量破壊兵器の拡散等の問題においても脅威と考えられる。なお、キューバ、北朝鮮、イラン及びシリアは米国国務省によってテロ支援国家に指定されている（二〇二四年九月現在）[8]。第二に、対象となる国家の活動も多様化している。従来からの軍事・外交的動向に加えて、対象国の経済情勢、内政（政権の安定性）等も課題となっている。

なお、東西冷戦終了後、特に二〇〇一年の九・一一テロ事件の後は、こうした国家の動向に関わる課題は、テロリズム等の非国家主体に関わる課題よりも優先度が低いとされていた。しかし、概ね二〇一〇年代中盤以降、イスラム過激派によるテロの脅威が低落傾向をみせる一方、中国の台頭が顕著になってきた。ロシアも、二〇一四年と二〇二二年の二度にわたりウクライナへの侵略を行っている。こうしたことから、国家の動向に関わる課題の優先度は再び上昇しているとみられる。

二　新たな課題：非国家主体による問題、国境をまたぐ問題

（一）総論——東西冷戦終了後の「空白の一〇年間」、そして九・一一テロ事件

前記のとおり、第二次世界大戦後から東西冷戦の間、米国を始めとする西側諸国等のイン

テリジェンスの中心的課題は、ソ連及びその同盟国の動向、すなわち国家の動向に関わる課題であった。しかし、一九九一年の旧ソ連の崩壊から二〇〇一年の九・一一テロ事件までの約一〇年間、米国を始めとする欧米先進諸国等の安全保障政策の優先順位は、東西冷戦時代に比較してやや不明確化することとなる。その結果、各国のインテリジェンス・コミュニティも業務の優先順位付けが迷走し、特に米国においてはそのあおりを受けてインテリジェンス・コミュニティの予算や人員の多くが削減されることとなった。[9] こうしたことから、この時期は欧米先進諸国等（特に米国）のインテリジェンス・コミュニティにとっては「空白の一〇年間」とも言い得る。

二〇〇一年の九・一一テロ事件後、いわゆる「テロとの闘い」が開始された。これを受けて、米国を始めとする欧米先進諸国等のインテリジェンス・コミュニティの優先順位は再び明確なものとなった。ただし、新しい課題の多くは、従来のような国家の動向に関わる課題に加えて、非国家主体の動向に関わる課題や国境をまたぐ課題にまで拡大している。例えば、テロリズム、大量破壊兵器の拡散問題、国際組織犯罪（違法薬物取引、マネーロンダリング等）問題、国際経済問題、健康・環境問題、サイバーセキュリティ問題等である。

こうした多様化する新たな諸問題に対処するためには、インテリジェンス活動においても従来とは異なる手法、制度等の導入も必要と考えられる。例えば、人材確保の面においても、従来のようなソ連専門家のみならず、多様化した課題に対応可能な多様な専門知識、語学能力等を備えた人材を揃える必要がある。

ただし、前記のとおり、概ね二〇一〇年代中盤以降、主に中国の台頭を背景として、国家の動向に関わる課題の優先度が再び上昇している。これに伴い、テロリズム等の非伝統的課題の優先度は相対的に低下傾向にある。

(二) 各論

(イ) テロリズム

二〇〇一年の九・一一テロ事件以降、テロ対策は、米国を始めとする欧米先進諸国等の国家安全保障上の最優先課題の一つとなった。こうした状況は、概ね二〇一〇年代後半にイラクやシリアにおける「イスラム国」の活動が減退するまで継続した。それ以降、中国やロシア等の国家の動向に関わる課題の重要性が再び上昇したことから、テロ問題の位置付けは「最優先課題ではないものの、引き続き重要課題の一つ」となっている。[10]

テロ問題への対応は、東西冷戦時における旧ソ連の軍事能力の評価とは性質が異なり、インテリジェンス・コミュニティとしてもこれに対応するべく手法、制度等の変革が求められている。しかし、そうした変革は必ずしも容易ではなく、一朝一夕で成し遂げられるものではない。

テロ問題への対応を困難にしている第一の要因は、テロリストの活動の小規模性である。テロリストやテログループは、旧ソ連の軍隊組織等とは異なり、比較的大規模かつ発見が容易な基地等を拠点として活動するわけではなく、大規模な通信等も行わなければ定期的な大規模演習等も行わない。したがって、国家の動向、特に軍の動向等の把握を想定して構築されたインテリジェンスの諸制度（イミント、シギント等）をそのまま活用してテロリストやテログループの動向を把握、分析することは容易ではない。

第二の要因は、テロ組織の柔軟性や不明確性である。テロリストやテログループの組織形態は必ずしも国家のような明確なものではなく、変幻自在である。テログループ同士の関係も不明確かつ複雑である。例えば、アル・カーイダや「イスラム国」を始めとするイスラム過激主義のテログループは決して世界的に統一された組織ではないものとみられる。各地域のテログループの多くは、アル・カーイダや「イスラム国」指導部の思想に一定の影響を受けつつも、必ずしもその直接の指揮下にあるわけではなく、それぞれが独立して活動しているものとみられる。また、欧米等の非イスラム諸国で生まれ、または育ちながら、インターネット等を通じてイスラム過激思想に感化されてテロリストとなる者（いわゆるホームグローン・テロリスト〔国内育ちのテロリスト〕）の危険性も指摘されている[11]。

こうしたことから、テロ対策に当たっては、テキントよりもヒューミントをより積極的に活用すべしとの指摘もある。しかし、実際にはテログループに対するヒューミントの実行は容易ではない。第一に、テログループは一般に小さなセルに分離されている。特に、組織の指導部は物理的なアクセスが困難な土地で活動している場合が少なくないと考えられる。したがって、こうしたグループを把握し、これに潜入を図ることは決して容易ではない（※東西冷戦時代には、各国に所在するソ連大使館等に勤務しているソ連のインテリジェンス組織員等を把握し、これにアクセスを図ることが可能であった）。第二に、仮に当方の人的情報源（情報提供者）等がテログループに潜入し得たとしても、グループの中で情報収集活動を継続するためには実際のテロ活動等の違法行為にも参画する必要が出てくる。こうしたことは、ヒューミント活動に対する倫理上の問題を惹起（じゃっき）する。

（ロ）大量破壊兵器の拡散問題

核、生物、化学兵器を始めとする大量破壊兵器の拡散の問題は、国家安全保障上の重要な問題となり得る。なぜなら、こうした兵器を保有する国々は地域の安全を不安定化する可能性がある。一九九一年の旧ソ連の崩壊は、こうした懸念に拍車をかけた。米国の視点からは、中国、ロシア、イラン、北朝鮮、シリア等が潜在的にこうした問題を抱える国家と言い得る。[12] また、テロリストが様々な手段を通じて大量破壊兵器を入手する可能性もある。二〇〇一年の九・一一テロ事件は、こうした懸念を一層高めることとなった。

こうしたことから、大量破壊兵器問題は、インテリジェンス・コミュニティにとって重要な課題の一つとなっている。具体的には、「どこの国が大量破壊兵器の開発計画を有しているのか」、「そうした計画は実際にどの程度進展しているか」、「開発に必要な技術や原料はどこから供給されているのか」等の点に関して情報収集・分析を行うことが課題となる。

通常、大量破壊兵器開発計画は秘匿で行われることが少なくない。そうした計画の存在すらも否認されることが少なくない。したがって、政策指導者レベルの外交交渉等において当該計画の中止・凍結等を要求するに際しても、的確なインテリジェンス分析・評価が鍵となる。しかし、イラクの大量破壊兵器問題は、当該問題に対する米国インテリジェンス・コミュニティの情報収集・分析能力が極めて不十分であることを露呈した（※第三章参照）。

（八）国際組織犯罪問題（違法薬物取引問題等）

国際的な組織犯罪、特に違法な薬物取引やマネーロンダリングの問題は、前記のテロ問題と深く関連している場合が少なくない[13]。例えば、アフガニスタンにおけるアヘン生産の利益の多くはタリバンの資金源になっているとみられる[14]。さらに、国家安全保障上問題のある国家が国際的な組織犯罪に深く関与している場合もあり得る。例えば、北朝鮮は組織的に覚せい剤や偽札の生産・密輸に関与していたとみられる。

こうしたことから、これらの問題に関する情報の収集・分析等はインテリジェンス・コミュニティの課題となり得る。例えば、米国においては、二〇〇六年二月、司法省傘下の法執行組織である薬物取締局（DEA）がインテリジェンス・コミュニティの構成員に加えられている（※第三章参照）。ちなみに、こうした動向は、「インテリジェンス組織と法執行組織の峻別（しゅんべつ）」という従前の枠組みからの変革の一例とも言い得る（※第一章参照）。

（二）国際経済問題

一般的な経済予測等は、行政府の中でも第一次的には経済官庁の担当業務と言い得る。しかし、経済問題の中には、エネルギー・鉱物資源や食糧資源等の問題のように、国家安全保障に影響を及ぼすものも少なくない。こうしたことから、これらの諸問題に関する情報の収集・分析等はインテリジェンス・コミュニティの課題ともなり得る。[15]

例えば、中国によるレア・アース輸出規制や対アフリカ外交の活発化の例にもみられるように、鉱物資源やエネルギー資源確保の問題が国の外交・安全保障政策に大きな影響を及ぼす場合がある。また、エネルギーや水資源をめぐり領土紛争等の国際紛争が発生する場合もある。さらに、近年のロシア、中米、中東諸国の例にみられるように、エネルギー価格の高騰はそうした資源を保有する国々の国際的な政治力を上昇させる場合もある。

カウンターインテリジェンスの観点からは、私企業の保有するハイテク技術、軍事関連技術等の保護もインテリジェンス・コミュニティの重要な関心事項と言い得る。例えば、米国の国家情報長官室の傘下にある国家カウンターインテリジェンス・保安センター（NCSC）が二〇二四年に公表した「国家カウンターインテリジェンス戦略 二〇二四年版（The National Counterintelligence Strategy 2024）」は、重点項目の一つに、「重要技術と経済安全保障の防護」を掲げている。[16] 実際、近年、米国においては、私企業からの軍事関連技術等の不正流出をめぐる事件の摘発が少なくない。インテリジェンス・コミュニティにおいては、FBI等がこうした観点から私企業との連携を強化している。

なお、最近は、これらの諸課題は、**経済安全保障**という概念の中で論じられる場合も少なくない。

（ホ）健康・環境問題

近年、健康問題や環境問題の状況の把握、加えて、これらの諸問題に対する各国政府の対応等に関する情報収集・分析等はインテリジェンス・コミュニティの重要な業務の一つとなっている。[17]健康問題には、例えば、ＡＩＤＳ、ＳＡＲＳ、エボラ熱等重大な感染症の状況が含まれる（感染症の問題は、バイオテロリズムの問題とも関連し得る）。二〇二〇年代初頭の新型コロナウイルス感染症の世界的な蔓延は、こうした動向に拍車をかけた。同ウイルスの起源に関しては、米国のインテリジェンス・コミュニティも分析評価を実施し、報告書を公表した。[18]環境問題には、例えば、気候変動問題及びそれに伴う地球温暖化、砂漠化、水不足、飢饉等の問題が含まれる。

こうした分野は新しい分野であるだけに、インテリジェンス・コミュニティ内に専門知識や専門家の蓄積が必要とみられる。また、これらの問題をインテリジェンスの対象課題であると捉えることに関しては、依然として、コミュニティ内外において必ずしも理解が深くないともみられる。こうした点に関し、一層の認識の改善が必要と考えられる。

（へ）サイバーセキュリティ問題

近年の情報通信技術（ＩＴ）の発展に伴い、ネットワークシステム（サイバー空間）におけるIT技術を利用した活動が、国家安全保障上の脅威となり得る可能性が高まっている。こうしたことから、サイバーセキュリティの問題は、各国の国家安全保障上の最優先課題の一つとなっており、各国のインテリジェンス・コミュニティもサイバー問題への対応を最重要課題の一つと位置付けるようになっている。

第一に、政府や私企業等の有する重要な情報等が、ネットワークシステム等を通じて窃取されることがある。こうした活動は、サイバーエスピオナージ（あるいはサイバースパイ）と呼ばれる場合もある。例えば、二〇一五年、米国の人事管理局（OPM）が管理する政府職員二〇〇〇万人以上の人事データがハッキングによって漏えいしていた事案が発覚した。ハッキングは中国から行われたと見られている[19]。第二に、重要インフラ施設等に対する破壊活動等が、ネットワークシステム等を通じて行われることがある。情報通信、金融、交通、エネルギー、医療等の関係組織や政府組織等が標的となる場合には、国民の生活や経済活動に重大な被害をもたらす可能性がある。第三に、いわゆる影響力工作活動等が、サイバー空間を利用して行われることがある。例えば、SNS上での情報発信を通じて相手国の世論や選挙等に影響を与えることを目論む活動である。米国のインテリジェンス・コミュニティは、二〇一六年及び二〇二〇年の米国大統領選挙の際に、ロシア等の外国勢力によってこうした活動が行われていたことを指摘している[20]。

これらの活動はいずれも、国家主体のみならず、非国家主体（テロ組織、犯罪組織、いわゆるハッカー集団、個人等）によって行われる場合もある。

こうした状況を受けて、例えば、米国の国家カウンターインテリジェンス・保安センター（ＮＣＳＣ）が二〇二四年に公表した「国家カウンターインテリジェンス戦略」は、重点項目の中に「外国インテリジェンス組織によるサイバー活動への対処」、「重要技術と経済安全保障の防護」、「国家の重要インフラの防護」、「外国勢力による影響力活動からの民主主義の防衛」を掲げている。[21]

他方で、各国においては伝統的に、サイバーセキュリティ担当部門とインテリジェンス・コミュニティが別個である場合も少なくない。こうした場合、両部門間の円滑な連携の構築が課題となる。米国の場合、インテリジェンス・コミュニティの中でシギント業務を担う国家安全保障局（ＮＳＡ）が、外国からのサイバー攻撃等に対するカウンターインテリジェンス業務において中心的な役割を果たすこととされている。加えて、ＮＳＡ長官は、二〇〇九年に新設されたサイバー軍の司令官を兼務するのが慣例となっている。

日本では、総務省、防衛省・自衛隊、警察庁等がそれぞれの所掌事務の範囲内でサイバーセキュリティに携わっている。また、内閣サイバーセキュリティセンター（ＮＩＳＣ：National Center for Incident readiness and Strategy for Cybersecurity）が、政府の「サイバーセキュリティ戦略」に基づき、政府内の関連施策の総合調整等を担っている。ただし、サイバーセキュリティに携わる関係省庁間の連携は必ずしも十分ではないとの指摘もある。[22] また、内閣サイバーセキュリティセンターはインテリジェンス・コミュニティの構成組織ではないなど、米国等に比較して、サイバーセキュリティ担当部門とインテリジェンス・コミュニティの連携も弱いとの指摘もある[23]（なお、二〇二四年一二月末の各種報道によると、政府は、二〇二五年度より現行の内閣サイバーセキュリティセンターを発展的に改組して「国家サイバー統括室」（仮称）を創設するなど、政府のサイバーセキュリティの取りまとめ能力の一層の強化を図ることを計画している〔「『国家サイバー統括室』新設、ＮＩＳＣ後継　能動防御みすえ」二〇二四年一二月二七日、日本経済新聞〕）。

注

（1）Lowenthal, M. M.（2022）. *Intelligence: From Secrets to Policy* (9th ed.). CQ Press, an imprint of SAGE, p.16; pp.373-375.
（2）Lowenthal. *Intelligence: From Secrets to Policy*, pp.20-21; p.103.
（3）Lowenthal. *Intelligence: From Secrets to Policy*, pp.20-21.
（4）Lowenthal. *Intelligence: From Secrets to Policy*, p.176; pp.360-361.
（5）Lowenthal. *Intelligence: From Secrets to Policy*, p.28.
（6）Lowenthal. *Intelligence: From Secrets to Policy*, pp.347-432.
（7）Office of The Director of National Intelligence.（2024）. *Annual Threat Assessment of the U.S. Intelligence Community*, pp.7-23.
（8）国務省の公式ホームページ。https://www.state.gov/state-sponsors-of-terrorism/
（9）Morell, M.（2015）. *The great war of our time: the CIA's fight against terrorism —— from al Qa'ida to ISIS*. Twelve, p.74.
（10）Office of The Director of National Intelligence.（2024）. *Annual Threat Assessment of the U.S.*

Intelligence Community, pp.38-39.

（11）小林良樹（二〇二〇）『テロリズムとは何か——〈恐怖〉を読み解くリテラシー』、慶應義塾大学出版会、七四—八五頁。

（12）Office of The Director of National Intelligence.（2024）. *Annual Threat Assessment of the U.S. Intelligence Community*, pp.31-32.

（13）Office of The Director of National Intelligence.（2024）. *Annual Threat Assessment of the U.S. Intelligence Community*, pp.36-37.

（14）小林良樹、『テロリズムとは何か——〈恐怖〉を読み解くリテラシー』、六四—六八頁。

（15）Lowenthal. *Intelligence: From Secrets to Policy*, pp.417-421.

（16）U.S. National Counterintelligence and Security Center.（2024）. *National Counterintelligence Strategy 2024*. Office of the Director of National Intelligence.

（17）Office of The Director of National Intelligence.（2024）. *Annual Threat Assessment of the U.S. Intelligence Community*, pp.33-35.

（18）Office of the Director of National Intelligence and National Intelligence Council.（2021）. *Updated Assessment on COVID-19 Origins*.

（19）"Hacking of Government Computers Exposed 21.5 Million People," *The New York Times*, July 9, 2015.

（20）National Intelligence Council.（2021）. *Foreign Threats to the 2020 US Federal Elections*. U.S. Office of the Director of National Intelligence.

（21）U.S. National Counterintelligence and Security Center.（2024）. *National Counterintelligence Strategy 2024*. Office of the Director of National Intelligence.

(22)「能動的サイバー防御、省庁の『縄張り争い』が壁に」(二〇二四年六月五日)、日本経済新聞。
(23) 土屋大洋(二〇一二)『サイバー・テロ　日米vs.中国』(文藝春秋)、二〇八―二〇九頁。

第八章　インテリジェンス組織に対する民主的統制

民主的国家においては、インテリジェンス組織に対する適切な民主的統制の確立が重要であると考えられる。本書においても、民主的統制をインテリジェンス全体に関わる重要かつ基本的な理念の一つと位置付けている（※第一章の補論参照）。本章では、第一に、インテリジェンス組織に対する民主的統制の基本的な考え方を概観する。その上で、第二に、米国及びその他の国におけるインテリジェンス組織に対する民主的統制制度を概観する。最後に日本における状況を概観する。

一　総論：なぜ、民主的統制が必要なのか？

第一に、本書では、インテリジェンスを「政策決定者が国家安全保障上の問題に関して判断を行うために政策決定者に提供される、情報から分析・加工された知識のプロダクト（あるいはそうしたプロダクトを生産するプロセス）である」と定義している。すなわち、国家安全保障における政策決定の「主役」は政策部門であり、インテリジェンス部門はそれを支援する「道具」にすぎない（※第一章参照）。こうしたインテリジェンスの本質に関する考え方は、インテリジェンスに対する民主的統制の重要性につながる。

第二に、民主国家においては、効果的なインテリジェンス機能の維持・発展のためには、インテリジェンス部門に対する国民からの信頼の確保が不可欠と考えられる。なぜなら、国民からの信頼の欠如は、インテリジェンス部門の民主的正統性（legitimacy）の低下を招き、ひいてはインテリジェンス機能の低下を招く可能性がある。例えば、インテリジェンス活動に必要な権限や予算が議会の承認を得られない事態等である。国民からの信頼を確保するためには、インテリジェンス部門に対する適切な民主的統制の制度の確立が重要と考えられる。(1)

実際、国家のインテリジェンス機能は、軍事力や警察力と同様に、強力な権力的機能の一種である。したがって、仮にインテリジェンス組織が暴走することがあれば、国民の人権を著しく侵害しあるいは国家の存亡そのものを危うくしかねない潜在的な危険性がある。

最近の欧米におけるインテリジェンスに関する学術研究においても、民主的統制の問題に対する注目は高く、インテリジェンス関連の教科書や大学の授業等においても当該テーマは重要な位置を占めている。(2) この背景として、二〇〇一年の九・一一テロ事件以降、米国を始め欧米先進諸国等においては、テロ対策を名目としたインテリジェンス機能の強化が進められた。これに伴い、インテリジェンス組織による人権侵害に対する国民の懸念を生じさせる深刻な事案も発覚した（例えば、国家安全保障局〔ＮＳＡ〕による米国内の関係者に対する無令状の通信傍受、中央情報局〔ＣＩＡ〕によるテロ容疑者等に対する拷問の疑いのある取調、ＣＩＡによるテロ容疑者等の第三国への不適切な移送、ＣＩＡによるテロリスト等に対する無人航空機を利用した攻撃等〔※第三章参照〕）。加えて、二〇一三年のスノーデン(Edward Snowden)によるリーク事案等を契機として、ＮＳＡ等による大量の通話記録データの収集活動、インターネット上の通信情報の収集活動、友好国の首脳に対するインテリジェンス活動等の状況が詳細に報道された。この結果、こうした懸念は、米国の同盟国や友好国等にも拡散したとみられる。

(二) 基本的な考え方：民主的統制と緊張関係にある諸要素とのバランス

インテリジェンス組織に対する民主的統制を考えるに当たっては、インテリジェンスの理論体系の中における別の理念や基本的な考え方、すなわち、客観性の維持（特に、インテリジェンスの政治化の抑止）、秘匿性の確保等との適切なバランスに配慮する必要がある（※第一章の補論参照）。これらの諸要素は、必ずしも論理必然的に民主的統制と相反するわけではない。しかし、実際の局面においては民主的統制との間に緊張関係を生み出す可能性がある。

(イ) 民主的統制とインテリジェンスの政治化の抑止

民主国家においては、行政組織に対する理論的に最も民主的な統制は、国民による民主的な選挙を通じて選ばれた代表による統制である。したがって、インテリジェンス組織の場合も、立法府あるいは立法府の議員等による統制制度こそが、理論上は最も進んだ形態の民主的統制の制度と言い得る。

しかし同時に、インテリジェンスは、その強い権限ゆえに、政策決定者、特に政治家による濫用の対象になる危険性も孕(はら)んでいる（インテリジェンスの政治化の問題）（※第一章参照）。例えば、政策決定者たる政治家が自己の政策に有利なインテリジェンス分析を得るべく、インテリジェンス・コミュニティに対して圧力をかける危険性がある。したがって、選挙を通じて選出された主権者の代表とは言え、政治家がインテリジェンス組織の活動を無制限に支配できることは必ずしも好ましいとは限らない。

こうしたことから、インテリジェンス組織に対する民主的統制の制度を考える場合には、客観性の維持との適切なバランス、とりわけインテリジェンスの政治化の抑止（例えば、政策部門とインテリジェンス部門の分離）にも配慮する必要がある。ただし、制度の具体的な在り方は、それぞれの国の政治的、社会的、歴史的背景事情等により異なると考えられる。

政治化を抑止するための具体的な施策としては、インテリジェンス組織の長の固定任期制、政治から一定の独立性を有する組織（独立行政委員会等）による監督制度の併用等が考えられる(3)。

(ロ)　民主的統制と秘匿性の確保

前記のとおり、インテリジェンス組織の詳細は、（その存在も含めて）国家にとって秘匿性の高い事項とされる（※第一章参照）。なぜなら、インテリジェンスの意図（どのような事項に関するインテリジェンスを必要としているのか）、情報源、手法、能力等が相手側に知られてしまった場合、相手側としては防御措置が採り易くなり、それは結果として当方のインテリジェンス活動をより困難なものとする。多くの国においてインテリジェンスに関する事項の多くは秘密事項とされ、政府外に公開されることはほかの行政活動に比較しても少なくなっている。さらに、政府やインテリジェンス組織の内部においても、不必要な情報共有を避けるべきとされている（ニード・トゥ・ノウの考え方）。

他方で、インテリジェンス活動に対する民主的統制（特に立法府による統制）の過程においては、インテリジェンス機能の詳細が当該インテリジェンス組織あるいはインテリジェンス・コミュニティの外部の目に晒される可能性がある。すなわち、効果的な民主的統制を実現するための情報公開や立法府との情報共有は重要であるが、同時に、必要以上の情報公開は国家のインテリジェンス機能を弱体化させる危険性も孕んでいる。したがって、インテリジェンス組織に対する民主的統制の制度を考える場合には、この双方の要素の適切なバランスに配慮する必要がある（※第一章、第一章の補論参照）。

（二）統制の在り方（手法と主体）

（イ）統制の手法

インテリジェンス組織に対する統制制度の手法としては、一般的に次のようなものがあり得る。これらのうち特にどれか一つがほかに比較して絶対的に優れているわけではない。多くの国においては、それぞれの国の個別・具体の事情に応じて複数の手法の組合せが活用されている。

第一は、インテリジェンス組織の幹部の任命過程を通じた統制である。例えば、米国においては、主要インテリジェンス組織の長官等は、大統領による指名の後に、連邦議会上院の承認を得る必要がある。

第二は、インテリジェンス組織の予算編成過程を通じた統制である。例えば、立法府による予算の審議と承認はその典型である。また、行政府の中でも、インテリジェンス関連の予算案の編成過程において、関係する政策部局等によってインテリジェンス組織の予算に対する監督や調整等が行われ得る。ただし、インテリジェンス組織の予算は、ほかの予算から独立している場合もある一方で、ほかの予算の中に混在していて一見しただけでは分かりにくい場合もあり得る（例えば、軍事予算、大統領府や首相府の機密費予算等の中に含まれている場合）。前者のほうが後者に比べて民主的統制の程度はより高いと言い得る。

第三は、インテリジェンス組織の設置・活動根拠となる法令等の制定を通じた統制である。こうした法令等がより詳細に明文化され、かつ公開されている場合、民主的統制の程度はより高いと言い得る。

実際には、各国のインテリジェンス組織の設置・活動根拠は、①立法府の定める法律で定められている場合、②行政的な命令等で定められている場合、③法令等の明確な定めはない場合、など様々な形態があり得る。また、たとえ設置・活動根拠が法令等で定められているとしても、詳細に規定されている場合もあれば抽象的にしか規定されていない場合もあり得る。さらに、通達や内部規定等の場合は、非公開の場合もあり得る。

第四は、インテリジェンス組織の活動内容に対する監督を通じた統制である。監督の具体的な在り方をめぐっては様々な論点がある。第一は、監督を担う組織の形態である。立法府の組織、行政府内の監察組織、独立行政機関等があり得る。第二は、監督の対象の範囲、すなわち監督権限の及ぶ範囲である（狭いか広いか）。第三は、監査の実施のタイミングである（事前審査か事後審査か）（※後述〔本章一（二）（ロ）参照〕）。

（ロ）　統制の主体：立法府による統制と行政府による統制

インテリジェンス組織に対する統制制度を「統制の主体」の側面から見ると、立法府による統制制度と行政府による統制制度の二種類に大別される（※さらに、司法による統制、メディアを始め非政府主体による統制もあり得るが、これらについては本書では触れない）。それぞれの手法には長所と短所の双方があり、概ね一方の長所は他方の短所となっている。

◎立法府による統制の長所、短所、論点

前記のとおり、民主的国家においては、行政組織に対する理論的に最も民主的な統制は、選挙によって選ばれた代表、すなわち立法府による統制である。したがって、インテリジェンス組織に対する統制についても、立法府あるいは立法府の議員等による統制制度こそが理論上は最も進んだ形態の民主的統制の制度と言い得る。

　他方で、立法府による統制には幾つかの短所もあり得る。第一に、立法府における党派的対立がインテリジェンス組織に影響を及ぼし、インテリジェンスの政治化を招く可能性がある。例えば、インテリジェンス組織の長の任命や予算の承認の手続等が、インテリジェンスの本質論とは無関係に立法府における党派的駆け引きに翻弄されるような場合である。第二に、立法府の議員のインテリジェンス問題に関する専門的知識・資質等が豊富ではない場合には実質的に十分な統制が実施し得ない可能性がある。第三に、インテリジェンス活動の秘匿性の保持に対して脆弱な面がある。民主的国家においては、立法府での審議は公開が原則の場合が少なくない。したがって、こうしたリスクを低減するためには、立法府側において秘密保全のための適切な制度や設備を整備する必要が生じる。

　立法府によるインテリジェンス組織に対する統制に関連する論点としては、第一に、担当組織を一つにするか複数にするかという問題がある。例えば、立法府そのものは二院制を採っていてもインテリジェンス組織に対する立法府側の統制組織は一つである場合もある（イギリス、ドイツ、カナダ等）。他方、米国においては、連邦の上下両院それぞれに担当の委員会が設置されている。

　論点の第二は、統制組織の権限の範囲である。インテリジェンス組織の概括的な活動方針等の統制に止まるか、あるいは個別の活動内容の詳細についてまで統制の権限が及ぶのかが論点となる。前者の場合には、担当者には必ずしもインテリジェンスの専門的かつ詳細な知識は必要とされないし、監督の過程や結果を一般に公開することも比較的容易である。他方、後者の場合には逆に、担当者には専門的な知識が要求され、監督の結果等の公表には、秘匿性の確保の観点から慎重を期す必要が生じる（例えば、米国連邦議会上下両院のインテリジェンス問題の担当委員会の権限は後者に近い）。加えて、統制の実施のタイミングも論点となる。事後的な監督だけを行うのか、あるいは一定の活動に関しては事前の報告や承認を要求するかの点である。

◎行政府による統制の長所、短所

行政府による統制の長所としては、第一に、行政府自身が有するインテリジェンスに関する専門的な知識等に基づいて、立法府に比較してより深い内容の統制を行うことが可能である。第二に、立法府に比較して、インテリジェンス活動の秘匿性の保持の程度は高くなる。

しかし、行政府による統制はあくまでも行政府自身による内部的な統制にすぎない。主権者である国民とのつながりは間接的である。したがって、立法府による統制に比較して、民主的な統制の程度は低いものとなる。

◎両者の関係

立法府による統制と行政府による統制は必ずしも相互に排他的なものではない。前記のように、それぞれに長所と短所があることから、双方を上手く組み合わせて総合的に効果的な制度を構築する必要があると考えられる。[4] 実際、インテリジェンス組織に対する民主的統制制度の在り方は各国様々である。米国を始め各国とも自国に独自の政治的、社会的、歴史的背景があり、それに基づいて各国ごとに異なるインテリジェンス機能及びそれに対応する民主的統制の制度が構築されているのが現状である（※本章三参照）。

以前には、「大統領制を採用している国（例えば米国、フランス）では立法府による統制が比較的有効であり、議院内閣制を採用している国（例えばイギリス、カナダ、オーストラリア等）では行政府による統制が比較的有効である」との議論もあった。しかし、欧米先進諸国等における現在の状況は必ずしもそうはなっていない。例えば、議院内閣制を採っている国においても、ドイツ及びオーストラリアでは以前より立法府による統制に重点が置かれている。イギリス及びカナダにおいても、以前は行政府による統制が中心だったが、スノーデン事案（二〇一三年）を契機に、立法府による統制を中心とした制度改編が実施されている。他方、フランス（大統領制）においては、立法府による統制は必ずしも強くはない。こうしたことから、以前のような「大統領制か議院内閣制か」に基づいて単純に二分する見方は現在では少なくなっているとみられる。

二　米国における民主的統制の制度

(一) 総論

米国におけるインテリジェンス組織に対する民主的統制の制度は、立法府（連邦議会）による統制制度と行政府による統制制度の二種類に大別される。

両者の中でも特に立法府（連邦議会）による統制制度が他国に比較して強力なことが米国の特徴である。[5] その意味で、米国においては、連邦議会はインテリジェンス政策の策定に当たっての重要なアクターの一つであると言い得る。こうした状況の背景にある米国の歴史的、文化的要因としては以下の諸点が考えられる。[6]

第一は、米国社会におけるインテリジェンス組織に対する不信感である。[7] 従来、連邦議会はインテリジェンス・コミュニティに対する監督に関して必ずしも熱心ではなかった（※第三章参照）。しかし、一九七〇年代中盤にＣＩＡや連邦捜査局（ＦＢＩ）を始めとするインテリジェンス組織による各種の不適切な活動の疑惑が発覚し、インテリジェンス活動全般に対する不信感が社会全体で高まった。こうしたスキャンダルを契機として、連邦議会の上下両院にそれぞれ特別調査委員会が設置され、様々な調査が実施された。これ以降、両院における専門の委員会の創設を始め、連邦議会によるインテリジェンス・コミュニティへの統制権限が大幅に強化されることとなった。

第二は、米国政治における連邦議会と大統領・行政府の間の緊張・競争関係の文化である。[8] 米国合衆国憲法の定める三権分立制度は、立法府と行政府の間の緊張・競争関係の存在を前提として、行政府の活動全般に対する立法府（連邦議会）による広汎なチェック機能を定めている。連邦議会によるインテリジェンス・コミュニティに対する統制もそうしたチェック機能の一部と位置付けられる。

（二）行政府による統制制度

行政府によるインテリジェンス組織に対する統制の制度は、いわば行政府内部における自浄制度である。大別して三種類に分類される。第一に、大統領府（ホワイトハウス）直轄の常設の組織による統制。第二に、大統領府が臨時に設置する特別の組織による統制。第三は、各インテリジェンス組織内の監察組織による統制である。

行政府によるインテリジェンス組織に対する統制に関しては、一定の効果はあり得るものの、行政府内部における自浄的な統制作業である以上、最終的な制度の有効性は多かれ少なかれ大統領の意向に左右されかねないという短所がある。

（イ）大統領府（ホワイトハウス）直轄の常設の組織

大統領府の直轄の常設の組織としては、第一に、大統領インテリジェンス問題諮問委員会（ＰＩＡＢ：President's Intelligence Advisory Board）がある。ＰＩＡＢは、インテリジエンス・コミュニティから独立した大統領直属の諮問組織であり、大統領に任命された一六名以内の委員から構成される。これらの委員は、非政府職員の有識者から選ばれることとされている。ＰＩＡＢは、インテリジェンス・コミュニティの活動の効率性、有用性等に関して大統領に対して諮問を行うことを任務としている。[9] 一九五六年にアイゼンハワー大統領（当時）によって設立された対外インテリジェンス活動に関する大統領諮問委員会（The President's Board of Consultants on Foreign Intelligence Activities）が原型となっており、同委員会が数度の改組、改名を経て二〇〇八年に現在の名称となった。

第二に、ＰＩＡＢの附置組織としてインテリジェンス監督委員会（ＩＯＢ：The Intelligence Oversight Board）が設置されている。ＩＯＢは、ＰＩＡＢ議長によって任命された四名以下のＰＩＡＢ委員によって構成され、インテリジェンス・コミュニティの法令遵守の状況を監督することを任務としている。[10] ＩＯＢは、一九七六年にフォード大統領（当時）によってＰＩＡＢとは別個の大統領直属組織として設立されたが、一九九三年にＰＩＡＢの附置組織に改組された。

なお、行政府内の独立行政委員会として、プライバシー・人権監視委員会（ＰＣＬＯＢ：Privacy and Civil Liberties Oversight Board）がある。ＰＣＬＯＢは、政府のテロ対策活動を、プライバシーと人権擁護の観点から監督することを任務としている。[11] ＰＣＬＯＢは、いわゆる九・一一テロ調査委員会の提言を受けて、二〇〇四年に設立された。

ＰＩＡＢ及びＩＯＢは、インテリジェンス・コミュニティから独立した大統領直属の諮問組織として、行政府の一般的な組織（国家安全保障会議〔ＮＳＣ〕等）よりもハイレベルの統制をインテリジェンス・コミュニティに対して行うことが期待されている。しかし、大統領によって任命される大統領府直属の組織であることから、①大統領の意向と対立する内容の諮問はしにくい場合があり得る、②そもそも大統領が同委員会を支援し活用する意思がなければ実質的に機能し得ない、などの限界がある。例えば、二〇〇一年から二〇〇五年にＰＩＡＢ議長を務めたスコウクロフト（Brent Scowcroft）元国家安全保障担当大統領補佐官は、イラク戦争に関してブッシュ（George W. Bush）大統領（当時）と意見を異にしていたことから事実上解任されたとみられる。[12] また、実際にインテリジェンス関連の重要課題が発生した際には、大統領は、ＰＩＡＢやＩＯＢではなく、臨時に特別の組織を設置してこれに調査・検討を命じる場合も少なくない。

（ロ）大統領府が臨時に設置する特別の組織

インテリジェンスに関する深刻な問題が発生した際に、大統領府には常設のＰＩＡＢやＩＯＢが存在するにもかかわらず、大統領が別の臨時の組織を設置して調査等を実施させることがある。典型例は、二〇〇四年二月にブッシュ大統領によって設立されたいわゆるイラクの大量破壊兵器問題調査委員会（The Commission on the Intelligence Capabilities of the United States Regarding Weapons of Mass Destruction）である。同委員会は、イラクの大量破壊兵器問題をめぐるインテリジェンスの問題を調査し、大統領に対して報告することを目的として設立された。同委員会は行政命令（Executive Order）に基づいて設立され、九名の委員はいずれも大統領によって任命された[13]。また、二〇一三年八月には、スノーデン事案を契機として、オバマ（Barack Obama）大統領による覚書（Presidential Memorandum）に基づき、インテリジェンスと通信技術に関する検討グループ（Review Group on Intelligence and Communications Technologies）が設置された。同委員会は、NSAによるシギント活動等とプライバシーのバランスに関する問題の検討を行う目的で設置された[14]。

大統領の下に常設のPIABやIOBが設置されているにもかかわらずこうした特別の組織が大統領自身によって設立・活用されることは、大統領がPIABやIOBを必ずしも十分に活用していないことの証左とも考えられる。こうした臨時の組織の設置は、政治的には一定のアピール効果を持つ可能性がある。他方で、本質的には、前記の大統領府直轄の常設の組織と同様に、大統領がこれらを支援し活用する意思がなければ実質的に機能し得ない可能性がある。

（ハ）各インテリジェンス組織内の監察組織[15]

米国の連邦政府内の組織の多くは、一九七八年及び一九八八年の首席監察官法（Inspector General Act）に基づき、それぞれ内部に首席監察官（IG：Inspector General）を設置している。首席監察官は、各組織が業務の遂行に当たり法令を遵守しているか、業務目標を適切に遂行しているか、などの点について調査する権限を有している。調査を行うに当たり必要な場合には召喚状（subpoena）を発出する権限も有する。

各組織に設置されている首席監察官は、組織の中における高い独立性を制度的に保証されている。第一に、閣僚級の長を有する主要組織の首席監察官は、連邦上院の助言と承認を得て大統領によって任命される。第二に、首席監察官を罷免することができるのは大統領のみであり、各組織の長は首席監察官を罷免することはできない。第三に、各組織の長は原則として首席監察官の調査活動を制限することはできない。第四に、首席監察官は、原則として、各組織の長に対して直接報告を行うほか、特に重要な問題に関しては連邦議会に対しても報告を行わなければならない[16]。

インテリジェンス・コミュニティを統括する国家情報長官室（ＯＤＮＩ）及びＣＩＡを始め各インテリジェンス組織にもそれぞれの首席監察官が設置されている。国家情報長官室のインテリジェンス・コミュニティ首席監察官（ＩＧＩＣ：Inspector general for Intelligence Community）は、前記の首席監察官法等（合衆国法典第五〇編第三〇三三条〔50 U.S. Code Section 3033〕）に基づき二〇一〇年に創設された。半年ごとの活動報告書も公表している[17]。

こうした首席監察官制度は、高い独立性に基づき、これまでもインテリジェンス組織の活動に対して批判的な内容の調査を数多く実施するなど、一定の成果をあげていると評価し得る。例えば、二〇〇一年の九・一一テロ事件後、ＣＩＡのヘルガーソン（John L.

Helgerson）首席監察官は、同テロ事件前のＣＩＡのテロ対策の妥当性等に関する監察を実施し、事件当時のＣＩＡ長官、工作局長、テロ対策センター長を始め当時のＣＩＡ最高幹部の業務遂行に問題があった旨を指摘する内容の報告書（OIG Report on CIA Accountability With Respect to the 9/11 Attacks）を作成した（二〇〇七年八月公表）[18]。また、同首席監察官は、九・一一テロ事件以降のＣＩＡにおけるテロ容疑者に対する取調の妥当性等に関する監察を実施し、厳しい内容の報告書（Counterterrorism Detention and Interrogation Activities）を作成した（二〇〇九年八月公表）[19]。

他方で、同制度はあくまで行政府内部の統制制度であることから、調査報告書は原則として非公開に止まるなど、民主的統制の観点からは一定の限界もある。

(三) 立法府（連邦議会）による統制制度

前記のとおり、米国合衆国憲法の定める三権分立制度は、行政府の活動全般に対する連邦議会による広汎なチェック機能を認めていると解される[20]。連邦議会によるインテリジェンス・コミュニティに対する統制もそうした機能の一部と位置付けられる。連邦議会議員は国民の直接選挙によって選ばれていることから、連邦議会による統制は最も民主的な統制と考えられる。

米国の連邦議会においては、インテリジェンス問題を専門に担当する委員会が上下両院のそれぞれに設置されている。米国連邦上院インテリジェンス問題特別委員会（U.S. Senate

Select Committee on Intelligence）は一九七六年六月に、米国連邦下院インテリジェンス問題常設特別委員会（U.S. House of Representatives Permanent Select Committee on Intelligence）は一九七七年七月に、それぞれ設置された。一九七六年から七七年にかけてこうした組織が設置された背景には、一九七〇年代中盤にインテリジェンス組織の活動に対する米国社会の不信感が高まり、これをきっかけとして、連邦議会としてインテリジェンス・コミュニティに対する統制を強める機運が高まったことがある（※第三章参照）。

連邦議会がインテリジェンス・コミュニティに対して統制を行う上での主な権限としては、予算承認、政府高官人事の指名承認（上院のみ）、証言・報告等の要求、議会調査等がある。

（イ）予算の承認

連邦議会による予算審査の過程は、歳出権限の審査・承認（Authorization）と歳出額の確定（Appropriation）の二つに区別される。国家インテリジェンス計画（ＮＩＰ：National Intelligence Program）や軍事インテリジェンス計画（ＭＩＰ：Military Intelligence Program）等のインテリジェンス関連の予算もこうした手続を経る必要がある。当該手続には、上下両院のインテリジェンス問題担当の委員会も関与する。

（ロ）人事の指名承認

合衆国憲法第二条第二節第二項に基づき、連邦議会上院は、大統領が指名した閣僚、各省庁の局長級以上の幹部（政治的任命職）、連邦判事、軍の将官等の人事に関して承認を与える権限を有する。一般に、大統領から送付された人事承認案件はまず当該省庁等を所管する委員会に付託されて審議が行われ、委員会で承認が得られた後に本会議において採決が実施される。

インテリジェンス組織の幹部については、まず連邦議会上院インテリジェンス問題特別委員会において審議が行われ、同委員会において承認が得られた後に本会議において採決が実施される。委員会での審議に当たっては、公聴会が開催され、被指名者本人が証言を行うのが一般的である。

人事の指名承認は非常に強い権限である。過去には、ＣＩＡ長官に指名された被指名者が当該手続における紛糾を懸念して指名を辞退した事例もみられる。例えば、一九八七年のゲーツ（Robert Gates）や一九九七年のレイク（Anthony Lake）は指名を辞退した（※ゲーツはその後、一九九一年に連邦議会上院の承認を得てＣＩＡ長官に就任した）。また、二〇〇八年、ブレナン（John Brennan）はオバマ政権の発足に当たりＣＩＡ長官の有力候補者として取り沙汰されていたが、正式に指名を受ける前に辞退を表明した（※ブレナンはその後、第二次オバマ政権下で指名を受けて二〇一三年三月にＣＩＡ長官に就任した）。

（八）証言・報告等の要求、議会調査

連邦議会は、前記のような予算承認、人事承認等の職務を遂行するに当たり、インテリジェンス・コミュニティを含む政府組織に対して、議会での証言や議会への報告等を求めることができる。

さらに、連邦議会は、特に重要な問題に関しては独自の調査を実施することができる。例えば、一九七六年、ＣＩＡ等による違法なインテリジェンス活動の疑いに関し、連邦上下両院はそれぞれ専従の委員会を設置して調査を実施した（いわゆるチャーチ委員会〔Church Committee〕とパイク委員会〔Pike Committee〕）（※第三章参照）。また、九・一一テロ事件に関して連邦上下両院の合同インテリジェンス委員会が調査を実施したほか、二〇〇六年九月にはイラクの大量破壊兵器問題に関して連邦上院インテリジェンス問題特別委員会が調査報告書を公表した(21)。このほか、二〇一〇年五月、二〇〇九年一二月二五日に発生したアムステルダムからデトロイトに向かう米国旅客機に対するテロ未遂事件に関して、連邦上院インテリジェンス問題特別委員会が調査報告書を公表した(22)。また、二〇一四年一月、二〇一二年九月一一日に発生した在ベンガジ米国政府公館襲撃事件に関して、同委員会が調査報告書を公表した(23)。

(二) 立法府による統制の直面する課題：秘匿性の保持とのバランス

連邦議会がインテリジェンス・コミュニティに対する民主的統制を十分かつ効果的に実行するためには、機微なインテリジェンスも含めて必要な情報へのアクセスが保証されていることが必要である。しかし同時に、行政府がインテリジェンス機能を円滑に運営するためには、インテリジェンス活動の秘匿性の保持が重要である（※第一章参照）。すなわち、インテリジェンス・コミュニティ側が連邦議会に提供した情報が不適切に外部に漏えいされるようなことがあるとすれば、インテリジェンス活動が著しく損なわれる可能性がある。こうしたことから、民主的統制（特に、立法府とのインテリジェンスの共有）と秘匿性の保持の適切なバランスの確保が重要な課題となる（※第一章の補論参照）。

この点に関し、合衆国法典第五〇編三〇九一条(a)項（50 U.S. Code Section 3091 (a)）は、「インテリジェンス活動の議会への報告」に関する基本原則として「大統領は、連邦議会のインテリジェンス問題の担当委員会が、米国のインテリジェンス活動に関して完全かつ最新の報告を受けるよう確保しなければならない」旨を定めている。同時に、同条(d)項は、「上下両院は、国家情報長官との協議に基づき、議会のインテリジェンス問題の担当委員会に提供される秘密情報等の不適切な漏えい等を防止するための手続等を、議会の規則等によって確立しなければならない」旨を定めている。

秘匿性の確保のための連邦議会における具体的な措置の例としては次のものがある。

第一に、連邦議会とのインテリジェンスの共有は、連邦議会全体との間でなされるのではなく、上下両院のインテリジェンス問題担当委員会との間で実施される（前記の合衆国法典第五〇編三〇九一条(a)項）。

第二に、連邦議会におけるインテリジェンス関連の審議や公聴会等は、必要に応じて秘密会（closed session）として開催される場合もある。特に、秘密工作活動等に関する極めて機微な事項に関しては、（インテリジェンス問題担当委員会のメンバー全員ではなく）少数の議会指導者のみに報告すれば足りる旨が定められている（いわゆるギャング・オブ・エイト〔Gang of Eight〕及びギャング・オブ・フォー〔Gang of Four〕の制度）（合衆国法典第五〇編三〇九三条(c)項（二）〔50 U.S. Code Section 3093 (c)(2)〕）[24]。

第三に、連邦上下両院のインテリジェンス問題担当委員会で勤務する議会職員は、業務上機微なインテリジェンスに触れる場合もあることから、必要に応じて行政府のセキュリティ・クリアランス制度の適応を受けることとされている（※セキュリティ・クリアランスの制度は、民主的な選挙によって選出された連邦議会議員には適用されない〔大統領、副大統領、最高裁判事等も同様である〕[25]。ただし、議員が機密を漏えいした場合には、議会による懲罰の対象となる場合がある）。

三　その他の国における民主的統制の制度

前記のとおり、米国におけるインテリジェンス組織に対する統制の制度は、他国の制度に比較して、①全般的に統制力が強いこと、②特に立法府（連邦議会）による統制力が強いこと、等の点に特徴がある。以下では、イギリスを始めその他の国の状況を概観する。

(一) イギリス

(イ) 歴史的経緯

イギリスのインテリジェンス活動の歴史は米国に比較して長い。一六世紀頃には国家としてのインテリジェンス活動が実施されていたとみられる。現在の秘密情報部（ＳＩＳ：いわゆるＭＩ６）と保安部（ＳＳ：いわゆるＭＩ５）の前身である秘密活動局（ＳＳＢ：Secret Service Bureau）は一九〇九年に創設された。

しかし、イギリスにおいては、長期間にわたりインテリジェンス組織やその活動の根拠法令は存在しなかった。ＳＳは一九八九年制定の保安部法（The Security Service Act 1989）により、ＳＩＳは一九九四年制定のインテリジェンス組織法（The Intelligence Services Act 1994）により、それぞれ初めて法的根拠を持つこととなった。さらに、一九九四年のインテリジェンス組織法に基づき、インテリジェンス組織に対する統制組織であるインテリジェンス保安委員会（ＩＳＣ：Intelligence and Security Committee）が創設された。ＩＳＣの創設以前は、各インテリジェンス組織は、行政組織の一つとして政府内の中における行政的な統制に服するのみであった（議院内閣制の下では、各行政組織を管理する閣僚と内閣は議会に対して責任を持つこととなっている）[26]。

こうした状況の背景として、第一に、イギリスにおいては、歴史的にインテリジェンス組織に対する国民感情が比較的寛容であることが考えられる。すなわち、同国においては、歴史上、インテリジェンス組織の暴走が深刻な国民の人権侵害を引き起こしたことが明らかになった事例等は少ないとみられる。したがって、米国等に比較すると、社会の中において「インテリジェンス組織に対する不信感の文化」が比較的薄いものと考えられる[27]。第二に、イギリスにおいては、立法府と行政府の信頼関係は、いわゆる「コリジアリティ(collegiality：同輩間の協力関係)と合意形成の文化」を背景として、米国の例と比較すると伝統的に良好であるとの指摘もある[28]。

こうした歴史的背景にもかかわらず、一九八九年から一九九〇年代初頭にかけて、前記のようなインテリジェンス組織に対する法的規制の整備が進められた。理由として、当時、イギリスは、欧州連合（ＥＵ）加盟のプロセスにおいて所定の加入要件を充足するためにこうした制度の体裁を整える必要があったものとみられる[29]。すなわち、イギリス社会において必ずしも強い要請があったわけではないと考えられる[30]。こうした背景もあり、創設当初のＩＳ

Cは、権限が限定的であるとともに、議会に対する責任関係もやや曖昧であった。すなわち、ISCは、（構成委員は国会議員であったものの）行政府の一部局的な性格を残し、完全なる「立法府による統制組織」とは言えない組織であった。[31]

設立当初のISCの活動に関しては、限定的な権限や体制にもかかわらず、比較的上手く機能していたとの評価もある。[32] 他方で、二〇〇〇年代以降は、イラクの大量破壊兵器問題（二〇〇三年）や二〇〇五年七月七日のロンドンにおけるテロ事件等に関するISCによる調査報告の内容が不十分であるなど、その限界を指摘する評価もみられた。[33]

二〇一三年以降、イギリスにおけるインテリジェンスに対する民主的統制制度は大きく改編された。第一に、同年、ISCの根拠法は前記のインテリジェンス組織法から司法保安法（The Justice and Security Act 2013）に改められた。組織の名称も、議会インテリジェンス保安委員会（The Intelligence and Security Committee of Parliament）に改められた（略称は引き続きISC）。この結果、同委員会は、立法府による統制組織としての性格が明確化されるとともに、各種の権限も強化された。この背景には、同年のスノーデン事案等を通じて政府通信本部（GCHQ）の活動実態が明らかになるなど、イギリスにおいても、インテリジェンス組織に対するより効果的な民主的統制制度、特に立法府による統制制度の整備を求める世論が高まったこと等があるとみられる。[34] なお、二〇一六年には調査権限法（Investigatory Powers Act 2016）に基づき、ISCとは別に、調査権限委員会事務局（IPCO：Investigatory Powers Commissioner's Office）が創設された。IPCOは、いわゆる独立行政委員会であり、主にＧＣＨＱ等によるシギント活動の適法性等の監督を担っている[35]。

(ロ)　ＩＳＣの構成、権限等[36]

二〇一三年の組織改編以降のＩＳＣは、立法府の組織と位置付けられている。前記のとおり、組織改編以前は、行政府の一部局的な性格を残し、立法府の組織とは必ずしも言い切れない組織であった。

ＩＳＣの構成委員（上下両院の九名の国会議員）は、首相の指名に基づき議会によって任命される。また、報告は議会に対して直接行われる。組織改編以前は、首相が野党党首との協議に基づき委員を任命していた。また、年次報告書はまず首相に報告され、首相の承認を得た上で国会の両院に報告されていた。

現在のＩＳＣの監督権限は、ＳＳ、ＳＩＳ及びＧＣＨＱのほか、国防省系のインテリジェンス組織や内閣府の合同インテリジェンス委員会（ＪＩＣ）等にも及ぶ。また、監督権限が及ぶ業務の範囲は、各インテリジェンス組織の予算支出、組織管理及び政策評価等に加えて、各組織の実施する個別具体の活動等にも及ぶ。組織改編以前の監督権限は、ＳＳ、ＳＩＳ及びＧＣＨＱに限定されていた。また、監督権限が及ぶ業務の範囲についても、各インテリジェンス組織の予算支出、組織管理及び政策評価等に限定されていた。

	米　国＊	イギリス	オーストラリア	ドイツ	カナダ＊＊
	連邦上院 インテリジェンス特別委員会 Senate Select Committee on Intelligence （SSCI）	議会インテリジェンス・保安委員会 The Intelligence and Security Committee of Parliament （ISC）	議会インテリジェンス・保安合同委員会 Parliamentary Joint Committee on Intelligence and Security （PJCIS）	議会監督委員会 The Parliamentary Oversight Panel （PKGr）	議員安全保障・インテリジェンス監督委員会 The National Security and Intelligence Review Committee of Parliamentalians （NSICOP）
①法的根拠	・連邦上院決	・法律	・法律	・法律	・法律
②監視対象組織	・IC機関全てが対象	・IC機関全てが対象	・IC機関全てが対象	・IC機関全てが対象	・IC機関全てが対象
③構成員・組織 独立した事務局	・構成員：上院議員（15人） ・任命権者：上院議長 ・委員数配分：与党8人、野党7人 ・自前の事務局あり	・構成員：上下院議員（8人） ・任命権者：首相 ・自前の事務局あり	・構成員：上下院議員（11人） ・任命権者：議院 ・委員数配分：党派の議席比率 ・自前の事務局あり	・構成員：上下院議員 ・任命権者：議院 ・議長は与野党1年交代 ・自前の事務局あり	・構成員：上下院議員等（10人） ・任命権者：総督（首相が指名） ・自前の事務局あり
④権限範囲	・個別案件含む活動全般 ・勧告権（強制力なし） ・予算案審議権、人事同意権	・個別案件含む活動全般 ・勧告権（強制力なし）	・個別案件含まない活動全般 ・勧告権（強制力なし）	・個別案件含む活動全般 ・勧告権（強制力なし）	・進行中の個別案件を含まない活動全般 ・勧告権（強制力なし）

⑤会議の開催	・会期中週2回程度（慣例） ・原則として秘密会	・会期中週1回程度（慣例） ・原則として秘密会	・会期中週1回程度（慣例）	・最低3ヵ月に1回 ・原則として秘密会	・適宜
⑥構成員の任期身分保証	・任期制限なし ・非行等の理由ない罷免なし	・任期制限なし ・非行等の理由ない罷免なし	・任期制限なし ・非行等の理由ない罷免なし	（不明）	・任期制限なし ・非行等の理由ない罷免なし
⑦内部告発（公益通報）制度	・制度あり	・制度なし	・制度なし	・制度あり	・制度なし
⑧報告書等作成	・報告書等適宜作成 ・報告先：上院	・年次報告書作成 ・報告先：議会	・年次報告書作成 ・報告先：議会	・会期中最低2回 ・報告先：議会	・年次報告書作成 ・報告先：首相
⑨機密へのアクセス権限	・アクセスあり（個別案件含む） ・例外的なアクセス権の制限あり	・アクセスあり（個別案件含む） ・例外的なアクセス権の制限あり	・アクセスあり（個別案件含まず） ・例外的なアクセス権の制限あり	・アクセスあり（個別案件含む） ・例外的なアクセス権の制限あり	・アクセスあり（個別案件含む） ・例外的なアクセス権の制限あり

図表８－１　各国の立法府におけるインテリジェンス監督組織

* 米国では連邦議会の上下両院にそれぞれ委員会があるが、便宜上、上院の情報特別委員会についてのみ記載した。上下両院の制度は、細部に違いはあるものの大きな相違はない。

** カナダのNSICOPは、法令上、議会の委員会ではないとの位置付けになっている。

(出典：Richardson and Gilmour. Intelligence and Security Oversight (2016), pp.43-128[37]　及び各機関の公式HP掲載情報に基づき筆者作成)

(三) その他の国

【図表8－1】は、米国、イギリスに加えて、オーストラリア、ドイツ、カナダにおける立法府によるインテリジェンス・コミュニティに対する民主的統制の制度の概要である。

第一に、これらの国においてはいずれも、議会（あるいは議会議員）によるインテリジェンス・コミュニティに対する統制に専従する組織が存在している（カナダの組織は、法令上、議員によって構成される組織ではあるものの、厳密には議院の組織ではない）。第二に、各国の制度の内容は、類似性はあるものの、必ずしも同一ではない。背景に、各国における政治的、歴史的、社会的文化の相違の影響があると考えられる。第三に、二〇一〇年代中盤以降の各国における一般的な傾向としては、立法府による統制が強化される傾向にあるとみられる（特に、イギリス及びカナダ）。背景には、前記のとおり、スノーデン事案（二〇一三年）の影響があると考えられる。なお、一部の国においては、立法府による統制の短所（専門性の不足）を補うべく、より専門性の高い独立行政委員会等による監視を併用する制度も見られる（イギリス、カナダ等）。

四　日本における状況

(一) 概観

日本は、ほかの欧米先進国等に比較して、インテリジェンス・コミュニティに対する民主的統制の制度は簡素なものとなっている。特に、インテリジェンス・コミュニティに対する統制に専従する制度が立法府（国会）に設置されていない。この点は、日本のインテリジェンス制度の主要な特徴の一つと考えられる（※第三章参照）。こうした状況の背景として、日本においてはそもそもインテリジェンス・コミュニティの組織や活動の規模が比較的小規模であり権限も弱いものとなっている。こうしたことから、インテリジェンスに対する民主的統制の問題は、政治上の主要課題として十分に顕在化してこなかったと考えられる。(38)

（二）行政府による統制

日本におけるインテリジェンス・コミュニティに対する民主的統制の制度は、日本国憲法の定める議院内閣制の下で、国権の最高機関である国会による行政組織全体に対する民主的統制制度の一部として成立している。

具体的には、インテリジェンス・コミュニティのメンバーである各組織（内閣情報調査室、警察庁、公安調査庁、外務省、防衛省等）はいずれも政府の行政組織（あるいはその一部局）であり、各行政組織の長である国務大臣の統括の下に服することとされている（国家行政組織法第一〇条）。また、各国務大臣は内閣の一員であり、行政権の行使について国会に対し内閣として連帯して責任を負うこととされている（日本国憲法第六六条第三項）。加えて、国政調査権（同第六二条）、内閣不信任案の議決（同第六九条）等も国会の内閣に対する民主的統制を担保する手段となっている。したがって、いずれかのインテリジェンス組織の活動に何らかの問題が生じた場合には、当該組織の担当国務大臣が内閣の一員として国会に対して責任を負うことになる。加えて、行政府内部の統制として、当該業務の担当者等が内部的に処分を受ける可能性もあり得る。いずれにせよ、これらの措置はインテリジェンス組織に限らずほかの行政組織においても同様である（警察の場合は、国及び都道府県の双方に、警察に対する民主的統制を担う組織として公安委員会の制度がある）。

（三）立法府による統制(39)

前記のとおり、日本においては、インテリジェンス・コミュニティに対する統制に専従する制度が立法府に設置されていない。二〇一四年には、衆参両院にそれぞれ情報監視審査会が設置された。しかし、同委員会は、特定秘密保護法の運用の監督を主な目的としたものであり、インテリジェンス・コミュニティに対する包括的・全般的な監督を主たる目的としたものではない。すなわち、同審査会の権限が及ぶのは、インテリジェンス組織の業務の中で秘密保護制度の運用に関連する領域に限定される。その意味で、米国、イギリス等における制度とは異なるものである。

他方、情報監視審査会の制度設計や活動の実態に鑑みると、国会におけるインテリジェンス・リテラシーの向上に資する点も認められる。例えば、秘密会の原則を始めとする秘密保全のための各種制度は、日本においては従来例外的にしか存在しなかったものであり、情報監視審査会制度の創設を機に初めて本格的に導入された。したがって、もしも将来的に日本においても「議会によるインテリジェンス・コミュニティに対する民主的統制の組織」が設置されるとすれば、現在の同審査会の制度とその活動は、そうした将来の制度設置に向けた実質的な準備となっている可能性もある。

（四）将来の見通し

インテリジェンス組織に対する社会の見方に関し、日本においては、第二次世界大戦前及び戦中における特高警察の事例等もあり、社会の中において「インテリジェンス組織に対する不信感の文化」は比較的顕著であるとみられる。すなわち、この点においては、イギリスよりも米国の状況に近いと考えられる。

一方、立法府（議会）と行政府の関係に関し、日本においては、戦前・戦中に政党間の党派的対立が警察組織等の中立性を損なったという歴史的経緯もあり、警察活動を始めとする権力的な行政活動に対する「政治的中立性の確保」を重視する意識が社会に根強いとみられる。したがって、日本の状況は、米国のような「選挙を通じて国民によって選ばれた議会による統制に信頼を置く」状況とは異なるし、イギリスのような「コリジアリティに基づき議会と政府の間に良好な信頼関係が構築されている」状況とも異なるとみられる。

こうした「国家のインテリジェンス活動等に対する不信感」と「警察組織やインテリジェンス組織等に対する政治的中立の確保の重視」は、（米国やイギリス等と異なる）日本に特有な歴史的、政治的、文化的な特徴と考えられる。将来的に日本におけるインテリジェンスに対する民主的統制の制度を検討する際には、他国の制度を参考にしつつも（「イギリス型か、米国型か」といった単純な議論を行うのではなく）、こうした日本の特有の状況を踏まえつつ、日本に最も適した制度の在り方を検討する必要があると考えられる。

注

（1）小林良樹（二〇二三）「インテリジェンス組織に対する国民の認識――米英加における世論調査の結果分析」『ガバナンス研究』第一九巻、五七―九七頁。

（2）Samuels, R. J. (2019). *Special Duty: A History of the Japanese Intelligence Community*. Cornell University Press, pp.27-29.

（3）Leigh, I. (2009). The accountability of security and intelligence agencies. In L. K. Johnson (Ed.), *Handbook of intelligence studies* (pp.67-81). Routledge, p.69.

（4）Leigh. The accountability of security and intelligence agencies, p.71.

（5）Lowenthal, M. M. (2022). *Intelligence: From Secrets to Policy* (9th ed.). CQ Press, an imprint of SAGE, p.16; p.301. Davies, P. H. J. (2010). Britain's machinery of intelligence accountability: Realistic oversight in the absence of moral panic. In D. Baldino (Ed.), *Democratic oversight of intelligence services* (pp.133-157). Federation Press, p.134.

（6）小林良樹（二〇一二）「インテリジェンス・コミュニティに対する民主的統制の制度――政治的、歴史的、社会的文化の影響」『国際政治』第一六七号、六三―六四頁。

（7）Samuels. *Special Duty: A History of the Japanese Intelligence Community*, p.29. Davies. Britain's machinery of intelligence accountability: Realistic oversight in the absence of moral panic, p.134.

（8）Davies. Britain's machinery of intelligence accountability: Realistic oversight in the absence of moral panic, p.135.

（9）国家情報長官室の公式ホームページ。https://www.dni.gov/index.php/who-we-are/organizations/123-about

（10）国家情報長官室の公式ホームページ。https://www.dni.gov/index.php/who-we-are/organizations/123-about

（11）国家情報長官室の公式ホームページ。https://www.dni.gov/index.php/who-we-are/organizations/123-about

（12）Lowenthal. *Intelligence: From Secrets to Policy*, p.303.

（13）大統領府のアーカイブ。https://georgewbush-whitehouse.archives.gov/wmd/

（14）国家情報長官室の公式ホームページ。https://www.dni.gov/index.php/review-group

（15）新田紀子（二〇〇三）「インテリジェンス活動に対する監査（oversight）制度」、日本国際問題研究所（編）『米国の情報体制と市民社会に関する調査』（平成一四年度外務省委託研究報告）、五三―五五頁。

（16）新田「インテリジェンス活動に対する監査（oversight）制度」、五四頁。

（17）国家情報長官室の公式ホームページ。https://www.dni.gov/index.php/who-we-are/organizations/icig/icig-who-we-are

（18）ＣＩＡの公式ホームページ。https://www.cia.gov/readingroom/document/0001499482

（19）ＣＩＡの公式ホームページ。https://www.cia.gov/readingroom/document/5856717

（20）松橋和夫（二〇〇三）「アメリカ連邦議会上院の権限および議事運営・立法補佐機構」、国立国会図書館調査及び立法考査局『レファレンス』二〇〇三年四月号、四六頁。

(21) Report of the Selected Committee on Intelligence on Postwar Findings about Iraq's WMD Programs and Links to Terrorism and How They Compare with Prewar Assessments (September 2006).

(22) Report of the Selected Committee on Intelligence: Attempted Terrorist Attack on Northwest Airlines Flight 253 (May 2010).

(23) Report of the U.S. Senate Selected Committee on Intelligence: Review of the Terrorist Attacks on U.S. Facilities in Benghazi, Libya, September 11-12, 2012 (January 2014).

(24) Lowenthal. *Intelligence: From Secrets to Policy*, p.321.

(25) Christensen, M. D. (2023). *Security Clearance Process: Answers to Frequently Asked Questions* (*CRS Report R43216, October 5, 2023*). Congressional Research Service, p.5.

(26) Davies. Britain's machinery of intelligence accountability: Realistic oversight in the absence of moral panic, p.141.

(27) Davies. Britain's machinery of intelligence accountability: Realistic oversight in the absence of moral panic, pp.134-136. Krieger, W. (2009). Oversight of Intelligence: A Comparative Approach. In G. F. Treverton, and W. Agrell (Eds.), *National Intelligence Systems: Current Research and Future Prospects* (pp.210-234). Cambridge University Press, p.227.

(28) Gill, P. (2016). The United Kingdom: Organization and Oversight after Snowden. In B. de Graaff, and J. M. Nyce (Eds.), *Handbook of European Intelligence Cultures* (pp.419-430). Rowman & Littlefield, p.420; p.423.

(29) Gill. The United Kingdom: Organization and Oversight after Snowden, p.421

(30) Davies. Britain's machinery of intelligence accountability: Realistic oversight in the absence of moral panic, p.135. Phythian, M. (2009). Intelligence oversight in the UK: The case of Iraq. In L. K.

Johnson (Ed.), *Handbook of Intelligence Studies* (pp.301-314). Rutledge, p.303.

(31) Krieger. Oversight of Intelligence: A Comparative Approach, p.226.

(32) Leigh, I. (2007). The UK's intelligence and security committee. In H. Born and M. Caparini (Eds.), *Democratic control of intelligence services: Containing rogue elephants* (pp.177-194). Ashgate, pp.192-194.

(33) Gill. The United Kingdom: Organization and Oversight after Snowden, p.426; Phythian. Intelligence oversight in the UK: The case of Iraq.

(34) Gill. The United Kingdom: Organization and Oversight after Snowden, pp.421-422; p.426. Defty, A. (2019). Coming in from the cold: bringing the Intelligence and Security Committee into Parliament. *Intelligence and National Security, 34*(1), p.31.

(35) イギリスＩＰＣＯ公式ホームページ。https://www.ipco.org.uk/

(36) イギリスＩＳＣ公式ホームページ。https://isc.independent.gov.uk/

(37) Richardson, S. and Gilmour, N. (2016). *Intelligence and Security Oversight: An Annotated Bibliography and Comparative Analysis*. Palgrave Macmillan.

(38) 金子将史（二〇一一）「相応の〝実力〟を持てるのか——日本」、中西輝政・落合浩太郎（編著）『インテリジェンスなき国家は滅ぶ』亜紀書房、二九九—三四四頁。

(39) 小林良樹（二〇二二）「国会によるインテリジェンス・コミュニティに対する民主的統制——情報監視審査会によるインテリジェンス監督機能の評価」『ガバナンス研究』第一八号、四三—七一頁。

官邸における情報機能の強化の方針

平成二〇年二月一四日
情報機能強化検討会議

1　はじめに

複雑多様化する国際情勢の下、我が国の国益を守り、国民の安全を確保するためには、政府の情報機能を強化することにより、より多くの質の高い情報を収集し、それらに高度の分析を加え、適正な政策判断を支えていくことが必要である。特に、国家安全保障に関し、官邸司令塔機能の強化が図られる中、官邸における情報機能の強化が急務となっている。

情報機能強化検討会議では、一昨年一二月一日に設置されて以来、官邸司令塔機能を支えるため我が国の情報部門として何を成し得るか、政策部門との連接、情報の収集及び情報の集約・分析から成る情報サイクルの構成要素の一つ一つに検討を加えるとともに、情報基盤の整備及び情報の保全の徹底という情報機能のインフラ整備に至るまで密度の濃い検討を集中的に行い、昨年二月二八日に官邸における情報機能強化の基本的な考え方を取りまとめたところである。その後、本検討会議では、基本的な考え方を具体化すべく更に検討を行い、この度、官邸における情報機能強化策を取りまとめたので、ここに公表する。

2　情報機能の強化

（1）政策との連接

①政策と情報の分離

情報部門においては、政策部門の情報関心に基づいて、情報を収集し、収集された情報の集約・分析を行い、その成果を政策部門に提供する。他方、政策部門は、提供された情報を政策立案及びその実施に活用し、その上で、新たな情報関心を提示する。適正な政策判断を行うためには、収集された情報を政策部門から独立した客観的な視点で評価・分析する別個の部門が必要であることから、官邸における政策部門と情報部門は、官邸首脳の下、別個独立の組織とし、政策と情報の分離を担保する。

②政策と情報の有機的な連接

政策と情報の分離を前提としつつ、政策判断に資する情報の提供を確保するためには、両者の有機的な連接が必要である。そのため、官邸首脳の指揮の下、官邸の政策部門からの情報関心が明確かつタイムリーに情報部門に伝えられ、他方、政府が保有するあらゆる情報手段を活用した総合的な分析（オール・ソース・アナリシス）によりその価値が最大化された情報が政策部門に提供されるよう、内閣情報会議、内閣情報官及び各情報機関が連携して機能する。

○内閣情報会議

内閣情報会議を官邸の政策部門からの参加も得る形に再編し、同会議において官邸の政策部門の中長期的な情報関心を情報部門に対して提示するとともに、その情報関心に適切に応えるオール・ソース・アナリシスの成果を報告する。

具体的には、現行メンバーに加えて、官邸の政策部門の代表として、内閣官房副長官補（内政、外政、安全保障・危機管理）その他の関係者が出席することとするほか、拡大情報コミュニティ省庁（(3) ②参照）の代表も出席することとし、官邸の政策部門の情報関心を踏まえて情報部門全体で中長期の情報重点を策定することができるようにする。また、情報重点の策定及び定期報告のための会議を年2回開催するほか、緊急の対応を要する場合、重要な報告のある場合等に随時開催することとする。

○内閣情報官

内閣情報官は、官邸首脳への定期的なブリーフィング等の機会を通じて、時々刻々変動する官邸首脳の情報関心の機動的な提示を受けるとともに、オール・ソース・アナリシスの成果を官邸首脳に報告する。また、内閣情報官は、官邸の政策部門に対して、オール・ソース・アナリシスに基づく情報をタイムリーに提供するものとし、そのため、官邸首脳の指示を受けて、官邸の政策部門の重要会議に出席する。さらに、これらの情報関心の提示、情報提供等について、情報コミュニティ内で共有することにより、政策と情報の日常的な結節点として機能する。

○各情報機関

各情報機関から官邸首脳への直接報告のルートも確保し、その際には、各情報機関は、内閣情報官との間で、官邸首脳に情報が適切に提供されることを確保するために必要な連絡を行うものとする。

(2) 収集機能の強化

①対外人的情報収集機能の強化

今日の国際的な諸課題のうち、国際テロ、大量破壊兵器拡散、北朝鮮等の問題に関する情報は、我が国の安全保障又は国民の安全に直接かかわるところであり、その収集は喫緊の課題であって、これらの国や組織の意図を把握する必要性は増大している。

現在、在外公館において、広範な人脈の構築を通じて多様な人的情報収集活動が行われているほか、人的体制の強化に向けた取組みが進められており、また、情報関係の各省庁においても、各級職員の海外への派遣等による対外情報の収集が行われているが、上記のような情報収集の対象国や組織は閉鎖的で、その内部情報の入手が困難であることが多く、そうした情報が不足している状況にある。

この問題に取り組むため、在外公館及び情報関係の各省庁における取組みを強化するとともに、更に質の高い情報収集を実現するため、今後、研修強化や知識及び経験の蓄積を通じて対外人的情報収集に携わる専門家の育成に努めるほか、より専門的かつ組織的な対外人的情報収集の手段、方法及び態勢の在り方についての研究を深めることとする。これらの取組みのため、関係省庁の一層の連携強化を図り、情報コミュニティが一体となってその総合力を発揮する。

②その他の情報収集機能の強化

その他の政府における既存の情報収集手段についても、人員及び予算を確保し、次の施策を実施することによりその能力の維持・拡充を図る。

○内閣における情報収集機能

・情報収集衛星

情報収集衛星4機体制により画像情報の収集を行うとともに、より高性能の衛星を開発するための体制を強化する。また、画像情報に関する機能強化のため、地球上で発生する様々な事象に対して迅速的確に対応することが可能となるよう分析体制を強化するほか、分析官に対する教育・訓練の充実及び職員の長期間の在職が可能となるような枠組みの構築を図る。

・公開情報

情報コミュニティにおける公開情報収集の実態を基に、役割分担による効率化、データベース化等の諸方策について、ラヂオプレスの活用も含め検討する。

○各省庁における情報収集機能

● 国民の安全及び国の治安の確保のため、警察庁及び都道府県警察において、諜報（ちょうほう）、大量破壊兵器の拡散、国際テロ等の未然防止等に資する情報の収集を更に強化する。（警察庁）

● 我が国及び国民の安全・安心を確保するため、北朝鮮、国際テロ、大量破壊兵器拡散等の問題に関する情報収集能力を更に強化する。（公安調査庁）

● 在外公館及び外務本省における対外情報収集能力を組織的に強化するための全省的な体制を整える。また、情報収集活動に関するノウハウの蓄積、職員の能力向上のための研修等を通じ、在外公館の情報収集態勢の専門化及び強化を図る。さらに、ラヂオプレスの一層の活用により、公開情報収集体制の強化を図る。（外務省）

● 大量破壊兵器・弾道ミサイル拡散を含めた安全保障環境の変化、国際平和協力活動の本来任務化、近年の技術動向等を踏まえ、防衛省の情報収集能力を強化する。（防衛省）

（３）集約・分析・共有機能の強化

①集約・分析・共有の必要性

適正な政策判断に資する情報が確実に情報部門から政策部門に対して提供されるには、政策との有機的な連接の確保及び収集機能の強化に加えて、政府として高度の分析を行うための集約・分析機能を強化するとともに、政府全体の分析能力の向上を図るための情報共有の促進が重要である。そのため、現在の合同情報会議の機能を発展させ、情報コミュニティの英知を結集する場とし、情報コミュニティは、同会議等において、官邸首脳及び官邸の政策部門の情報関心に基づくオール・ソース・アナリシスを行うとともに、情報の共有を促進する。このような観点から、「④情報の分析」で述べる内閣情報分析官による対外情報の分析が真に総合的なものとなるよう体制を整える。

②拡大情報コミュニティの設置

政府が保有するあらゆる情報手段を活用するため、内閣情報調査室、警察庁、公安調査庁、外務省及び防衛省のコアメンバーから構成される情報コミュニティのほか、金融庁、財務省、経済産業省及び海上保安庁からなる拡大情報コミュニティを設け、個別の情勢分析の必要性に応じて合同情報会議等への出席を求めるとともに、オール・ソース・アナリシスの成果についても共有する。

なお、拡大情報コミュニティ以外の省庁等との間でも、関係する情報の提供を受け、また、必要に応じて情報の共有を行うことができるよう、連携を深めることとする。

③情報の集約

内閣情報官は、合同情報会議等を活用して、官邸首脳及び官邸の政策部門の情報関心を伝え、情報コミュニティ内で認識を共有するとともに、それに対応するオール・ソース・アナリシスに必要な情報集約のための優先順位及び各情報機関の役割分担等の調整を行う。具体的には、四半期に一度、情報評価書（④参照）のテーマ、作成スケジュール並びに各テーマごとに必要な情報及びその担当省庁を取りまとめた情報評価書作成計画を、拡大情報コミュニティ省庁の代表もすべて出席する合同情報会議において策定し、各省庁の情報評価書の作成過程への関与を明確化する。情報評価書作成計画の原案は内閣情報官が作成することとするほか、緊急時等におけるテーマの変更、役割分担等は、内閣情報官が個別に調整して行うこととする。

また、情報コミュニティ（拡大情報コミュニティを含む。）メンバーは、合同情報会議等の事務遂行に資するため、各々連絡責任者（課長級）及び連絡担当官（課長補佐級）を指名するとともに、連絡担当官を必要に応じ内閣情報調査室に設けた専用の執務室に常駐させ、又は派遣する。

連絡責任者は、合同情報会議等により決定された役割分担に基づいて収集された情報の提供について責任を有するものとし、日常的には、その指揮の下で連絡担当官が各省庁と内閣情報調査室との間の連絡窓口として情報の提供等を行うこととする。また、連絡担当官が同室において各省庁端末を利用できるよう基盤整備を行う。

④**情報の分析**

　合同情報会議等におけるオール・ソース・アナリシスのため、内閣情報調査室に高度の分析能力を有する専門家（内閣情報分析官〔仮称〕）を地域別・事項別に置いて情報評価書の原案を作成することとし、これを同会議等に諮ることにより、情報コミュニティ全体の英知を結集した分析内容とする。

　内閣情報分析官は、情報評価書作成計画に示された役割分担に従って連絡担当官経由で集約された情報を基に、各省庁の担当官、官邸の政策部門の担当官及び他の内閣情報分析官の意見も踏まえて情報評価書の原案を作成する。

　内閣情報分析官については、官民を問わず能力本位で選任することとするほか、その高度の専門性を確保するため、原則としてその任期を三年以上とし、長期間の在職が可能となるよう必ずしも特定のランクに固定されない処遇とする。

⑤**情報の共有**

　情報コミュニティ内の各情報機関における多角的な分析を可能とし、政府全体の分析能力の向上が図られるよう、厳格なセキュリティクリアランス制度（秘密取扱者適格性確認制度）の実施を前提として、合同情報会議等の場を活用するなどして情報の共有を促進する。具体的には、官邸首脳及び政策部門の日常的な情報関心を合同情報会議で共有するほか、情報評価書作成のために集約された情報を、情報の保全にも十分に配意しつつニード・トゥ・ノウの原則に基づいて関係省庁間で共有することとする。

　日常の情報共有に関しては、上記連絡責任者を活用するとともに、「（4）基盤整備」で述べるシステムの整備も推進することとし、関係省庁間でのオンラインでの情報共有システムの構築に関して具体的な検討を開始する。

また、情報評価書等のオール・ソース・アナリシスの成果については、官邸首脳及び官邸の政策部門への報告等に併せて、情報コミュニティ内で共有する。

(4) 基盤整備

①情報の共有のための基盤整備

情報コミュニティにおける情報の共有化を進めるため、情報コミュニティ共通のデータベースにつき、それに適した情報管理の在り方を試験システムで検証しつつ段階的に整備するほか、秘密情報伝達用のイントラネットを関係省庁と内閣情報分析官及び連絡担当官との情報伝達のツールとしても積極活用できるよう拡大整備する。また、ハードウェアの連結等についても、共通データベースの整備の進展等に配意しつつ、中長期的な課題として対応し、その実現を図る。

②人的基盤整備

情報コミュニティの機能強化・連携に役立つ人材を育成するため、例えば次のような合同研修を実施するほか、その具体的な必要性や方法を十分検討した上で人事交流を推進する。また、情報コミュニティ内における上級幹部への登用に当たっては、他の情報機関での勤務経験を考慮する。

〇**高度情報保全研修**

情報コミュニティ内における高度な秘密保全措置を確保するため、外国情報機関の諜報活動の実態、クリアランス手続、施設保全点検の技術、電磁波漏えいに関する技術的事項等についての研修を行う。

○情報分析研修

情報コミュニティにおけるオール・ソース・アナリシスを行うために必要な情報分析能力の向上のため、各情報手段の役割、分析の方法、収集・分析した情報の取扱い等についての研修を行う。

○専門分析研修

情報コミュニティ内の情報分析担当官が、担当分野に関する高度な専門的能力を習得するとともに、相互理解を促進するため、大学や研究所等の専門家との意見交換、事例等を用いたゼミ、海外研修等を行う。

3　情報の保全の徹底

①政府統一基準の策定・施行

情報の集約・共有及び基盤整備の前提として、セキュリティクリアランス制度（秘密取扱者適格性確認制度）を含む政府統一基準を定めるなどの情報保全措置が採られることが重要であり、カウンターインテリジェンス推進会議において決定された「カウンターインテリジェンス機能の強化に関する基本方針」の着実な施行に取り組む。

②高度の秘密を保全するための措置

情報コミュニティ内においては、より高度な秘密を保全するための措置が必要であるところ、その秘密の範囲を明らかにし、電磁波漏えい防止、盗聴防止等の物理的な措置を含めて具体的な措置を検討し、速やかにその実現を図る。

③秘密保全に関する法制の在り方

現在の我が国の秘密保全に関する法令は、個別法によって差異が大きく、国家公務員法等の守秘義務規定に係る罰則の懲役刑は1年以下とされておりその抑止力が必ずしも十分でないなどの問題がある。

こうした問題を解消するため、この種法令の諸外国における現状と実態や我が国の実情を踏まえ、真にふさわしい法制の在り方に関する研究を継続するとともに、具体的な法整備に関しては、各種の場における議論にも留意しながら、国民の広範な理解を得ることを前提として、適切な対応をしていくことが必要である。

4　実現への道のり

以上の基本的な施策を我が国情報コミュニティ内のみならず広く政府内において共有し、その実現に向けた取組みを推進することとする。また、情報機能については不断の見直しが必要であるところ、本検討会議の枠組みにより、官邸における情報機能の強化のための施策を引き続き検討することとする。

（以上）

解説

この作品は、インテリジェンスに関する実務と学術の両面で役に立つ教科書だ。著者の小林良樹氏（一九六四年生まれ、明治大学公共政策大学院特任教授）は、元警察キャリア官僚で、高知県警本部長、内閣情報分析官（国際テロリズム担当）を歴任したインテリジェンスの実務に通暁した学者だ。

これまでインテリジェンスの実務経験のある警察官僚、防衛官僚、法務官僚（公安調査官）、外務官僚らが、さまざまな回想録やインテリジェンスの入門書や概説書を刊行している。これらの作品と比較した本書の特徴は、小林氏がエピソード主義に陥ることを避け、学術的な吟味を徹底的に行い、概念化を試みていることだ。この試みは成功している。

まず、インテリジェンスという術語を小林氏はこう定義する。

インテリジェンスとは、「政策決定者が国家安全保障上の問題に関して判断を行うために政策決定者に提供される、情報から分析・加工された知識のプロダクト、あるいはそうしたプロダクトを生産するプロセス」のことを言う。（本書三一頁）

優れた定義だ。小林氏自身は内閣情報調査室の分析官としてテロ対策を担当していた。テロに関するさまざまな情報から分析・加工した報告を小林氏は、内閣情報官経由で総理大臣に提出していた。小林氏は謙虚な人なので、自慢話めいたことはしないが、当時の内閣情報官が「小林氏の分析は間違えたことがない」と評価していた。インテリジェンスの世界では「間違えたことがない」というのが最大の褒め言葉だ。

本書で興味深いのは、インテリジェンスの対象について、非敵対国（同盟国、友好国）も含まれることを明確にしている点だ。

（前略）理論上、インテリジェンス活動の対象は敵国のみならず軍事上の同盟国や友好国の動向も含み得る。

特に（中略）、近年、国家安全保障の概念とインテリジェンスの対象が軍事的事項から非軍事的事項（政治、外交、経済、社会、環境、健康、文化等）にも拡大していることもあり、たとえ同盟国や友好国であってもそれらの国の動向が自国の国家安全保障に影響を及ぼし得る可能性は、以前よりも高まりつつあると考えられる。

実際、これまでに米国で摘発されたいわゆるスパイ事件の中には、台湾、フィリピン、イスラエルなど米国にとっての同盟国や友好国等に関係する事例もみられる（中略）。さらに、二〇一三年のスノーデンによるリーク事案を受けて、米国が同盟国等の首脳に対する情報収集活動を行っている旨が報じられた。（中略）これらの事例は、同盟国や友好国等の間でもインテリジェンス活動やカウンターインテリジェンス活動が活発に行われている状況の一端を示している。（本書五九〜六〇頁）

特にロシア・ウクライナ戦争の過程で、アングロサクソン系（特に英国）においてインテリジェンスとプロパガンダの境界線が曖昧になっている。このような状況で、インテリジェンスはあくまで自国の利益のために行われるものであるという原点をしっかり認識しておく必要がある。同盟国や友好国からの情報や分析であっても丸呑みにしてはいけない。

なお、同盟国や友好国のインテリジェンス機関による違法行為については、見過ごされるか、摘発せずに相手国に警告を与え、自粛させる場合がほとんどだ。従って、外部からはほとんど見えない。しかし、実際には同盟国、友好国の間でも熾烈な知恵（インテリジェンス）の戦いが展開されているのである。

さらに本書で有益なのは、分析担当官が陥りやすい間違いについて具体的に指摘しているところにある。これはインテリジェンス担当官だけでなく、ジャーナリストや学者にも有益な視点だ。そのうち、ここでは二つの事項を取り上げる。

第一はミラー・イメージングだ。

ミラー・イメージングとは、「相手方も当方と同じ思考に基づき考え、行動するだろう」という勝手な思い込みのことを言う。実際には、政治体制、社会情勢、歴史・文化的背景、価値観等が異なれば、たとえ同じ状況の下であっても異なった思考、行動がとられることがあり得る。

例えば、一九八〇年代、ソ連（当時）の政治情勢分析に当たり、米国の分析担当者の中には、ソ連指導部の主要幹部をハト派とタカ派に色分けし両派の対立を探るという手法があった。しかし、「ハト派とタカ派の対立」というのは米国政治には存在したものの、当時のソ連にも同様の政治状況が本当に存在したとは証明されていない。（本書二一〇頁）

ソ連時代を含め、ロシア人はコンセンサス方式の意思決定を行う。一旦、決定された事項については誰も異論を唱えず、忠実に遂行する。だから、タカ派、ハト派のような対立は生じないのだ。ミラー・イメージングの罠に足を掬われないようにするためには、対象の内在的論理を知る必要がある。その際、重要になるのが社会人類学（文化人類学）の知見だ。学際的に考える習慣を身に付けることがインテリジェンス・オフィサーにとって重要だ。

第二がレイヤーイングだ。

レイヤーイングとは、最初の分析担当者が利用した前提や判断の上に、その後別の分析担当者の判断が無批判に積み重ねられていく状態のことを言う。こうした場合、たとえ最初の分析の前提や判断に誤りがあったとしても、最初に戻ってそれを修正することはその後の分析の集積の全否定につながりかねないことから、必要な修正がなされにくくなる傾向がある。

例えば、イラクの大量破壊兵器問題（二〇〇三年）に際し、米国のインテリジェンス・コミュニティにおいては、大量破壊兵器の存在を示唆する当初の素材情報（インフォメーション）の確度が実際には不確かであったにもかかわらず、当該情報に基づき大量破壊兵器の存在を是とする分析が集積されていってしまったことから、その後の修正は困難になってしまった旨が指摘されている。（本書二一一頁）

いままでの情報の集積や分析を変更すると、これまでの努力が埋没コストになってしまうと恐れる専門家は意外と多い。もっとも熟練したインテリジェンス分析の専門家ならば、「少なくとも、このシナリオはない。間違いを発見できてよかった」と考える。こういう発想ができるようになるためには、否定神学の訓練を受けておく必要がある。古代キリスト教神学には、肯定神学と否定神学があった。西方（ラテン）教会では、事柄を「〜である」と積極的に定義していく肯定神学が主流だった。東方（ギリシア）教会では、事柄を「これでもない」「あれでもない」と否定することを積み重ね、その残余で定義する否定神学が主流だった。その後、否定神学はビザンティン帝国を経由してロシアで継承された。だからロシアのインテリジェンス分析専門家は、否定神学の手法を体得している。従って、間違っていたことを否定することへのハードルが低い。モサド（イスラエル諜報特務庁）もインテリジェンス分析に否定神学の方法を取り入れている。この否定神学は、「神道は言挙げをしない」（北畠親房『神皇正統記』）というような日本的思考にも近い。『神皇正統記』を勉強すれば、レイヤーリングの罠に嵌まることもない。いずれにせよ自分が取ってきた情報や自分の行った分析が可愛くなって固執するような人はインテリジェンスには向かない。インテリジェンス・オフィサーは、常に自分や自分が所属する組織も突き放して眺めなくてはならない。

他の日本人インテリジェンス・オフィサーが書いた作品と比べ、本書で小林氏はインテリジェンス機関に対する民主的統制を強調する。

民主国家においては、行政組織に対する理論的に最も民主的な統制は、国民による民主的な選挙を通じて選ばれた代表による統制である。したがって、インテリジェンス組織の場合も、立法府あるいは立法府の議員等による統制制度こそが、理論上は最も進んだ形態の民主的統制の制度と言い得る。（本書二八六〜二八七頁）

このような国会（議会）を重視するという姿勢を一般にインテリジェンス・オフィサーは好まない。素人による横槍が入らない環境で仕事をしたいからだ。

同時に国会議員がインテリジェンスに関与するともう一つの深刻な問題が生じうる。それはインテリジェンスの政治化だ。

しかし同時に、インテリジェンスは、その強い権限ゆえに、政策決定者、特に政治家による濫用の対象になる危険性も孕んでいる（インテリジェンスの政治化の問題）。（中略）例えば、政策決定者たる政治家が自己の政策に有利なインテリジェンス分析を得るべく、インテリジェンス・コミュニティに対して圧力をかける危険性がある。したがって、選挙を通じて選出された主権者の代表とは言え、政治家がインテリジェンス組織の活動を無制限に支配できることは必ずしも好ましいとは限らない。（本書二八七頁）

どのインテリジェンスの教科書にも、政策とインテリジェンスを区別せよと書いてある。しかし、実際には正確なインテリジェンスがあれば、政策の閾値はそれによって決まる。どの国でも首脳周辺では、政策とインテリジェンスは不可分の関係にある。インテリジェンス・オフィサーが実際の政策に関する助言をする事例も少なからずある。内閣情報調査室の幹部だった小林氏はそのことを熟知している。むしろ、インテリジェンスと政治の関係の実態を熟知しているからこそ、小林氏はインテリジェンス機関に対する民主的統制を強調するのだと私は見ている。

こうしたことから、インテリジェンス組織に対する民主的統制の制度を考える場合には、客観性の維持との適切なバランス、とりわけインテリジェンスの政治化の抑止（例えば、政策部門とインテリジェンス部門の分離）にも配慮する必要がある。ただし、制度の具体的な在り方は、それぞれの国の政治的、社会的、歴史的背景事情等により異なると考えられる。
　政治化を抑止するための具体的な施策としては、インテリジェンス組織の長の固定任期制、政治から一定の独立性を有する組織（独立行政委員会等）による監督制度の併用等が考えられる。（本書二八七頁）

インテリジェンスの実務と理論に通暁するとともに、民主主義制度を揺るがしてはならないという信念を持つ小林良樹氏だからこそ、今後、日本のインテリジェンスの基本書となり長く読み継がれることになるこの作品を書くことが出来たのだと思う。

二〇二四年一一月二五日

佐藤優（作家・元外務省主任分析官）

KODANSHA

本書の原本『インテリジェンスの基礎理論〔第二版〕』は、二〇一四年に立花書房より刊行されました。文庫化にあたり、全面的に改訂を行いました。

小林良樹（こばやし　よしき）

1964年生まれ。東京大学法学部卒業。早稲田大学博士（学術），ジョージワシントン大学修士（MIPP），香港大学修士（MIPA），トロント大学修士（MBA）。警察庁，外務省，内閣官房（内閣情報調査室），慶應義塾大学総合政策学部教授などを経て，現在，明治大学公共政策大学院特任教授。著書に『なぜ、インテリジェンスは必要なのか』『インテリジェンスの基礎理論〔第二版〕』『テロリズムとは何か 〈恐怖〉を読み解くリテラシー』などがある。

講談社学術文庫

定価はカバーに表示してあります。

インテリジェンスの基礎理論

小林良樹

2025年4月8日　第1刷発行

発行者　篠木和久
発行所　株式会社講談社
東京都文京区音羽 2-12-21 〒112-8001
電話　編集（03）5395-3512
販売（03）5395-5817
業務（03）5395-3615
装　幀　蟹江征治
印　刷　株式会社広済堂ネクスト
製　本　株式会社国宝社
本文データ制作　講談社デジタル製作

ISBN978-4-06-538824-2

「講談社学術文庫」の刊行に当たって

これは、学術をポケットに入れることをモットーとして生まれた文庫である。学術は少年の心を養い、成年の心を満たす。その学術がポケットにはいる形で、万人のものになることは、生涯教育をうたう現代の理想である。

こうした考え方は、学術を巨大な城のように見る世間の常識に反するかもしれない。また、一部の人たちからは、学術の権威をおとすものと非難されるかもしれない。しかし、それはいずれも学術の新しい在り方を解しないものといわざるをえない。

学術は、まず魔術への挑戦から始まった。やがて、いわゆる常識をつぎつぎに改めていった。学術の権威は、幾百年、幾千年にわたる、苦しい戦いの成果である。こうしてきずきあげられた城が、一見して近づきがたいものにうつるのは、そのためである。しかし、学術の権威を、その形の上だけで判断してはならない。その生成のあとをかえりみれば、その根は常に人々の生活の中にあった。学術が大きな力たりうるのはそのためであって、生活をはなれた学術は、どこにもない。

開かれた社会といわれる現代にとって、これはまったく自明である。生活と学術との間に、もし距離があるとすれば、何をおいてもこれを埋めねばならない。もしこの距離が形の上の迷信からきているとすれば、その迷信をうち破らねばならぬ。

学術文庫は、内外の迷信を打破し、学術のために新しい天地をひらく意図をもって生まれた。文庫という小さい形と、学術という壮大な城とが、完全に両立するためには、なおいくらかの時を必要とするであろう。しかし、学術をポケットにした社会が、人間の生活にとってより豊かな社会であることは、たしかである。そうした社会の実現のために、文庫の世界に新しいジャンルを加えることができれば幸いである。

一九七六年六月　　野間省一

511
マックス・ウェーバー著／濱島朗訳・解説
社会主義
歴史は合理化の過程であるというウェーバーは、マルクスの所有理論に基づく資本主義批判に対して、支配の社会学が欠如していることを指摘し、社会主義の歴史的宿命は官僚制の強大化であると批判する。

730
E・F・シューマッハー著／小島慶三・酒井懋訳
スモール イズ ビューティフル 人間中心の経済学
一九七三年、著者が本書で警告した石油危機はたちまち現実のものとなった。現代の物質至上主義と科学技術の巨大信仰を痛撃しながら、体制を超えた産業社会の病根を抉った、予言に満ちた知的革新の名著。

873・874
E・デュルケム著／井伊玄太郎訳
社会分業論（上）（下）
機械的連帯から有機的連帯へ。個人と社会との関係において分業の果たす役割を解明し、幸福の増進と分業との相関をふまえ分業の病理を探る。闘争なき人類社会への道を展望するフランス社会学理論の歴史的名著。

1122
中村勝己著
世界経済史
ギリシア・ローマの古代から中世を経て近代に至る東西の経済発達史を解説。とくに資本主義の成立とその後の危機を掘り下げ、激変する世界経済の行方を示す好著。経済の歩みで辿る人類の歴史――刮目の経済史。

1130
中村隆英著
昭和恐慌と経済政策
経済史の泰斗が大不況の真相を具体的に解明。金輸出解禁をきっかけに勃発した昭和恐慌。その背景には井上準之助蔵相の緊縮財政と政党間の対立抗争があった。平成不況の実像をも歴史的に分析した刮目の書。

1207
J・R・ヒックス著／新保博・渡辺文夫訳
経済史の理論
古代ギリシアの都市国家を分析し、慣習による非市場経済から商人経済が誕生した背景を証明。その後の市場経済の発展と、現代の計画経済との並立を論述した名著。理論経済学の泰斗が説いた独自の経済史論。

政治・経済・社会

1280
アダム・スミス 自由主義とは何か
水田　洋著

自由主義経済の父A・スミスの思想と生涯。英国の資本主義勃興期に「見えざる手」による導きを唱え、経済学の始祖となったA・スミス。その人生と主著『国富論』や『道徳感情論』誕生の背景と思想に迫る。

1425
スモール　イズ　ビューティフル再論
E・F・シューマッハー著／酒井　懋（つとむ）訳

人間中心の経済学を唱えた著者独特の随筆集。ベストセラー『スモール　イズ　ビューティフル』以後に雑誌に発表された論文をまとめたもの。人類にとって本当の幸福とは何かを考察し、物質主義を徹底批判する。

1440
恋愛と贅沢と資本主義
ヴェルナー・ゾンバルト著／金森誠也訳

資本主義はいかなる要因で成立・発展したか。著者はかつてM・ウェーバーと並び称された経済史家。「贅沢こそが資本主義の生みの親の一人であり、人々を贅沢へと向かわせたのは女性」と断じたユニークな論考。[電][P]

1465
プラトンの呪縛
佐々木　毅著

理想国家の提唱者か、全体主義の擁護者か。西欧思想の定立者・プラトンをめぐる論戦を通して、二十世紀の哲学と政治思想の潮流を検証し、現代社会に警鐘を鳴らす注目作。和辻哲郎文化賞、読売論壇賞受賞。[電][P]

1604
現代政治学入門
バーナード・クリック著／添谷育志・金田耕一訳（解説・藤原帰一）

「政治不在」の時代に追究する、政治の根源。政治は何をなしうるか。我々は政治に何をなしうるか。そして政治とは何か。現代社会の基本教養・政治学の最良の入門書として英国で定評を得る一冊、待望の文庫化。

1689
君主論
ニッコロ・マキアヴェッリ著／佐々木　毅全訳注
大文字版

近代政治学の名著を平易に全訳した大文字版。乱世のルネサンス期、フィレンツェの外交官として活躍したマキアヴェッリ。その代表作『君主論』を第一人者が全訳し、権力の獲得と維持、喪失の原因を探る。[電][P]

政治・経済・社会

《講談社学術文庫　既刊より》

1700
根井雅弘著
経済学の歴史
スミス以降、経済学を築いた人と思想の全貌。創始者のケネー、スミスからマルクスを経てケインズ、シュンペーター、ガルブレイスに至る十二人の経済学者の生涯と理論を解説。珠玉の思想と哲学を発掘する力作。

電P

1930
青木昌彦著
比較制度分析序説
経済システムの進化と多元性
普遍的な経済システムはありえない。アメリカ型モデルはどう進化していくか。日本はどう「変革」すべきか。制度や企業組織の多元性から経済利益を生み出すための「多様性の経済学」を、第一人者が解説する。
電P

1935
秋元英一著（解説・林　敏彦）
世界大恐慌
1929年に何がおこったか
一九二九年、ニューヨーク株式市場の大暴落から始まった世界的大恐慌。株価は七分の一に下落、銀行倒産六千件、失業者一千万人。難解な専門用語や数式を用いず、庶民の目に映った米国の経済破綻と混乱を再現。
電P

1956
中根千枝著
タテ社会の力学
不朽の日本人論『タテ社会の人間関係』で「タテ社会」というモデルを提示した著者が、全人格的参加、無差別平等主義、儀礼的序列、とりまきの構造等の事例から日本社会のネットワークを描き出した社会学の名著。

電P

1965
藤澤房俊著（解説・武谷なおみ）
シチリア・マフィアの世界
名誉、沈黙、民衆運動、ファシズム……。大土地所有制下、十八世紀に台頭した農村ブルジョア層は、暴力と脅迫でイタリア近・現代政治を支配した。過酷な風土と圧政が育んだ謎の組織の誕生と発展の歴史を辿る。

電P

1997
ヴェルナー・ゾンバルト著／金森誠也訳
戦争と資本主義
軍需による財政拡大は資本形成を促し、武器の近代化は産業の成長をもたらす。戦争なくして資本主義はなかった——。近代軍隊の発生から十八世紀末にかけて、戦争が育んだ資本主義経済の実像を鋭く論究する。

電P

政治・経済・社会

2027
マハン海上権力論集
麻田貞雄編・訳

国家の繁栄にはシーレーン確保や海軍力増強が重要になる――。二十世紀初頭、列強海軍に多大な影響を与えた「海上権力論」。海の可能性が再び注目される今、大きな示唆に富む独創的海上戦略構想を読みなおす！

電P

2090
国家と革命
レーニン著／角田安正訳（解説・白井　聡）

世界を震撼させたロシア十月革命の指導者による革命権力マニフェスト。代議制の欺瞞を暴き立て、直接民主主義の徹底を訴えてあらゆる妥協論を弾劾する。原則を忘れたい我々をおびやかす、歴史的挑発の書。

2091
権力と支配
マックス・ウェーバー著／濱嶋　朗訳（解説・橋本　努）

希望はカリスマを生む。だがそれは日常化する――。支配する側よりも、服従する側の動機、正当性のタイプから「支配」の本質に迫るスリリングな論考。官僚制化の必然を感じ取らせる、社会科学の必読入門書。

2100
雇用、利子、お金の一般理論
ジョン・メイナード・ケインズ著／山形浩生訳

なぜ市場は機能しなくなることがあるのか。この問いに正面から挑み、ついにマクロ経済学を誕生させた、この社会科学史上の偉業を正確かつ明快な訳文で。クルーグマンの序文とヒックスの関連重要論文も収録。

電P

2116
政治の教室
橋爪大三郎著

日本人に民主主義は可能なのか？　民主主義を手づくりするには、何からはじめればいいのか？「民主主義は最高の政治制度である」と唱える社会学者の手による、実践に向けた〈政治〉の教科書、決定版！

電P

2138
よみがえる古代思想「哲学と政治」講義Ⅰ
佐々木　毅著

古代ギリシア最大の悪徳「ヒュブリス」とは。ローマの政治家はなぜ哲学を嫌ったのか。「政治と人生」について根源的に考える時、人は古代の思想に立ち戻らざるを得ない。政治学の泰斗が語る「政治の本質」。

電P

政治・経済・社会

2139
佐々木　毅著
宗教と権力の政治　「哲学と政治」講義II

西洋中世を支配した教皇至上主義に、世俗権力はどう対抗したか。「聖」と「俗」の抗争を軸に、トマス・アクィナス、ルター、マキアヴェッリ等、信仰共同体の誕生から宗教改革の政治的帰結までを論じる。

電P

2149
尾藤正英抄訳（解説・高山大毅）
荻生徂徠「政談」

近世日本最大の思想家、徂徠。将軍吉宗の下問に応えて彼が献上した極秘の政策提言書は悪魔的な統治術に満ちていた。反「近代」の構想か。むしろ近代的思惟の萌芽か。今も論争を呼ぶ経世の書を現代語で読む。

2201
新装版
日本国憲法

「人類普遍の原理」を掲げながら、戦後最大の争点でもありつづけた日本国憲法。関連資料として、英訳日本国憲法、大日本帝国憲法、教育基本法、児童憲章、日米安全保障条約を付す。語るために読みたい、憲法。

電P

2206
バルザック著／鹿島　茂訳・解説
役人の生理学

「役人は生きるために俸給が必要で、職場を離れる自由もなく、書類作り以外能力なし」。観察眼が冴え渡る抱腹絶倒のスーパー・エッセイ。バルザック他、フロベール、モーパッサンの「役人文学」三篇も収録する。

電P

2230
根井雅弘著
経済学再入門

スミス、シュンペーター、フリードマン……。「市場」「競争」「均衡」「独占」「失業」「制度」「希少性」……キーワードも再検討する。古典派から現在にいたる多様な経済思想を、歴史的視野から捉え直す入門書。

電P

2236
川崎　修著
ハンナ・アレント

二十世紀思想の十字路と呼ばれたアレントは、全体主義を近代精神の所産として位置づけることで現代の苦境を可視化し、政治の再定義を通じて公共性を可能にする条件を構想した。その思想の全体像を描き出す。

電P

政治・経済・社会

2245
ジョン・メイナード・ケインズ著／山形浩生訳
お金の改革論
インフレは貯蓄のマイナスをもたらし、デフレは労働と事業の貧窮を意味する——。経済学の巨人は第一次世界大戦がもたらした「邪悪な現実」といかに格闘したか。『一般理論』と並ぶ代表作を明快な新訳で読む。

電P

2273
バルザック著／鹿島　茂訳・解説
ジャーナリストの生理学
今も昔もジャーナリズムは嘘と欺瞞だらけ。大文豪が新聞記者と批評家の本性を暴き、徹底的に攻撃する。バルザックは言う。「もしジャーナリズムが存在していないなら、まちがってもこれを発明してはならない」。

電P

2281
松原岩五郎著（解説・坪内祐三）
最暗黒の東京
明治中期の東京の貧民窟に潜入した迫真のルポ。残飯屋とは何を商っていたのか？　人力車夫の喧嘩はどんなことで始まるのか？　躍動感あふれる文体で帝都の貧困と格差を活写した社会派ノンフィクションの原点。

電P

2303
ヴェルナー・ゾンバルト著／金森誠也訳
ユダヤ人と経済生活
資本主義を発展させたのはユダヤ教の倫理であって、プロテスタンティズムはむしろ阻害要因でしかない！ヴェーバーのテーゼに真っ向から対立した経済学者の代表作。ユダヤ人はなぜ成功し、迫害されるのか……。

電P

2308
ソースティン・ヴェブレン著／高　哲男訳
増補新訂版　有閑階級の理論
産業消費社会における「格差」の構造を、有史以来存在する「有閑階級」をキーワードに抉り出す社会経済学の不朽の名著！　人間精神と社会構造に対するヴェブレンの深い洞察力は、ピケティのデータ力を超える。

電P

2318
竹内　洋著
立志・苦学・出世　受験生の社会史
日本人のライフ・コースに楔（くさび）のように打ち込まれている「受験」。怠惰・快楽を悪徳とし、雑誌に煽られてひたすら刻苦勉励する学生たちの禁欲的生活世界を支え続けた物語とはいったい何だったのかを解読する。

電P

《講談社学術文庫　既刊より》

政治・経済・社会

2366
立憲非立憲
佐々木惣一著（解説・石川健治）

京都帝大教授を務め、東京帝大の美濃部達吉と並び称された憲法学の大家・佐々木惣一が大正デモクラシー華やかなりし頃に世に問うた代表作。「合憲か、違憲か」の対立だけでは、もはや問題の本質はつかめない。
電 P

2367
人間不平等起源論　付「戦争法原理」
ジャン＝ジャック・ルソー著／坂倉裕治訳

身分の違いや貧富の格差といった「人為」で作り出された不平等こそが、人間を惨めで不幸にする。この不平等の起源と根拠を突きとめ、不幸を回避する方法とは？　幻の作品『戦争法原理』の復元版を併録。
電 P

2403
ブルジョワ　近代経済人の精神史
ヴェルナー・ゾンバルト著／金森誠也訳

中世の遠征、海賊、荘園経営。近代の投機、賭博、発明。そして宗教、戦争。歴史上のあらゆる事象から、企業活動の側面は見出される。資本主義は、どこから始まり、どう発展してきたのか？　異端の碩学が解く。
電 P

2407
革命論集
アントニオ・グラムシ著／上村忠男編訳

イタリア共産党創設の立役者アントニオ・グラムシの、本邦初訳を数多く含む待望の論集。国家防衛法違反の容疑で一九二六年に逮捕されるまでに残した文章を精選した。ムッソリーニに挑んだ男の壮絶な姿が甦る。
電 P

2441
新しい中世　相互依存の世界システム
田中明彦著

冷戦の終焉、覇権の衰退、経済相互依存の進展。激動する世界はどこに向かうのか――。歴史的な転換期にあるポスト近代の世界システムを、独自の視点により理論と実証で読み解いた、サントリー学芸賞受賞作。
電 P

2461
国家の神話
エルンスト・カッシーラー著／宮田光雄訳

稀代の碩学カッシーラーが最晩年になってついに手がけた畢生の記念碑的大作。独自の「シンボル（象徴）」理論に基づき、古代ギリシアから中世を経て現代に及ぶ壮大なスケールで描き出される怒濤の思想的ドラマ！
電 P

《講談社学術文庫　既刊より》

政治・経済・社会

2473
皇后考
原　武史著（解説・安藤礼二）
神功皇后や光明皇后と感応しつつ、ナカツスメラミコトたらんと激動の近代日本に時空を超えた「皇后」像を現出させた貞明皇后とは？　天皇制の本質に斬新な切り口で迫り、秘められた扉を開いた記念碑的著作！
電P

2500
仕事としての学問　仕事としての政治
マックス・ウェーバー著／野口雅弘訳
マックス・ウェーバーが晩年に行った、二つの講演の画期的新訳。『職業としての学問』と『職業としての政治』の邦題をあえて変更し、生計を立てるだけの「職業」ではない学問と政治の大切さを伝える。
電P

2501
社会学的方法の規準
エミール・デュルケーム著／菊谷和宏訳
ウェーバーと並び称される社会学の祖デュルケームは、一八九五年、新しい学問を確立するべく、記念碑的なマニフェストとなった本書を発表する。社会学とは何を扱う学問なのか？――決定版新訳が誕生。
電P

2533
ナショナリズム
姜尚中著
グローバル化が世界を覆い尽くす中、しかしナショナリズムという奇怪な力は巧妙さを増し、猛威をふるい続けている。ＩＳやブレクジットなど、国家の枠組みの変化を受けて書かれた新稿を収録した完全版。

2551
トクヴィル　平等と不平等の理論家
宇野重規著
デモクラシーとは何なのか？　トクヴィルの思想を「平等化」をキーワードに読み解く。ポピュリズム、ポストトゥルース、グローバリズムに直面する〝アメリカのデモクラシー〟その根源へ切り込む思考。
電P

2557
国民主権と天皇制
尾高朝雄著（解説・石川健治）
不世出の法哲学者・尾高朝雄（一八九九－一九五六年）が日本国憲法施行の五ヵ月後に公刊した不滅の名著、初の文庫化。「象徴」として存続した天皇は「国民主権」と矛盾しないのか？　渾身の解説を収録！
電P

政治・経済・社会

2562・2563
国富論（上）（下）
アダム・スミス著／高　哲男訳
スミスの最重要著作の新訳。「見えざる手」による自由放任を推奨するだけの本ではない。分業、貨幣、利子、貿易、軍備、インフラ整備、税金、公債など、経済の根本問題を問う近代経済学のバイブルである。 電P

2569
ルイ・ボナパルトのブリュメール18日
カール・マルクス著／丘沢静也訳
一八四八年の二月革命から三年後のクーデタまでの展開を報告した名著。ジャーナリストとしてのマルクスの舌鋒鋭くもウィットに富んだ筆致を、実力者が達意の日本語にした、これまでになかった新訳。 電P

2599
日本憲法史
大石　眞著
憲法とは文言ではなく、国のあり方そのものである――。近代の日本が、時代ごとに必要としてきたものは何か？　開国、議会開設から敗戦・占領を経ての独立まで、憲法＝国家構造の変遷を厳密にひもとく。 電P

2612
憲法問題
恒藤　恭著（解説・角田猛之）
日本に憲法を改正する資格はあるのか？――芥川龍之介の親友として知られる法学者が一九四九年から六〇年という激動の時代に発表した鋭利な提言の数々。ここにある問いは、今もなお答えられていない。 電P

2635
経済学の思考法　稀少性の経済から過剰性の経済へ
佐伯啓思著
もはや、「神の見えざる手」に頼ることはできない。格差拡大、雇用不安など、現代資本主義が直面する数々の困難を、徹底検証。アダム・スミスからアベノミクスまで、経済学の限界と誤謬を提示する。 電P

2670
憲法と国家の理論
清宮四郎著／樋口陽一編・解説
宮沢俊義と並んで戦後日本の憲法学を主導した偉大なる碩学・清宮四郎（一八九八―一九八九年）。その精髄を伝えるべく、著者に薫陶を受けた樋口陽一氏が重要論文を精選した初にして最良のアンソロジー。 電P

政治・経済・社会

2701
イマヌエル・カント著／丘沢静也訳
永遠の平和のために

哲学者は、現実離れした理想を語るのではなく、目の前の事実から出発していかに「永遠の平和」を実現できるのかを考え、そのための設計図を描いた――従来の邦訳が与えるイメージを一新した問答無用の決定版新訳。 電P

2702
エルネスト・ルナン著／長谷川一年訳
国民とは何か

「国民の存在は日々の人民投票である」という言葉で知られる古典を、初めての文庫版で新訳する。逆説的にもグローバリズムの中で存在感を増している国民国家の本質とは？　世界の行く末を考える上で必携の書！ 電P

2769
コルナイ・ヤーノシュ著／溝端佐登史・堀林　巧・林　裕明・里上三保子訳
資本主義の本質について　イノベーションと余剰経済

それでも、究極的に資本主義は受け入れなければならないシステムなのである。世界経済危機が進行する最中に「異端派」の巨峰が満を持して世に問うた、「システム・パラダイム」に焦点を当てる圧倒的論考！ 電P